Knaur

W0194391

Folgende Romane zu den unheimlichen Fällen des FBI
sind bereits im Knaur Taschenbuchverlag erschienen:

Gezeichnet / Der Kokon / Sophie / Das Nest / Der Zirkus /
Verwandlungen / Blut / Blitzschlag / Täuschungsmanöver /
Krieg der Koprophagen / Die Maschine

Folgendes inoffizielle Fanbuch zur fünften Staffel
ist bereits im Knaur Taschenbuchverlag erschienen:

Andreas Kasprzak, Hinter den Kulissen von AKTE X

Über die Autoren:

Die Autoren sind Angehörige der Grauen Akademie – einer privaten Stiftung, die sich der Aufklärung von Verschwörungen verschrieben hat und sich über die Publikation von fernsehjournalistischer Literatur finanziert.

Christian Frank ist in seiner knapp bemessenen Freizeit als Redakteur für einen Duisburger Filmverleih tätig. Hauptberuflich spürt er einer gigantischen Verschwörung des DFB nach, die den VfL Bochum regelmäßig zum Abstieg zwingt. Der Fall steht kurz vor der Aufklärung, und sicher ist, daß hier nicht nur Bälle, sondern auch Köpfe rollen werden.

Jörg Alberts versucht konspirativen Kräften in der Kölner Kinoszene auf die Spur zu kommen, die per Gedankenkontrolle dafür sorgen, daß Bild und Ton stets keinerlei Qualitätsansprüchen genügen. Als Hobby arbeitet er für die RTL Daily Soap »Unter Uns«.

Roland Heep arbeitet fieberhaft am Ausbau seiner umfangreichen Datenbank verschollener Süßigkeiten. Er kann beweisen, daß die Veränderung des Karamelkerns von Brauner Bär, das Verschwinden von Raider und die Abschaffung des Dolomiti-Eises im direkten Zusammenhang mit dem angeblichen Tod von Elvis Presley stehen. Sein Steckenpferd ist das Schreiben von Drehbüchern für die Serien »Der Clown« und »Powder Park«.

Kai Krick ist einer Loge auf der Spur, die sich zum Ziel gesetzt hat, das filmische Werk Joe Dantes in Mißkredit zu bringen und letztlich verschwinden zu lassen, da sich in diesem die Weltformel in codierter Form verberge. In seiner Freizeit bereitet er sich auf die Magisterprüfung in Theater-, Film- und Fernsehwissenschaften vor.

Josef Rother versucht zu beweisen, daß die richtige Aneinanderreihung aller DC-Comics einen präzisen Lageplan ergibt, der den Standort der Festung der Einsamkeit verrät. Nebenbei arbeitet er als Comic-Agent, als Übersetzer von Star-Trek-Fanliteratur und als Autor von Comics und Kurzgeschichten.

Christian Frank, Roland Heep,
Kai Krick & Josef Rother
unter Mitarbeit von Jörg Alberts

Akte X –
Die Verschwörung enthüllt

**Das inoffizielle Fanbuch über die sechste Staffel
der Kultserie und ihre Hintergründe**

Knaur

Bildnachweis:

Alle Abbildungen in diesem Buch stammen aus den
Privatarchiven der Autoren.

Besuchen Sie uns im Internet:
www.droemer-knaur.de

Originalausgabe November 1999
Copyright © 1999 bei
Droemersche Verlagsanstalt Th. Knaur Nachf., München
Alle Rechte vorbehalten. Das Werk darf – auch teilweise –
nur mit Genehmigung des Verlages wiedergegeben werden.
Redaktion: Werner Bauer
Umschlaggestaltung: Agentur ZERO, München
Umschlagillustration: pwe Kinoarchiv Hamburg
Satz: Ventura Publisher im Verlag
Druck und Bindung: Ebner Ulm
Printed in Germany
ISBN 3-426-61495-2

2 4 5 3 1

Inhaltsverzeichnis

(Die Ziffern 01 bis 22 geben Aufschluß über die Produktionsfolge, deshalb in Klammern hinter den Titeln die chronologische Abfolge der US-Erstausstrahlungstermine)

Vorbemerkung

Lieber Akte X-Fan,

wie schon bei unseren letzten Büchern, bieten wir auch diesmal wieder einen Überblicksartikel und nehmen uns dann die Staffel Folge für Folge vor. Nach Angaben zu Cast und Crew folgt eine Inhaltsangabe der Episode, im ›Kommentar‹ liefern wir eine Kritik der Folge, stellen besondere Leistungen einzelner Beteiligter heraus oder liefern Produktionsnotizen. Im ›Hintergrund‹ informieren wir über die Quellen der Drehbuchautoren, was die paranormalen oder filmischen Vorbilder der jeweiligen X-Akte angeht. Die ›Bemerkungen‹ sind … Bemerkungen.

Es kann nicht schaden, sich vor dem Sehen der Folgen anhand des ›Hintergrunds‹ über die realen Verschwörungen und die Vorbilder der »Monsters of the Week« zu informieren. Neugierige können auch in den Bemerkungen nach dem Auftauchen von Gaststars oder Filmzitaten forschen, wobei dann garantiert einige der Überraschungen der jeweiligen Folge verlorengehen. Vom Lesen des Kommentars vor dem Sehen raten wir ab, da praktisch in jeder Kritik auf wichtige Wendungen, eventuell sogar das Ende eingegangen wird. Leuten, die sich vor der Ausstrahlung die Inhaltsangabe durchlesen, empfehlen wir, gleich zu »Two Fathers« und »One Son« weiterzublättern, denn wenn man sich schon unbedingt den Spaß verderben will, dann sollte man dies auch richtig tun.

Die Reihenfolge unserer Besprechungen folgt wie immer der Ausstrahlung in den USA auf *Fox*, die wieder nicht mit der Reihenfolge der Produktion übereinstimmte, weshalb wir etwa 6ABX20 vor 6ABX19 besprechen.

Damit die Lektüre unseres Buches nicht zu einer X-Akte wird, gibt es vorab noch einige Hinweise und Erklärungen. Auf der letzten Schrifttafel des Abspanns findet sich bei jeder Episode der Serie eine Produktionsnummer. Aus Gründen der Übersichtlichkeit haben wir uns entschlossen, diese Numerierung beizubehalten. Sie besteht aus einer Ziffer vor und zwei Ziffern nach einem ABX, also etwa 6ABX15. Die erste Zahl bezeichnet die Staffel, die zweite die Episoden in der Reihenfolge ihrer Produktion. Bei 6ABX15 handelt es sich also um die fünfzehnte Episode der sechsten Staffel, »Monday«. Einzig der Pilotfilm »Gezeichnet« fällt aus der Reihe und trägt die Produktionsnummer 1X79, ab der ersten regulären Folge »Die Warnung« wurden die Episoden mit 1X01 beginnend durchnumeriert.

Aus verschiedenen Gründen erschien es uns nicht immer sinnvoll, bestimmte Namen und Fachbegriffe zu übersetzen, etwa solche, die sich auch in deutschen Fankreisen durchgesetzt haben, oder deren Übersetzung zu Mißverständnissen führen könnte. Generell im Original beließen wir die offiziellen und inoffiziellen Namen der wiederkehrenden Nebencharaktere, die teilweise von den Autoren, oft aber auch von Fans getauft wurden. Dies ist zum Beispiel die in der Serie namenlosen Charaktere Cigarette-Smoking Man oder Cancer Man (zigarettenrauchender Mann, Krebsmann). Ich denke, daß wir auf das Warum nicht weiter eingehen müssen.

Da viele Star-Trek-Fans es auch heute noch nicht fassen können, daß man sie einst ›Trekkies‹ taufte und dieser Name trotz aller Versuche, dies zu ändern, hängenblieb, tauften sich die Fans der »Akte X« lieber gleich selbst. Sie nannten sich ›X-Philes‹. Der Name ist ein Wortspiel auf mehreren Ebenen. Zum einen spricht er sich aus wie der Name der Serie im Original, verwendet das aus dem Griechischen stammende ›phil‹, was ›liebend‹ heißt, und weist durch die Schreibweise mit ›ph‹ auch noch auf seine Herkunft aus dem Milieu der Online-Fans hin, die diese Buchstabenkombination lieben. Auch wenn die netzwerksurfenden Fans, die sich als erste treue Gemeinde um die Serie scharten, diesen Namen für sich beanspruchen, hat sich der Name X-Philes inzwischen für alle Fans der Serie eingebürgert, ob mit Modem und ›Phone‹ oder ohne, und so verwenden wir ihn auch.

Die amerikanische »Season« und die deutsche »Staffel« haben wir synonym verwendet und meinen damit die während eines Produktionsabschnitts entstandene Anzahl von 22 Episoden.

Der ›Teaser‹ ist die kurze Sequenz vor dem Vorspann, die den Zuschauer zum Ansehen der Folge verführen soll.

Der Ausdruck »the X-Files-Mythology« stammt von Chris Carter, dem Erfinder und Executive Producer der Serie. Er meint damit entscheidende Episoden aus dem Leben von Dana Scully und Fox Mulder und die Hintergründe der großen Verschwörung, die der Serie zugrunde liegen.

Jetzt aber erst mal viel Spaß beim Lesen!
Die Autoren
August 1999

Die sechste Staffel

»Mulder, dies ist nicht die Realität«

Dieses Zitat von Scully könnte symptomatisch für die gesamte sechste Staffel gesehen werden, in der die Dinge oft nicht das waren, was sie zu sein schienen. Die Geschehnisse von »Triangle« (6ABX03) spielten in einer alternativen Vergangenheit. Die Ereignisse aus »Dreamland« 1 und 2 (6ABX04 und 05)wurden alle rückgängig gemacht. Pardon, fast alle, denn da war ja noch jenes Wasserbett, das in »Monday« (6ABX15) für eine Menge Ärger sorgte. Die Geschehnisse jenes Montags wiederholten sich im übrigen Dutzende von Malen, woran sich jedoch nur eine Frau erinnern kann, die am Ende der Episode starb. Die Dinge, die sich am Weihnachtsabend in »How The Ghosts Stole Christmas« (6ABX08) zutrugen, waren alles nur Streiche, die die Gespenster Maurice und Lyda der Einbildung der Agenten spielten. In »Milagro« (6ABX18) sahen wir Szenen, die wir zuerst für echt hielten, von denen sich dann aber herausstellte, daß es nur die Wunschträume eines Autoren bezüglich seines Verhältnisses zu Scully waren. »The Unnatural« (6ABX20) präsentiert eine Geschichte, die vielleicht so geschehen ist, vielleicht aber auch nicht, da müssen wir uns ganz auf einen Erzähler verlassen, der offensichtlich nicht der vertrauenswürdigste ist. »Field Trip« (6ABX21) entpuppte sich schließlich als ein Drogentrip der Agenten, die in einem halluzinogenen Riesenpilz gefangen sind. Es würde uns nicht wundern, wenn man die sechste Staffel einmal als die Staffel bezeichnen wird, die es gar nicht wirklich gegeben hat.

Eine Frage, welche die Gemeinde der X-Philes seit den ersten Folgen beschäftigt – und teilweise in verfeindete Lager gespalten hat –, ist die Beziehung von Scully und Mulder, beziehungsweise die Richtung, in die sie sich weiterentwickeln soll – oder auch nicht.

Der Film machte all den Fans, welche auf eine Beziehung der beiden hoffen, die über ihr Arbeitsverhältnis und die Freundschaft, die sich daraus entwickelte, hinausgeht, durch den berühmten ›Beinahekuß‹ Hoffnung. Diese wurden allerdings durch die Differenzen der beiden in »The Beginning« (6ABX01) schnell relativiert. Wohl selten waren die Spannungen zwischen Fox und Dana größer als bei der ersten Folge der Staffel, man konnte Mulders schroffes und abweisendes Verhalten, gekoppelt mit der glänzenden Zusammenarbeit mit Agent Fowley sogar als richtiggehendes Mißtrauen gegenüber Scully deuten.

Im Film machte eine Biene durch einen Stich, der mit einem grausamen Timing ausgeführt wurde, den Agenten und den Fans einen Strich durch die Rechnung. In »Triangle« war es dann endlich soweit, die Shipper bekamen die Szene zu sehen, auf die sie seit Jahren gewartet haben.

Fox Mulder und Dana Scully gaben sich den Kuß, oder besser gesagt, David Duchovny und Gillian Anderson. Denn der Wermutstropfen bei der Angelegenheit war ja, daß es sich bei dem von der Anderson gespielten Charakter nicht um Scully, sondern um eine Agentin aus einer anderen zeitlichen Dimension handelte. Nichtsdestotrotz eine schöne Szene, die aller Wahrscheinlichkeit nach die Rücklauf- und Standbildfunktion unzähliger Videorekorder ziemlich beanspruchte.

In »How The Ghosts Stole Christmas« sieht sich das Agentenduo einem Gespensterpaar gegenüber, und es kommt zu einem Nervenkrieg, bei dem die Liebenden aus dem Jenseits versuchen, einen Keil zwischen die beiden zu treiben. Doch alle Versuche, zwischen Mulder und Scully Mißtrauen und Furcht zu säen, scheitern kläglich. Im Verlauf der Folge macht Lyda noch die finstere Prophezeiung, daß keiner der Agenten je wieder ein Weihnachtsfest alleine verbringen wird. Sie meint damit, daß die Agenten von dieser Nacht an im Tod vereint sein werden. Und nachdem unsere Helden die Mutproben der Gespenster bestehen und zusammen fliehen, wird diese Vorhersage ja vielleicht auch noch wahr – jedoch nicht so, wie sich das die untote Lyda vorgestellt hat. Der besinnliche und romantische Epilog der Episode, bei dem sich Mulder und Scully in der Nacht des Festes der Liebe Geschenke überreichen, läßt dies zumindestens hoffen.

Zu Beginn der Folge »Arcadia« (6ABX13) werden auch viele Fans ihren Augen nicht getraut haben: Mulder und Scully ziehen gemeinsam in ein Haus ein und sind offensichtlich verheiratet. Das ganze entpuppt sich jedoch schnell als ein Täuschungsmanöver, mit dem sowohl die Bewohner der Arcadia-Siedlung wie auch die Zuschauer hinters Licht geführt wurden: Mit neuen Kleidern und Namen ausgestattet, ermitteln die beiden undercover, getarnt als Mann und Frau.

Am interessantesten in der Entwicklung der Beziehung zwischen den Agenten ist wohl »Rain King« (6ABX07), die Episode zum Valentinstag, dem Feiertag der Liebenden. Schon zu Beginn der Folge werden Scully und Mulder vom Bürgermeister des Städtchens Kroner als Mann und Frau begrüßt. Agent Mulder scheint es unverhohlen zu genießen, daß man Scully für seine Frau hält. Auch der unglücklich verliebte Wettermann Holman Hardt hält die beiden für ein Paar. Als ihn Mulder eines Besseren belehren muß, ist Holman richtiggehend schockiert, daß Mulder und Scully anscheinend niemals versuchten, sich ihre romantischen Gefühle füreinander einzugestehen, da doch jeder sehen kann, welche Art von Blicken sie sich zuwerfen. Mulder muß sich offensichtlich schwer zusammennehmen, um seine Beherrschung nicht zu verlieren, während Holman über die schöne und bezaubernde Agentin Scully redet. Auch das Objekt von Holmans Liebe, Sheyla, geht fest davon aus, daß Mulder und Scully zusammen sind, und ist sogar auf Scully eifersüchtig, bis diese sie über die Natur ihres Verhältnisses aufklärt. Sheyla kann sich trotzdem nur schwer vorstellen, daß die Agenten sich noch nicht einmal geküßt haben.

Um Kroner zu retten, müssen Scully und Mulder Kuppler spielen und Sheyla und Holman zusammenbringen. Die Ironie der Geschichte liegt darin, daß sie den beiden eine Beziehung schmackhaft machen müssen, während sie die eigenen Gefühle, die für jeden, der ihnen über den Weg läuft, offensichtlich sind, ignorieren. Bei der Waschraumszene zwischen Sheyla und Scully gibt die Agentin der verwirrten Sheyla schließlich den ausschlaggebenden Rat, der eigentlich ein verstecktes Geständnis ist. Denn es kann kein Zweifel darüber bestehen, was Scully wirklich meint, wenn sie Sheyla – die in Holman bisher nur einen guten Freund sah –, erklärt, daß die besten und stabilsten Beziehungen oft diejenigen sind, die sich aus einer langen Freundschaft entwickeln.

Zu einer schönen Szene kommt es dann bei dem Ball am Ende, als die Agenten Holman und Sheyla auf der Tanzfläche beobachten und sich dabei Schulter an Schulter im Takt zu dem Song »The Things We Do for Love« wiegen. Nach dem ersten Kuß von Holman und Sheyla erhalten Mulder und Scully dann schließlich noch den Tip, daß sie das auch mal probieren sollten. Auch wenn die Beziehung der Agenten in der sechsten Staffel auf viele Bewährungsproben gestellt wurde, konnten sie jedoch alle mit Bravour meistern, und am Ende der Staffel ist klar, daß sie sich noch nie zuvor so nahe waren. Sowohl Scully in »Alpha« (6ABX16) als auch Mulder in »Milagro« zeigen ganz offen ihre Eifersucht, wenn jemand ihrem Partner zu nahe kommt, und »Field Trip« macht einmal mehr klar, daß die beiden zu einer Einheit zusammengewachsen sind. Daran kann auch das falsche Spiel Agent Fowleys in »Two Fathers« (6ABX11) und »One Son« (6ABX12) nichts mehr ändern, weshalb Scully in »Biogenesis« (6ABX22) nicht mehr mit unterdrückter Eifersucht auf sie reagiert, sondern sie unumwunden konfrontiert und sie als die Lügnerin bezeichnet, die sie ist. Fowley wird es wohl kaum noch gelingen, sich zwischen die beiden zu stellen.

Chris Carters Ziel war es schon immer, das Publikum zu überraschen, seine Erwartungen vorauszusehen und zu unterlaufen. Am Anfang tat er dies dadurch, die Forderung nach einer Beziehung der beiden, wie sie in anderen Serien selbstverständlich gewesen wäre, zu ignorieren. Durch die Aussagen in zahlreichen Interviews, daß die beiden niemals zusammenkommen werden, eben weil das Publikum es erwartet, stieß er viele Fans und Fernsehgewaltigen vor den Kopf. Doch andererseits war es schon immer Carters paradoxes Motto, daß bei »Akte X« genau das geschehen wird, womit man am allerwenigsten rechnet. Und so müssen wir uns fragen, ob durch das Mann-und-Frau-Spiel, die Eifersüchteleien, die Geständnisse, einen Kuß und einen Beinahe-Kuß für die siebte Staffel das vorbereitet wird, was mittlerweile kaum noch einer erwartet …

Nach gespanntem Warten ist die Katze aus dem Sack: Chris Carters neue Serie wird »Harsh Realm« heißen. Produzenten werden neben Carter selbst die »Akte X«-Mitstreiter Frank Spotnitz und Daniel Sackheim sein, neu angeheuert bei 1013 hat Tony To, der zuvor »From the Earth to the Moon« für HBO produzierte. Entgegen den Gerüchten, die monatelang im Umlauf waren, wird Nicholas Lea nun leider doch nicht unter den Darstellern sein. Spielen werden in der neuen Serie unter anderem D. B. Sweeney aus »Strange Luck«, Max Martini, Samantha Mathis (bekannt aus »That Thing Called Love« mit River Phoenix) und die »Akte X«-Nebendarsteller Scott Bairstow – er verkörperte in der ersten Staffel den »Wunderheiler« (1X17) – und Terry O'Quinn aus »Böse geboren« (2X12), der in »Millennium« regelmäßig als Peter Watts zu sehen ist. Der Pilotfilm wurde bereits in Vancouver abgedreht, auf den (US-amerikanischen) Bildschirmen wird er irgendwann im Herbst 1999 zu sehen sein.

Da im Hause 1013 bezüglich »Harsh Realm« die seit Millennium übliche Geheimniskrämerei herrscht, kann man über den Inhalt nicht viel sagen. Aufgrund der Tatsache, daß von »Millenni-

SFX

June 1999 £3.25 '52

The World's Best-Selling Science Fiction Mag

The NeXt Files

Move over Scully. Chris Carter introduces Samantha Mathis and the other stars of his new show…

The first must-see movie of the year! Exclusive photos & Keanu Reeves interview

THE MATRIX

CRONENBERG
The screen's dark visionary on the reality of eXistenZ

DEEP SPACE 9
Your essential guide to the final 10 episodes
The Spoiler Zone

CG WHY?
Reality or Virtuality
The future of Special

JUNE 1999 £3.25
06
9 771358 595043

MOVIES, VIDEOS, BOOKS, TV & MORE: OVER 70 NEW SF & FANTASY REVIEW

Man fragt sich, warum Samantha Mathis hier so mürrisch guckt – als Star von Harsh Realm *dürfte ihre Karriere doch nun so richtig durchstarten!*

um« bereits vor der Premiere Bootleg-Kopien auf Filmbörsen kursierten, wurden die Sicherheitsvorkehrungen noch um einiges verschärft. Wie schon bei dem »Akte X«-Spielfilm, wurde auch hier das Drehbuch auf unkopierbarem rotem Papier gedruckt. Doch Carter ging bei seiner neuen Serie noch einen Schritt weiter. Um auch noch die letzten Lecks in der Produktion zu stopfen, gab er an verschiedene Mitarbeiter und Abteilungen unterschiedliche Versionen des Drehbuchs aus, die jeweils andere Szenen enthielten, welche nicht in der Folge vorkommen werden, sondern nur dazu dienen, herauszufinden, wer die Plots seiner Projekte ausplaudert.

Die Serie entsteht nach der sechsteiligen Comicserie »Harsh Realm« von James Hudnall und Andrew Paquette, die 1993 bei Harris erschien, einem kleinen Comicverleger, der hauptsächlich durch sein Flaggschiff ›Vampirella‹ bekannt ist. Die Serie spielt in einer trostlosen Zukunft: Luft und Wasser sind verseucht, die Menschheit überlebt in verdreckten, überbevölkerten Städten, die unter riesigen Kuppeln liegen. Die wenigsten Einwohner können sich an Zeiten erinnern, als man noch richtige Luft atmen konnte. Kaum einer hat je ein Tier oder einen Baum gesehen. Die Geschwindigkeit des Lebens stieg noch weiter an, Werbung und Verbrechen sind allgegenwärtig. Ruhige Winkel, in denen man sich erholen kann, existieren nicht mehr. Kein Wunder, daß der Konzern Gamescorp sich großen Zulaufs erfreut. Die Wissenschaftler haben unvorstellbar komplexe Computer entwickelt, die künstliche Welten generieren können. In diesen Welten gelten eigene Regeln, die von den Rechnern bestimmt werden. Eins dieser Universen heißt Harsh Realm, es ist Fantasy-Rollenspielen wie Dungeons and Dragons nachempfunden. Das Harsh Realm ist von Elfen, Riesen, Zauberern und Ungeheuern bevölkert. Die Gesetze unserer Welt gelten dort nicht, sowohl was die juristische als auch die physikalische Seite anbelangt. Magie ist dort an der Tagesordnung. Der zusätzliche Reiz besteht darin, daß es Flüsse, Berge, Meere, Wälder und Tiere gibt. Man muß nur eine Unterschrift leisten, etwas Geld bezahlen und wird dann dort ausgesetzt. Man kann Abenteurer, Kämpferin oder Zauberer werden, Schätze gewinnen, Schlachten schlagen oder Weisheit erlangen. Man kann dort einfach Urlaub machen und in den Alltag zurückkehren, aber auch für immer dort bleiben, eine Möglichkeit, von der immer mehr Menschen Gebrauch machen. Der Haken ist, daß es sich nicht um eine virtuelle Realität, sondern um eine ›echte‹, alternative Wirklichkeit handelt. Die Magie dort funktioniert wirklich, man kann zum Gott werden – aber auch sterben.

In der Comicserie bittet nun ein verzweifeltes Ehepaar den Detektiv Dexter Green, ihren Sohn ausfindig zu machen, der vor einigen Wochen die Harsh-Realm-Welt betrat und nicht zurückkehrte. Sie möchten wissen, ob ihm etwas zugestoßen ist oder ob er freiwillig dort bleiben möchte. Dex wird dort ein Ranger und nimmt die Spur des Jungen auf. Bald stellt sich heraus, daß er Zauberer wurde und in rasendem Tempo magische Techniken erlernte. Sein Charakter veränderte sich durch seine neuen Fähigkeiten, er wurde größenwahnsinnig und sehr grausam. Er plant, die Kräfte eines Gottes zu erlangen und sich die alternative Welt untertan zu machen. Dex gelingt es mit Hilfe der Frau Moria und eines Grüppchens von Abenteurern, seine Pläne zu durchkreuzen, wobei der Junge den Tod findet. Noch einmal verläßt Dex das Harsh Realm, um den Eltern vom Tod ihres Kindes zu berichten, und kehrt dann für immer in die alternative Realität zurück, wo Moria und ein neues Leben auf ihn warten.

Es dürfte Chris Carter schwerfallen, mit dieser Handlung mehrere Jahre einer Fernsehserie zu füllen, weshalb wir glauben, daß er sich nicht am Plot der Geschichte, sondern primär an der in dem Comic geschilderten Zukunft und ihren Möglichkeiten orientieren wird. Das würden jedenfalls wir an seiner Stelle tun. Spekulieren wir einmal:

Über die anderen Universen, die die Firma ihren Kunden anbietet, wird in der Miniserie nichts weiter gesagt, aber neben Sword-and-Sorcery-orientierten Welten sind ja auch eher märchenhafte Reiche denkbar, oder Realitäten, die unsere Vergangenheit, den Wilden Westen, die Wikingerzeit, Spionageabenteuer im Kalten Krieg, das Griechenland der Antike, die Zukunft eines Star-Trek-ähnlichen Universums bieten oder ganz einfach eine Welt, die nur aus Palmen, Meer und einem endlosen Strand besteht. Vermutlich wird die Figur des Detektivs Dex dahingehend verändert, daß er zum Spezialisten für alternative Realitäten wird oder direkt für Gamescorp arbeitet. Sein Aufgabenbereich könnte darin bestehen, Vermißte in diesen Welten zu suchen, Verbrechen dort aufzuklären, deren künstlich erzeugte Bewohner daran zu hindern, unsere oder andere Welten zu betreten und durcheinanderzubringen, Sabotageakte an den Maschinen von Gamescorp oder Industriespionage konkurrierender Firmen zu verhindern, Fehler in den Computerprogrammen zu beheben, die die alternativen Realitäten ins Chaos stürzen etc. Mit einem Konzern, der über mehrere Universen gebietet, sind den Möglichkeiten eigentlich keine Grenzen gesetzt. Romantische Melodramen, Kriegsgeschichten, Horror, SF, Krimis, Komödien und Tragödien, Western, Fantasy, historische Dramen und biblische Epen, Superhelden, Thriller, Abenteuer und alle nur erdenklichen Kombinationen daraus – der Phantasie sind keine Grenzen gesetzt. Und wenn man bedenkt, was Chris Carter aus der Prämisse der »Akte X« gemacht hat, von der frühe Kritiker meinten, man könne damit gerade mal Geschichte für eine halbe Staffel erzählen, kann man nur sehr gespannt sein …

Die »Akte X«-Filmserie wird nun, nachdem der erste Teil weltweit mehr als 200 Millionen Dollar eingespielt hat, definitiv fortgesetzt. Der nächste Streifen soll jedoch erst im Jahre 2001 oder 2002 das Licht der Leinwand erblicken. Dann wird die Serie auf dem Bildschirm abgeschlossen sein und hat laut Carter die Möglichkeit, sich im Kino ›neu zu erfinden‹.

»Harsh Realm« ist erst der Anfang eines Produktionsdeals mit Fox, der Carter 30 Millionen Dollar einbrachte und ihn zu einem der höchstbezahlten Produzenten Hollywoods machte. Anscheinend ist Carter mit den Serien »Akte X«, »Harsh Realm« und der »X-Files«-Film-Franchise noch nicht ausgelastet. Mit dem Verlagshaus Bantam schloß Carter einen Vertrag über zwei Romane ab, für die er im voraus eine nicht näher beschriebene siebenstellige Summe erhielt. Nach seinen beiden Manuskripten werden andere Autoren die Serie weiterführen, in der es um einen Indiana-Jones-ähnlichen Charakter gehen soll, der in okkulte Abenteuer verwickelt wird. Carter wird aber weiterhin ein Mitspracherecht an der Reihe haben.

Letzte Neuigkeiten: Fox fragte bei Carter an, ob er »Akte X« nicht auch noch über das siebte Jahr hinaus produzieren wolle. Carter hält sich vorerst noch bedeckt, hat aber anklingen lassen, daß er sich die Serie auch sehr gut ohne Anderson und Duchovny vorstellen könne, die wohl definitiv die Nase voll haben. Obwohl noch keinerlei Entscheidungen gefallen sind, hat Carter gegenüber der britischen Zeitschrift SFX geäußert, daß man die Serie sowohl im alten Gewand ohne die Stars weiterlaufen lassen könne, als auch schon ein Spin-off in Betracht gezogen worden sei. »X-Files: The Next Generation«? – Only Time Will Tell …

Rob Bowman ist ein alter Hase im Regiefach, der vor »Akte X« schon bei zahlreichen anderen Serien inszeniert hat. Neben Kim Manners ist Bowman einer der beiden fest angestellten Hausregisseure und mittlerweile auch Co-Produzent der Serie. Er inszenierte bisher neben knapp 30 Episoden auch den »X-Files«-Spielfilm. So wie es scheint, hat er nun den Sprung auf die große Leinwand geschafft. Bei »I Am Legend« ersetzt er Regisseur Ridley Scott, der ausschied und nun im Gespräch für »Hannibal«, die lang erwartete Fortsetzung zu »Das Schweigen der Lämmer« ist. Der Film beruht auf dem schon zweimal verfilmten klassischen SF-Roman »Ich bin Legende« von Richard Matheson, der unter anderem auch die Vorlage zu »Die unglaubliche Geschichte des Mr. C« schrieb. Der Roman erzählt die Geschichte des letzten Menschen auf der Welt, der sich jede Nacht gegen Horden von Vampiren verteidigen muß, in die sich seine einstigen Artgenossen verwandelt haben. Nach zahlreichen blutigen Auseinandersetzungen muß er schließlich erkennen, daß in einer Welt der Blutsauger er der Abnormale, das Monster darstellt, das zur Bedrohung für die Mehrheit geworden ist. Bowman wurde das Recht zur kreativen Mitbestimmung eingeräumt, worauf er das Drehbuch, welches stark von der Romanvorlage abwich, wieder dem Roman, den er sehr schätzt, anpaßte. Wir sind sehr gespannt, was Bowman aus dem Projekt macht, da »I Am Legend« einer der besten Romane ist, der Horror- und SF-Elemente verbindet, wie das ja auch unsere Lieblingsserie macht. Neugierigen sei das Buch ans Herz gelegt, auch die beiden alten Verfilmungen, »The Last Man On Earth« mit Vincent Price und vor allem »Der Omega-Mann« mit Charlton Heston sind ebenfalls empfehlenswert. Wir hoffen natürlich trotzdem, daß uns Bowman für die siebte Staffel erhalten bleibt. Sein Ausscheiden würde eine kaum zu schließende Lücke im »Akte X«-Team hinterlassen, war er doch an bisher jedem Mythologie-Mehrteiler als Regisseur beteiligt und gilt als Spezialist für diese Folgen, die sich bei den meisten Fans nach wie vor der größten Beliebtheit erfreuen.

Doch auch viele der beliebten Exmitarbeiter, deren Arbeiten die Serie noch heute prägen, arbeiten an für X-Philes interessanten Projekten. James Wong und Glen Morgan, legendäre Drehbuchautoren der ersten Stunde, beehrten die Serie zuletzt in der vierten Staffel (u. a. »Blutschande« [4X03], »Mutterkorn«)

und waren zuletzt bei der Schwesterserie »Millennium« zugange. Aus ihrer Feder stammen nicht nur legendäre Bösewichte wie Luther Lee Boggs (»Die Botschaft« [1X12]) und »Akte X«-Kultmonster Eugene Tooms (»Das Nest« [1X02]), sie erfanden auch Assistant Director Walter Sergej Skinner und die Lone Gunmen.

Momentan arbeiten sie an »The Wonder Cabinet«, einem ›techno-medizinischen Drama‹ für Fox-Television, was auch immer wir uns darunter vorzustellen haben. Angeblich soll die Serie im Milieu einer Institution spielen, die dem US-amerikanischen Zentrum für Seuchenkontrolle nachempfunden ist. Die Hauptfiguren sind drei Medizinstudenten, die von dem mysteriösen Mr. Swissky angeheuert werden, um mit ihm medizinische Anomalien und biologische Monstrositäten zu erforschen. Im März drehte das Team Morgan und Wong, das neben dem Skript auch für die Produktion verantwortlich zeichnete, den Pilotfilm in Vancouver. Wir sind gespannt und wünschen ihnen mehr Glück als mit dem Pilotfilm für »The Notorious 7«, einer Serie, die nicht fortgesetzt wurde.

Außerdem begannen am 17. Mai die Dreharbeiten zu »Flight 180«, einem übernatürlichen Thriller, den die beiden verfaßten. James Wong gibt mit dem Streifen, der ebenfalls in Vancouver entsteht, sein Regiedebüt für die Leinwand. In dem Film geht es um sieben Freunde, die ein Flugzeug besteigen, um Urlaub in Frankreich zu machen. Einer der sieben hat kurz vor dem Start die Vision, daß das Flugzeug explodieren wird, woraufhin er ausflippt und den übrigen Passagieren einen riesigen Schrecken einjagt. Das Personal wirft ihn und seine Freunde aus dem Flieger, der kurz darauf tatsächlich explodiert. Doch der Tod ist verärgert, um sieben Seelen betrogen worden zu sein, und heftet sich an die Fersen der Teenager. Der Film soll sich – im Gegensatz zur »Scream«-Serie und deren Nachzüglern – nicht am brutalen Slasher-Kino orientieren, sondern nimmt sich die subtilen und unheimlichen Klassiker wie »Cat People« und »Ich folgte einem Zombie« als Vorbild, die Val Lewton und Jacques Tourneur in den vierziger Jahren für RKO drehten. Zahlreiche Charaktere sind nach Regisseuren von Horrorklassikern benannt, der Junge mit der Vision heißt beispielsweise Alex Browning, eine Verneigung vor Tod Browning, dem Regisseur von »Freaks« und »Dracula«. Kamera wird Robert McLachlen führen, der in den letzten drei Jahren bei »Millennium« arbeitete, wo er Morgan und Wong kennenlernte.

Darin Morgan, der ›kleine Bruder‹ Glens, ist mit Sicherheit einer der besten Autoren, die momentan im Fernsehgeschäft arbeiten. Seine Arbeiten für »Akte X« gehören auch noch zwei Jahre nach Ende seiner viel zu kurzen Karriere bei der Serie zu den Lieblingsepisoden von Fans und Kritikern. »Der Zirkus« (2X20) oder »Andere Wahrheiten« (3X20) veränderten das Gesicht der Serie nachhaltig, und sein Einfluß ist wohl selten so deutlich geworden, wie bei der sechsten Staffel. Lange hat man nichts mehr von ihm gehört, doch nun ist er als Autor von »Men In Black II« im Gespräch, ein Projekt, das aufgrund der zu erwartenden astronomisch hohen Produktionskosten allerdings noch kein grünes Licht bekommen hat. Wir können uns jedoch keinen geeigneteren Mann für den Film vorstellen und drücken Darin die Daumen.
Als sein großer Bruder den Autor an Bord der Serie holte, war Darin Morgan zuerst gar nicht glücklich. Da er bislang nur Komödien verfaßt hatte, war er absolut ratlos, was er zu der düsteren Serie um paranormale Killer, Monster und eine Verschwörung um die Existenz von Aliens beitragen sollte. In seiner Verzweiflung tat er das, was er am besten konnte: Er schrieb eine komische Episode, welche die Charaktere und Konventionen der Serie gehörig auf die Schippe nahm. Niemand war so überrascht wie Morgan selbst, daß die Folge »Der Zirkus« zu einem der absolu-

ten Favoriten der Fans werden sollte, was sich schon in den ersten Stunden nach der Erstausstrahlung anhand der begeisterten Reaktionen im Internet abzeichnete. Wenige Folgen wurden so häufig auf die ersten Plätze der beliebtesten Episoden gewählt.

Sofort orderten die Produzenten der bislang eher ernsten Serie drei weitere Skripts, die Darin für die dritte Staffel verfassen sollte. Auch »Der Hellseher« (3X04) und »Krieg der Koprophagen« (3X12) schlugen bei den X-Philes ein wie nur wenige Folgen zuvor, und »Andere Wahrheiten« gilt bei nicht wenigen Kritikern als eine der besten und intelligentesten Stunden des Fernsehens der neunziger Jahre überhaupt. Im Zuge des Erfolges von Darins Drehbüchern versuchten sich auch andere Autoren der Serie an komischen X-Akten. Neben Morgans Folgen waren in der dritten Staffel auch noch Kim Newtons »Der See« (3X22) – nach einer Idee Darins – zu sehen, und Chris Carter selbst versuchte sich mit »Energie« (3X13) an einer morganesken Folge. Zu den »Mythologie«- und den »Monster-of-the-Week«-Episoden gesellte sich eine dritte Kategorie von Folgen, die »X-Files-Comedy« oder, wie man sie am Anfang noch gerne nannte, die »Darin-Morgan-X-Akten«.

Leider stieg Morgan nach der dritten Staffel aus, er beklagte sich über *burn out* und wußte nicht mehr, was er zu der Serie noch beitragen sollte. Dies war zwar für die Serie ein ebenso harter Verlust wie das Ausscheiden James Wongs und Darins Bruder Glen Morgan, doch ist es durchaus nachvollziehbar, daß Darin der Meinung war, sich nach »Andere Wahrheiten« im Rahmen der »Akte X« nicht mehr steigern zu können.

Doch dies bedeutete keineswegs ein Aus für die »X-Files-Comedys«. Die vierte Staffel bot zwar nur wenige reine Komödien, aber Folgen wie »Gedanken eines geheimnisvollen Rauchers« (4X07) oder »Der Chupacabra« (4X11) zeigen von ihrer Struktur oder ihren Motiven her deutliche Anklänge an Darins Stil, und sein Bruder Glen, der mit James Wong für vier Folgen zur Serie zurückgekehrt war, verfaßte mit »Mutterkorn« (4X13) – einer Folge um eine Tätowierung mit Persönlichkeit – ein Drehbuch, das ohne Darins Vorarbeit nicht entstanden wäre. Glen war auf die Arbeit Darins dermaßen neidisch, daß er, als er zum erstenmal »Der Zirkus« sah, laut eigener Aussage in einen depressionsartigen Zustand verfiel. Und so sah sich Glen Morgan mit seinem Partner Wong gezwungen, es seinem kleinen Bruder gleichzutun und ebenfalls eine »Darin-Morgan-X-Akte« zu verfassen. Das Ergebnis war »Blutschande« (4X03), doch gingen die beiden mit ihrem Humor einen Schritt zu weit. Die Folge um Inzest und degenerierte, blutrünstige Hinterwäldler wurde in Fankreisen eher für ihre Härte berühmt (und berüchtigt) als für ihren grandiosen Humor, der von dem beinharten Horror überschattet wurde. Doch sorgte die Folge »Ein unbedeutender Niemand« (4X20) für ein buchstäbliches Wiedersehen mit Darin, der in dieser von Vince Gilligan verfaßten Komödie, die eines der absoluten Highlights unter den komischen X-Akten darstellt, selbst mitspielte. Zu Beginn der zweiten Staffel trat Darin schon einmal auf, unter Tonnen von Make-up spielte er unerkannt den mutierten Riesenplattwurm in »Der Parasit« (2X02). Nun konnte man ihn endlich einmal in natura bewundern – wenn man von dem Schwänzchen absah, das an seinem Steißbein wuchs, und die Tatsache ignorierte, daß er die Gestalt von Fox Mulder annahm, um Dana Scully zu verführen.

Auch die fünfte Staffel bot den Fans mit »Die unüblichen Verdächtigen« (5X01), »Der große Mutato« (5X06) und »Böses Blut« (5X12) wieder Komödien im Stile Darins, doch ist die sechste Staffel bislang diejenige, welche am deutlichsten den Einfluß Darins zeigt. Die irrwitzigen Konzepte von »Triangle«, »Arcadia«, »Field Trip« und »The Unnatural« könnten direkt aus seiner Feder stammen. Der Cigarette-Smoking Man in SS-Uniform, Mulder und Scully als trautes Spießerehepaar, ein Grey, der Baseball spielt, und ein anderer in Mulders Schlafzimmer –

das sind Bilder, wie wir sie sofort mit Darins Arbeiten für die Serie assoziieren. Auch ansonsten ernste »Monster-of-the-Week«-Folgen wie »Terms of Endearment« und »Agua Mala« (6ABX14) zeigen deutlich morganeske Elemente, und mit »Dreamland« entstand der erste komische Zweiteiler, ein Format, das bislang für die Mythologieepisoden reserviert war, die Chris Carter mindestens ebenso ernst nimmt wie die meisten Fans, was ja an sich auch schon lustig ist. Mit »Three of a Kind« (6ABX19) fand zudem die erste Lone-Gunmen-Folge »Die unüblichen Verdächtigen« eine Fortsetzung, die ebenfalls wieder sehr komisch ausfiel, was bei den Hauptdarstellern aber auch nicht anders zu erwarten war, sorgte das Trio doch schon von der ersten Staffel an für humoristische Glanzlichter in der damals noch so düsteren Welt der »Akte X«. »How The Ghosts Stole Christmas« bot neben interessanten Einblicken in die Persönlichkeiten der Agenten auch genug schrägen Humor, um für ein vergnügliches Weihnachtsfest der Fans zu sorgen. »Rain King« schließlich, mit seinen postmodernen Elementen, absurden Situationen und surrealistischen Bildern, war eine »Darin-Morgan-X-Akte« par excellence. So ist auch heute noch der Einfluß Darins unübersehbar, und keine Season atmete so sehr den Geist seiner frühen »X-Files Comedies« wie die sechste.

Wer, wie, was

Die *General Credits* der Serie auf einen Blick

Produziert von 1013 Productions in Zusammenarbeit mit 20th Century Fox.
Executive Producer/Creator: Chris Carter
Executive Producer: Frank Spotnitz
Co-Executive Producer: Michael Watkins
Co-Executive Producer: Vince Gilligan
Co-Producer: Lori Jo Nemhauser
Producer: Bernardette Caulfield, Kim Manners, John Shiban, Paul Rabwin, Rob Bowman
Consulting Producer: Daniel Sackheim
Music: Mark Snow
Special Effects Supervisor: Bill Millar
Special Makeup Effects: John Vulich
Production Designer: Corey Kaplan
Editors: Lynne Willingham, Heather McDougall, Louise A. Innes.
Director of Photography: Bill Roe

In den Hauptrollen:

Gillian Anderson als Special Agent Dana Scully
David Duchovny als Special Agent Fox Mulder

Der Episodenführer

6ABX01
The Beginning

US-Erstausstrahlung:	8. November 1998
Regie:	Kim Manners
Drehbuch:	Chris Carter

Gaststars: William B. Davis (Cigarette-Smoking Man), Chris Owens (Agent Jeffrey Spender), Mitch Pileggi (Assistant Director Walter S. Skinner), Mimi Rogers (Agent Diana Fowley), Jeff Gulka (Gibson Praise), James Pickens Jr. (Assistant Director Kersh), Kim Robillard (2nd Workman ›Homer‹), Arthur Taxier (Assistant Director Bart), Scott Eberlein (Black Haired Man), Wendy Malick (Assistant Director Maslin), Don S. Williams (1st Elder), George Murdock (2nd Elder), Rick Millikan (Sandy), Wayne Thomas Yorke (1st Workman), Wayne Alexander (Assistant Director Arnold), Ralph Meyering (Chirurg), Benito Martinez (Krankenpfleger), Christopher Neiman, Alan Henry Brown

Kurzinhalt
Auf der Jagd nach einem außerirdischen Wesen müssen Mulder und Scully ihre berufliche, aber auch ihre private Beziehung neu definieren.

Inhalt:
Unter der sengenden Sonne Arizonas fährt eine Gruppe von Angestellten der Firma ›Roush Technologies‹ in den wohlverdienten Feierabend. Trotz der großen Hitze zittert einer der Männer, Sandy, am ganzen Körper. Kaum ist er zu Hause, dreht er die Heizung auf die höchste Stufe. Sein Zustand verschlimmert sich jedoch zusehends, und als er bemerkt, daß die Haut seiner Hand

Es hat ja etwas vom Nachsitzen in der Schule: Scully und Mulder müssen sich wieder einmal vor dem FBI-Untersuchungsausschuß verantworten.

durchsichtig wird, dämmert ihm, daß sein Schicksal besiegelt ist. Am nächsten Morgen wollen ihn seine Kollegen zur Arbeit abholen. Als einer von ihnen das Haus betritt und nach Sandy sucht, macht er eine grausige Entdeckung. Sandy sitzt tot auf dem Sofa. In seinem Brustkorb klafft ein riesiges Loch. In Panik stürzt der Mann zur Tür. Bevor er jedoch das Haus verlassen kann, wird er von einem unbekannten Wesen attackiert und in Stücke gerissen.

In Washington versucht Agent Mulder indes den FBI-Untersuchungsausschuß davon zu überzeugen, daß er und Scully wieder mit der Bearbeitung der X-Akten betraut werden sollen. Leider schenkt das Komitee seinen Ausführungen über eine bevorstehende außerirdische Invasion keinen Glauben und statt ihnen ihren alten Job wiederzugeben, werden Mulder und Scully innerhalb des FBIs versetzt. Um die Niederlage komplett zu machen, ernennt das Komitee ausgerechnet Jeffrey Spender und Diana Fowley zu ihren Nachfolgern. Zum Glück steht Direktor Skinner weiterhin auf Mulders und Scullys Seite und informiert sie unter der Hand über den mysteriösen Todesfall in Arizona.

Bei ihren Nachforschungen im Haus des Toten stoßen die beiden Agenten auf eine Reihe von merkwürdigen Indizien. Tiefe Kratzspuren im Parkettboden, eine abgebrochene Kralle und die Tatsache, daß der Brustkorb der Leiche aufgerissen war, lassen in Mulder schnell einen bösen Verdacht aufkeimen. Er vermutet, daß in dem Mann ein Alien herangewachsen und ›ausgeschlüpft‹ ist. Scully bleibt zunächst skeptisch, aber Mulder weiß, wovon er spricht: Während der Befreiung Scullys aus dem außerirdischen Raumschiff in der Arktis (siehe »Akte X – Der Film«) wurde er Zeuge, wie außerirdische Wesen aus den Körpern gefangener Menschen herausbrachen.

Natürlich will Mulder das Alien unbedingt finden, doch er ist nicht der einzige. Der Cigarette-Smoking Man und seine finsteren Mitverschwörer haben ebenfalls von dem Vorfall erfahren, und der Kettenraucher ist bereits in Arizona eingetroffen. Bei ihm ist Gibson Praise, der kleine Junge, von dem Mulder glaubt, er sei der Schlüssel zur großen Verschwörung. Da er mit dem Alien in einer Art telepathischem Kontakt steht, soll Gibson den Cigarette-Smoking Man zu dessen Versteck führen.

Dabei handelt es sich um das nahe gelegene Rolling-Hills-Atomkraftwerk, wo sich der Außerirdische im Kühlwasser des Reaktors eingenistet hat. Nachdem das Wesen einen der Arbeiter getötet hat, wird das Gebäude abgesperrt. Mulder und Scully wollen die Angelegenheit genauer untersuchen, werden aber von Agent Spender und Agent Fowley, die gerade aus Washington eingetroffen sind, am Betreten des Kraftwerkes gehindert. Frustriert machen Mulder und Scully kehrt und staunen nicht schlecht, als sie in ihrem Wagen plötzlich den bewußtlosen Gibson finden. Auf dem Weg ins Motel wacht der Kleine auf und erklärt, daß er dem Cigarette-Smoking Man entkommen konnte.

Gibson ist von den Tests, die die Ärzte des Konsortiums an ihm durchgeführt haben, stark geschwächt. Obwohl Mulder sich von ihm eigentlich weitere Informationen über das Alien erhofft hat, kann ihn Scully davon überzeugen, daß der Junge in ein Krankenhaus gehört. In diesem Moment taucht Diana Fowley auf und entschuldigt sich bei Mulder für ihr vorheriges Verhalten. Sie beteuert, daß sie auf seiner Seite stehe, vor Agent Spender aber auf die Vorschriften habe pochen müssen. Als Wiedergutmachung bietet sie Mulder an, ihm jetzt Zugang zum Atomkraftwerk zu verschaffen. Mulder geht auf das Angebot ein, und während Scully Gibson alleine ins Hospital bringt, fährt Mulder mit Fowley zum Rolling-Hills-Kraftwerk.

In den düsteren Gängen des Gebäudes machen sie bald eine überraschende Entdeckung. Neben einer schleimigen Substanz finden sie die Haut des Außerirdischen. Das Wesen muß sie kurz zuvor abgestoßen haben. Wie es aussieht, ist die Entwicklung des Aliens also noch nicht abgeschlossen.

Im Krankenhaus untersucht Scully derweil Gibsons Blut und muß entsetzt feststellen, daß der Junge den außerirdischen Virus in sich trägt. Bevor sie aber weitere Tests durchführen kann, wird Gibson von einem der Schergen des Cigarette-Smoking Man erneut verschleppt und zum Kraftwerk gebracht.

Tatsächlich führt Gibson den Mann hier zum Versteck des Aliens. Mulder und Fowley haben dieses in der Zwischenzeit ebenfalls ausfindig gemacht, doch bevor sie zu dem Wesen vordringen können, schließt der Mann die Tür zum Reaktorraum. Mulder und Fowley können nicht eingreifen, auch dann nicht, als der Außerirdische den Mann vor ihren Augen angreift und tötet. Ein im selben Augenblick ausgelöster Alarm und die herannahenden Wachleute zwingen Fowley, so zu tun, als habe sie Mulder beim Einbruch ins Kraftwerk erwischt.

Zurück in Washington, müssen sich Mulder und Scully vor dem FBI-Untersuchungsausschuß einen Rüffel für ihre nicht genehmigten Nachforschungen abholen. Das Komitee bekräftigt dabei seinen Entschluß, die beiden nicht mehr an den X-Akten arbeiten zu lassen und droht bei einer weiteren Zuwiderhandlung gegen die Vorschriften mit der Entlassung aus dem FBI. Um sicherzustellen, daß Mulder und Scully sich ein für allemal an ihre Anweisungen halten, wird ihr neuer Vorgesetzter, Assistant Director Kersh, beauftragt, sie gut im Auge zu behalten.

Wie es scheint, haben die Verschwörer es diesmal endgültig geschafft, die beiden Agenten kaltzustellen. Davon ist zumindest der Cigarette-Smoking Man überzeugt und beglückwünscht seinen Sohn, Agent Spender, für dessen hervorragende Arbeit bei dieser Aktion.

Doch der Kettenraucher sollte sich nicht zu früh freuen. Anhand der Analyse von Gibsons Blut hat Scully nämlich eine ungeheuerliche Entdeckung gemacht. Die DNS des außerirdischen Virus und die DNS der Kralle, die die beiden Agenten im Haus des toten Roush-Technologies-Angestellten gefunden haben sind identisch. Dieselbe DNS konnte Scully zudem in Gibson Praise nachweisen. Das bedeutet, daß Gibson zu einem Teil außerirdischer Herkunft ist. Als wäre das noch nicht genug, hat Scully darüber hinaus entdeckt, daß die außerirdische DNS in jedem Menschen zu finden ist. Normalerweise ruht sie zwar, doch wenn sie – wie bei Gibson – aktiviert wird, könnte möglicherweise jeder Mensch über die übersinnlichen Fähigkeiten des Jungen verfügen.

Gibson hat seine Fähigkeiten dazu genutzt, im Atomkraftwerk unentdeckt zu bleiben. Nun beobachtet er gebannt, wie das Alien im Reaktor sich ein letztes Mal verwandelt. Es stößt seine Haut erneut ab, und durch die Hülle des aggressiven Monsters bricht ein typischer grauer Außerirdischer hervor. Ein neues Alien ist geboren.

Kommentar:
»Nächstes Mal zieh ich ein Clown-Kostüm an und mach ein paar Ballontricks.«
Mulder, nachdem er sich mit seiner Aussage über die große Verschwörung vor der FBI-Untersuchungskommission lächerlich gemacht hat

Die hoch am Himmel stehende Sonne füllt das Bild und blendet mit ihrem grellen Licht den Zuschauer. Gleich mit der ersten Einstellung stimmt uns Regisseur Kim Manners auf die wichtigste Veränderung ein, die »Akte X« seit dem Ende der letzten Staffel erfahren hat. Der bereits im Frühjahr 1998 beschlossene Umzug der Produktion aus dem kanadischen Vancouver nach Los Angeles fand in der Sommerpause zwischen der fünften und der sechsten Staffel statt. Damit mußte der neben Mulder und Scully vielleicht wichtigste Charakter der Serie, das trübe und verregnete Kanada, dem ›Sunny Boy‹ Kalifornien weichen.

Für nicht wenige Fans war der Klimawechsel genauso undenkbar wie ein Austausch von Gillian gegen Pamela Anderson, und die Prophezeiungen für die Zukunft der Serie waren demzufolge düsterer als die von Nostradamus für das Jahr 2000.

Egal ob in Kanada oder Kalifornien: Scully und Mulder alias Anderson und Duchovny ermitteln wacker weiter.

Bei all ihrem Wehklagen über das drohende Ende der X-Welt hatten die Schwarzseher unter den X-Philes aber anscheinend vergessen, daß ihre Lieblingsserie seit ihrer Premiere im Herbst 1993 dafür bekannt ist, immer wieder etwas Neues auszuprobieren und aus Veränderungen vor und hinter den Kulissen neue Impulse zu gewinnen. Schon die Pilotfolge wurde in ihrer visuellen Gestaltung und ihrer Atmosphäre als bahnbrechend gefeiert. Als Gillian Anderson plötzlich schwanger wurde, erzählten Carter & Co. zu Beginn der zweiten Staffel kurzerhand eine sich über mehrere Episoden erstreckende Geschichte um ihr Verschwinden, woraus sich entscheidende Elemente der X-Files-Mythologie entwickelten, und als Darin Morgan mit »Der Zirkus« (2X20) die erste Comedy-Episode ablieferte, widerlegte er das Vorurteil, »Akte X« könne nicht witzig sein, und eröffnete der

Serie eine völlig neue Dimension, in der einige ihrer besten Folgen entstehen sollten.

Mit diesem Wissen im Hinterkopf sahen wir dem Umzug nach L. A. viel eher gespannt denn besorgt entgegen. Auch uns hat der düstere Look der Serie in den letzten fünf Jahren Spaß gemacht, doch nach dieser, für das amerikanische Fernsehen recht langen Zeit auf Sendung, konnte ein Tapetenwechsel eigentlich nicht schaden. Und tatsächlich hat ihr Platz an der Sonne der Serie mehr als gutgetan.

Nach dem Wink mit der Zaunfabrik in der ersten Einstellung sind Kim Manners und Drehbuchautor Chris Carter klug genug, die Zuschauer langsam an das neue Gesicht der Serie zu gewöhnen. Die meisten Szenen spielen in Räumen oder bei Nacht, so daß noch genug vom gewohnten »Akte X«-Feeling erhalten bleibt. Nach und nach schleichen sich die helleren Farbtöne ein, aber erst in den folgenden Episoden wird die neue Atmosphäre komplett enthüllt und werden Sonnenschein und Hitze ihr düsteres Gesicht offenbaren.

Bei »The Beginning« handelt es sich aber nicht nur auf visueller Ebene um einen Neuanfang. Auch die Mythologie der Serie hat die nächste Stufe erreicht. Natürlich haben wir viele Elemente dieser Episode schon vorher in »Das Ende« (5X20) und in »Akte X – Der Film« gesehen, aber noch einmal ganz klar auf den Punkt gebracht, vermittelt sich ihre Tragweite weitaus deutlicher.

Ad Maslin: »Und der Plan … Ich, ich versuche das nur klarzustellen. Der Plan dieser ›Spacelinge‹ ist es, mit Hilfe einer Gruppe von Männern hier auf der Erde die Macht über den Planeten zu bekommen?«

Mulder: »Männern, die einer dunklen Verschwörung innerhalb unserer Regierung angehören.«

Ad Maslin: »Und die mitten in der Wüste Mais anbauen, dessen Pollen einen genetisch veränderten Virus enthalten, der von Bienen aufgenommen wird, die den Virus mit ihrem Stachel übertragen und dadurch das Wachstum eines außerirdischen Wesen in einem menschlichen Wirt auslösen?«

Mulder: »Was wir beweisen werden, jetzt, wo die X-Akten wieder geöffnet sind.«

Mit diesem kurzen Dialog fassen Mulder und Assistant Director Maslin die Ereignisse des Kinofilms zusammen und bringen damit auch die drei X-Philes auf den aktuellen Stand der Dinge, die »Akte X – Der Film« nicht gesehen haben. Genau wie AD Maslin mag man nun ungläubig mit dem Kopf schütteln. Das soll also ernsthaft das große Geheimnis sein, dem Mulder und Scully all die Jahre hinterhergejagt sind? Doch bei genauerem Hinsehen ist die Backstory gar nicht so übel. Auch wenn wir immer noch nicht glauben, daß Chris Carter dieses Szenario von Anfang an im Kopf hatte, ist es ihm und seinem Autorenteam wenigstens gelungen, aus den im Laufe der letzten Jahre eingeführten Puzzleteilen ein halbwegs kohärentes Gesamtbild zu basteln.

Es liegt in der Natur der Sache, daß die Enthüllung eines großen Geheimnisses immer ein wenig Katerstimmung hervorruft und die Zuschauer mit dem, was ihnen geboten wird, selten wirklich zufrieden sind. Das Suchen macht in Mysterygeschichten einfach mehr Spaß als das Finden. Nach fünf Jahren der Suche war es aber mehr als überfällig, daß Mulder und Scully endlich der Wahrheit auf die Spur kommen. Wer dabei etwas anderes als eine komplizierte Science-fiction-Geschichte erwartet hat, muß seine »Akte X«-Episoden wohl aus einer Parallelwelt empfangen haben.

Die Mythologie wird in »The Beginning« aber nicht nur rekapituliert, sondern auch erweitert. So erfahren wir z. B., daß die Monster-Aliens aus dem Kinofilm nichts anderes als die typischen grauen Außerirdischen sind. Sie entwickeln sich nach ihrer ›Geburt‹ in einem menschlichen Wirt noch weiter. Um in dieser Zeit nicht schutzlos zu sein, besitzen sie eine Zeitlang den Instinkt eines Raubtiers, der dafür sorgt, daß sie alles angreifen, was sich ihnen nähert. Erst später streifen sie die Hülle des Killer-Aliens ab und zeigen ihr wahres Gesicht. (Eine andere Interpretation ist die, daß die Grauen in wenigen Tagen eine Entwicklung von Millionen von Jahren durchmachen und daher zunächst wilde Kreaturen sind, die erst zu den sanftmütigeren (aber nicht zwangsläufig freundlicheren) Wesen werden, wie wir sie aus Episoden wie »Unter Kontrolle« [2X05] oder »Gethsemane« [4X24] kennen.)

Noch wichtiger als die Enthüllungen über die Entwicklung der Aliens ist sicher das Ergebnis von Scullys DNS-Analyse. Wie es aussieht sind wir alle zum Teil außerirdischen Ursprungs, und die übersinnlichen Fähigkeiten von Gibson Praise schlummern in jedem Menschen. Aus diesen Informationen dürften sich in Zukunft eine Reihe interessanter Wendungen für die Mythologie ergeben.

Über das Fortspinnen der Mythologie hinaus dient Scullys DNS-Analyse vor allem dazu, ihren wissenschaftlichen Ansatz zu rechtfertigen. Nach all dem, was Scully in den letzten Jahren, aber vor allem im Kinofilm erlebt hat, wäre es unglaubwürdig, ihren Status als vehemente Skeptikerin aufrechtzuerhalten. Sie ist inzwischen so weit, daß sie Mulders Ideen als Arbeitshypothesen akzeptiert, besteht aber weiterhin auf konkrete Beweise. Daraus entwickelt sich zwischen den beiden Helden ein interessanter Konflikt: Mulder sieht in Scullys Verhalten einen Vertrauensbruch. Er gesteht sich zwar ein, daß er seine Thesen gegenüber dem FBI-Untersuchungsausschuß mit Hilfe von Beweisen untermauern muß, versteht jedoch nicht, warum auch Scully von ihm noch immer Belege für seine Ideen verlangt.

Selbst als Scully Mulders Eingeständnis aus der berüchtigten Beinahe-Kuß-Szene des Kinofilms reflektiert und ihm erklärt, »Wenn ich mich jetzt ändere, wäre das nicht richtig oder ehrlich«, reagiert Mulder abweisend. Im Verlauf der Folge erreichen die Spannungen zwischen den beiden eine Intensität, die Mulder sogar dazu verleitet, mehr auf seine ehemalige Kollegin und Freundin Diana Fowley zu vertrauen als auf Scully.

Am Ende kann Scullys Analyseergebnis die beiden zwar wieder zusammenbringen, eine echte Versöhnung steht aber noch aus, und es bleibt abzuwarten, ob dieser Konflikt Mulder weiter auf die Seite von Diana Fowley treiben wird.

Leider ist Agent Fowley ein genauso farbloser Charakter wie ihr Kollege Spender, so daß es schwerfällt, Mulders Faszination für diese Frau zu verstehen. Allerdings fällt es leichter, sie nicht zu mögen, was natürlich wiederum ein ganz perfider Trick Chris Carters sein könnte, denn vielleicht stimmen ihre Behauptungen ja und sie gehört wirklich zu den Guten. Wie dem auch sei. Wir hätten nichts dagegen gehabt, wenn sie nach ihrer Schußverletzung in »Das Ende« (5X20) ihre wohlverdiente Rente angetreten hätte.

Weitaus willkommener ist da schon das Wiedersehen mit Gibson Praise. Der Arme erinnert nach einer Reihe von Experimenten an seinem offenen Gehirn tatsächlich an ein kleines Frankenstein-Monster, und nirgendwo sonst wird die Skrupellosigkeit der Verschwörer so deutlich wie an ihrem Umgang mit dem kleinen

Gibson. Der ist und bleibt eines der faszinierendsten Elemente der Akte X-Mythologie und endlich erfahren wir auch, warum Mulder ihn für ›den Schlüssel zu allem, was in den X-Akten steht‹, hält. Daß Mulder damit eigentlich meint, daß Gibson der Schlüssel zur großen Verschwörung ist und nicht etwa zu allen Fällen, die er und Scully in den letzten fünf Jahren bearbeitet haben (so hörte es sich in »Das Ende« [5X20] nämlich noch an), ist ein schöner Beleg dafür, daß Chris Carter um des Effektes willen gerne übertreibt und damit mehr Verwirrung stiftet als Klarheit schafft.

In Gibson ist die außerirdische DNS, die in jedem Menschen schlummert, also aktiv und hat ihm die Fähigkeit beschert, die Gedanken anderer Menschen sowie die der Aliens zu lesen. Die Implikationen für die weitere Entwicklung der Mythologie sind hochinteressant, und man kann sicher sein, daß wir Gibson in dieser Staffel nicht zum letzten Mal begegnet sind.

Zu guter Letzt wird gegen Ende der Episode noch ein neuer Charakter, Assistant Director Kersh, eingeführt. Bei all den Fragen, die über die bereits bekannten Charaktere wie Alex Krycek, Marita Covarubias, Assistant Director Skinner, den Cigarette-Smoking Man oder Diana Fowley noch offen sind, stellt sich die Frage, ob es wirklich nötig war, noch eine weitere mysteriöse Figur einzuführen. Chris Carter sollte sich auch bei den handelnden Personen an seiner Vorgehensweise bei der Mythologie orientieren und erst einmal bei dem, was er hat, Ordnung schaffen, bevor er etwas Neues einführt.

Trotz einiger Ungereimtheiten (Mulder und Scully gehen relativ gelassen damit um, daß Gibson entweder tot oder verschwunden ist – wie kann das Monster-Alien unerkannt durch eine Wohngegend spazieren) und Dummheiten (Mulder faßt ohne Handschuhe in den Alien-Schleim, was nicht nur ziemlich eklig ist, sondern auch verdammt gefährlich sein könnte) ist »The Beginning« ein spannender Einstieg in die sechste Staffel. Als perfekter Brückenschlag zwischen der Zeit vor und nach dem Kinofilm faßt die Folge das bereits Geschehene zusammen und präsentiert einen Vorgeschmack auf die Dinge, die uns bevorstehen. Vieles, was einmal rätselhaft und mysteriös war, liegt nun offen. Und es wird spannend sein zu sehen, was Mulder und Scully in Zukunft mit ihrem neuen Wissen anfangen werden.

Bemerkungen:

● Die Männer, die zu Beginn der Episode mit einem weißen Van nach Hause fahren, arbeiten für die Firma ›Roush Technologies‹. Dabei handelt es sich um die gleiche Firma, bei der auch der in »Redux – Teil 2« (5X03) verstorbene Section Chief Scott Blevins im geheimen auf der Gehaltsliste stand.

● Rick Millikan, der in der Rolle des Sandy ein blutiges Ende findet, ist bei »Akte X« eigentlich für das Casting verantwortlich. Bei »The Beginning« hat entweder das Budget nicht mehr gereicht, oder es fand sich in Los Angeles kein Schauspieler, der bei über 30 Grad im Schatten so überzeugend frieren konnte. Deshalb übernahm Millikan selber den Part des schnellen Alien-Brüters.

● Damit keine Mißverständnisse aufkommen: Das Alien ist keine Leihgabe der Area 51, sondern wurde in mühevoller Kleinarbeit von Alec Gillis und Tom Woodruff Jr. entworfen. Das behaupten jedenfalls die Credits …

● Wenn Assistant Director Maslin Mulder und Scully ihren neuen Vorgesetzten, Assistant Director Kersh, vorstellt, verheißt dessen düstere, fast schon bedrohliche Miene nichts Gutes. Ob

49

Kersh aber tatsächlich eine weitere Schachfigur auf der Seite des Cigarette-Smoking Man ist oder vielleicht einfach nur deshalb genervt, von jetzt an für die beiden *enfants terribles* des FBI verantwortlich zu sein, muß sich erst noch zeigen. Der Schauspieler James Pickens Jr. jedenfalls behauptet, auch nicht mehr zu wissen als die Zuschauer, und ist gespannt, wie sich sein Charakter entwickeln wird. Für Pickens Jr. ist die Rolle ein weiterer Schritt in einer langjährigen Karriere als Nebendarsteller bei Film und Fernsehen. Nach 13 Jahren als Theaterschauspieler in New York und einer Dauerrolle in der Seifenoper »Another World« siedelte Pickens 1990 nach Los Angeles um.

Hier spielte er unter anderem in Serien wie »Roseanne«, »Brookly South«, »The Pretender«, »Beverly Hills 90210« oder »NYPD Blue« und in Filmen wie »Sphere«, »Nixon«, »Sleepers« und »Bulworth« mit. Vor allem mit seiner Rolle als Detective Mike McKrew in David E. Kelleys Gerichtsserie »The Practice« machte sich Pickens Jr. einen Namen. Er gibt zu, daß er »Akte X« vor seinem Engagement nicht gesehen hat. Dies scheint aber seinen Chancen beim Casting keinen Abbruch getan zu haben. Immerhin bekam er die Rolle nach nur zwei Casting-Sessions noch am selben Tag, an dem er sich beworben hatte. Pickens Jr. sieht seine Unkenntnis der Akte X-Mythologie so auch eher als Vorteil denn als Nachteil. »So kann ich offen und frisch an die Sache herangehen, genau wie Kersh es auch tun würde. Er weiß nicht, was ihn erwartet, aber er hat seine eigenen Vorstellungen von dieser neuen Situation.« Wie Kersh mit dieser neuen Situation umgeht, können wir von jetzt an am Fernsehschirm verfolgen. Es bleibt nur zu hoffen, daß Chris Carter und sein Team mehr über den mysteriösen Assistant Director wissen, als Pickens Jr. und wir es tun.

● Assistant Director Maslin ist von Mulders Geschichte über die Invasion der Außerirdischen genausowenig angetan wie ihre Namensvetterin Janet Maslin vom Akte X-Kinofilm. Letztere nannte den Film in ihrer Kritik für die New York Times »… ein durchschnittliches, zerfahrenes action-adventure …«. Natürlich konnte Chris Carter sich einen ironischen Seitenhieb nicht verkneifen und nannte die skeptische Vorsitzende des FBI-Untersuchungsausschusses Maslin. Eines hat der Assistant Director der Filmkritikerin aber voraus, denn er kennt wenigstens die Namen seiner Leute. In ihrer Besprechung von »Akte X – Der Film« unterlief Janet Maslin der peinliche Fehler, Gillian Anderson ›Ms Armstrong‹ zu nennen.

● Nachdem von den X-Akten nicht viel mehr als Asche übrig geblieben ist, konnte es sich Chris Carter natürlich nicht verkneifen, die erste Folge der sechsten Staffel in Phönix spielen zu lassen. Wie ein Phönix aus der Asche werden dann eines Tages wohl auch Mulder und Scully aufsteigen und wieder die X-Akten übernehmen.

● Nachdem Mulder und Scully bereits ihren Gastauftritt bei den ›Simpsons‹ absolviert haben, ist es nun Zeit für einen Gegenbesuch. Oder wer ist sonst Sicherheitsinspektor eines Atomkraftwerkes, sitzt schlafend an seinem Arbeitsplatz, ist klein und dick, hat eine Glatze und heißt Homer? Fragt sich nur, wer jetzt, nachdem er von einem Alien zerfetzt wurde, seinen Part in der Zeichentrickserie übernimmt.

● Wenigstens wissen wir jetzt, daß Homer einen exquisiten Musikgeschmack besitzt. Der Song, der durch das Atomkraftwerk schallt, stammt nämlich von Johnny Mathis und heißt »Put On a Happy Face«. Der Text dieses Songs beinhaltet sicherlich nicht zufällig Verse wie »Sunshine All over The Place«, und möglicherweise bezieht sich »Gray Skies Are Gonna Clear Up« nicht nur auf den Wetterwechsel in der Serie …

● Assistant Director Bart? Ob Homer Simpsons Sorgenkind auf seine alten Tage doch noch auf der richtigen Seite des Gesetzes gelandet ist?

Die Stimme, die in der amerikanischen Originalversion die Zusammenfassung des bisher Geschehenen mit »Previously on The X-Files …« (»Zuvor bei Akte X …«) ankündigt, gehört niemand Geringerem als Chris Carter.

6ABX02
Drive

US-Erstausstrahlung: 15. November 1998
Regie: Rob Bowman
Drehbuch: Vince Gilligan

Gaststars: Junior Brown (Farmer), Bryan Cranston (Patrick Crump), Janine Venable (Vicky Crump), Michael O'Neill (Captain der Highway Patrol), Bob Peters (Nachrichtensprecher – Idaho), Frank Buckley (Nachrichtensprecher – Nevada), Mindy Seeger (Pathologin), Harry Danner (Arzt vom CDC), James Pickens Jr. (Assistant Director Kersh), Scott A. Smith (Arzt im Gefängnis), Ken Collins (Tankwart)

Kurzinhalt:
Mulder wird von dem Amokläufer Patrick Crump als Geisel genommen. Dieser befiehlt ihm, mit dem Auto konstant in Richtung Westen zu fahren. Es stellt sich später heraus, daß Crump zu dieser Bewegung gezwungen ist, da ihm ansonsten der Kopf platzt. Scully versucht eine medizinische Lösung des Problems zu finden, bevor Mulder und Crump die Pazifikküste erreichen. Dabei stößt sie auf ein geheimes Experiment der Navy, das die Ursache für Crumps ›Krankheit‹ sein könnte.

Inhalt:
Der Hinterwäldler Patrick Crump aus Nevada scheint Amok zu laufen. Ohne ersichtlichen Grund raubt er gemeinsam mit seiner Frau Vicky ein Auto und rast in Richtung Westen davon. Erst eine Straßensperre der Polizei kann das Ehepaar Crump stoppen. Als die Polizisten Patrick Crump aus dem Auto zerren, platzt seiner Frau plötzlich der Kopf.

Mulder und Scully erfahren durch Zufall von dem Vorfall, als sie mit einem stupiden Routineauftrag in Idaho beschäftigt sind. Sie sollen Farmer unter die Lupe nehmen, die große Mengen an Chemiedünger geordert haben, welcher sich auch als Sprengstoff verwenden läßt. Als über das ungewöhnliche Schicksal der Mrs. Crump in den Fernsehnachrichten berichtet wird, bricht Mulder den Auftrag in Idaho eigenmächtig ab.

In Nevada befragen die beiden FBI-Agenten den Captain der Highway Patrol zu dem Vorfall.

Dabei stellt Mulder fest, daß Crump für kurze Zeit nach Osten, dann aber in hohem Tempo nach Westen fuhr. Er schien kein konkretes Ziel für seine Amokfahrt zu haben. Es gibt darüber hinaus keinen natürlichen Grund, warum der Kopf von Mrs. Crump platzte. Scully will sich deswegen die Leiche einmal genauer ansehen. Bei der Betrachtung stellt sich heraus, daß eine Kopfhälfte explodiert zu sein scheint. Merkwürdigerweise gibt es aber keinerlei Einschußloch auf der anderen Seite. Als Scully das Gehirn der Toten seziert, spritzt ihr explosionsartig Blut entgegen.

Crump leidet unter heftigen Kopfschmerzen und wird ins Krankenhaus überführt. Mulder will ihn nicht aus den Augen lassen und fährt in seinem Wagen hinterher. Als der Krankenwagen das Tempo erhöht, geht es Crump, der sich vorher in Krämpfen gewunden hatte, sichtlich besser. Es gelingt ihm, einem mitfahrenden Polizisten die Waffe zu entwenden und die Rettungssanitäter zu überwältigen. Als der Krankenwagen bei dem Kampf zum Stillstand kommt, steigt Crump aus und bedroht Mulder mit der Waffe.

Scully vermutet, daß es sich bei der Todesursache von Mrs. Crump um einen gefährlichen Virus handelt. Sofort läßt sie das Obduktionslabor unter Quarantäne stellen. Darüber hinaus soll dies mit allen Personen geschehen, die mit den Crumps Kontakt hatten. Scully ruft Mulder per Handy an. Sie teilt ihm mit, daß eine weitere Leiche in Montello – dem Wohnort der Crumps – entdeckt wurde. Mulder soll sich unbedingt vorsehen und auf keinen Fall in direkten Kontakt mit Crump kommen. Doch zu spät: Crump sitzt bereits auf dem Rücksitz in Mulders Auto – den Revolver im Anschlag.

Die Polizei versucht, Crump zum zweiten Mal festzunehmen. Doch der ist diesmal vorgewarnt und fordert ultimativ den Abzug der Verfolger, ansonsten wird Mulder sterben. Als Mulders Handy wieder einmal klingelt, packt Crump die Wut, und er wirft das Gerät kurzerhand aus dem Fenster. An einer roten Ampel setzen bei Crump erneute Kopfschmerzen ein, und er befiehlt Mulder weiterzufahren, was beinahe zu einer Massenkarambolage führt. Mulder glaubt, einen Teil des Problems zu erkennen. Crump kann nur weiterleben, solange er sich in Bewegung befindet. Stillstand steigert zunächst seine Kopfschmerzen und führt letztlich zum Tod. Obwohl Mulder sich bemüht, Crump zu helfen, will dieser sich scheinbar gar nicht helfen lassen. Dennoch entschließt Mulder sich, eventuelle Verfolger abzuschütteln und die nächste Straßensperre auf der Hauptstraße zu umfahren.

Obwohl Scully inzwischen vom sichtlich verärgerten Kersh angerufen wurde, hat sie bereits eine Spur: Der weitere Tote in Montello war beim E-Werk beschäftigt und hat möglicherweise bei den Crumps den Zähler abgelesen. Ist er dabei infiziert worden?

Mulder und Crump haben die Fluchtroute auf Nebenstraßen verlagert. Crump entpuppt sich als recht ungenießbarer Zeitgenosse, der aus seiner rechtsextremen Weltanschauung keinen Hehl macht. Er beschuldigt Mulder sogar, als Mitarbeiter des ›jüdischen FBI‹ indirekt für sein Leiden verantwortlich zu sein. Crumbs Haßtiraden werden jäh unterbrochen, als bei ihm erneut

Krämpfe einsetzen. Er befiehlt Mulder, die Fahrtrichtung zu ändern, und als es wieder gen Westen geht, bessert sich sein Zustand schlagartig. Das Puzzle setzt sich nach und nach zusammen: Mrs. Crump hatte beim Frühstück starke Kopfschmerzen. Als Crump sie ins Krankenhaus fahren wollte, merkte er, daß es ihr besser ging, wenn er schneller fuhr und sich in Richtung Westen bewegte. Crump ist der Ansicht, daß er für ein geheimes Projekt der US-Regierung als Versuchskaninchen herhalten muß.

Am Wohnsitz der Crumps suchen Scully und ein Team des CDC (Center for Disease Control = Zentrum für Seuchenbekämpfung) nach Hinweisen auf den Ursprung der rätselhaften Todesfälle. Als sie von einem aggressiven Schäferhund eine Blutprobe nehmen wollen, explodiert der Kopf des Tieres. Auch bei den Nachbarn der Crumps scheint der unbekannte Virus zugeschlagen zu haben. Zwei Wellensittiche liegen tot in ihrem Käfig, eine alte Frau sitzt jedoch völlig lebendig vor dem Fernseher. Ihr Entsetzen ist groß, als plötzlich Scully im Schutzanzug vor ihr steht. Die alte Dame hat Scully nicht kommen hören, denn sie ist taub.

Mulders Auto geht der Sprit aus. Als es beim Tanken nicht schnell genug geht und Crump fast stirbt, stiehlt Mulder kurzerhand ein anderes Auto. Allerdings hinterläßt er eine Nachricht, in der er Scully seinen Aufenthaltsort mitteilt.
Scully kombiniert: Die Ohren sämtlicher Opfer explodieren, aber eine taube Frau überlebt. Könnte es sich deswegen vielleicht nicht um einen Virus, sondern um einen bestimmten Ton handeln? Scully findet in der Nähe der Crumpschen Behausung einen vergrabenen Generator der US-Regierung. Die Spur führt zur Marine-Forschungsstation Horizon View in Wendover, Nevada. Hier hat das Projekt Seafarer, zu dem der Generator gehört, seinen Ausgangspunkt. Das Projekt beschäftigt sich damit, neue Kommunikationsmöglichkeiten mit U-Booten zu erforschen. Zu

diesem Zweck wurde unter der Stadt Montello eine gigantische Antenne vergraben, die Radiowellen von extrem niedriger Frequenz ausstrahlt. Scully blufft: Gegenüber einem Offizier gibt sie vor, einen Bericht für die FCC (Federal Communications Commission = Bundesamt für Kommunikation) schreiben zu müssen. Der Offizier erklärt ihr, daß es beim Projekt Seafarer am vorigen Tag eine Störung gegeben hat. Ein plötzlicher Anstieg der Stromstärke ließ die Antenne mit zu hoher Leistung arbeiten, was zum Ausfall des Fernsehprogramms in der gesamten Umgebung führte. Weitere Informationen will der Offizier aber nicht geben.

Für Mulder wird die Situation immer kritischer. Um Crump nicht zu gefährden, muß er immer schneller fahren, gleichzeitig rückt die Pazifikküste – und damit das Ende der Straße – unaufhaltsam näher. Doch Hilfe naht: Eine Motorradstreife übergibt Mulder ein neues Handy. Scully hat eine konkrete Theorie. Die enorme Stärke der Radiowellen beim Project Seafarer hatte wahrscheinlich einen Einfluß auf den menschlichen Organismus, und dies läßt die Ohren von innen heraus platzen. Nur konstante Bewegung der Opfer bewahrt deren Schädel vor dem Explodieren. Warum diese Bewegung unbedingt in Richtung Westen erfolgen muß, läßt sich nicht genau klären. Möglicherweise muß das Opfer der Erdrotation folgen oder sich entlang elektromagnetischer Linien bewegen. Scully hat auch eine Lösung parat: Sie will nach Kalifornien fliegen und am Ende der Straße auf Mulder und Crump warten. Dort will sie Crump eine lange Nadel ins Ohr stechen, um so den Druck abzulassen. Dies würde Crump zwar taub machen, ihm aber möglicherweise das Leben retten. Crump ist von dieser Idee nicht begeistert, hat aber inzwischen Vertrauen zu Mulder gefaßt und glaubt, daß dieser ihm helfen will.

Als Scully an der Pazifikküste auf ihren ›Patienten‹ wartet, ist es bereits zu spät. Crumps Schädel ist kurz vor der Ankunft geplatzt – er ist tot. In Washington rechnet Assistant Director Kersh seinen beiden Agenten noch vor, was dieser angeblich nutzlose Einsatz gekostet hat. Dann schickt er sie wieder nach Iowa, wo sie weiterhin den Dünger der örtlichen Farmer untersuchen sollen.

Kommentar:
Mulder: »Wenn sie aufhören sich zu bewegen sterben sie? Ich glaube, den Film habe ich gesehen!«

»Drive« ist eine gute »Monster-of-the-Week«-Episode, die in 45 Minuten ein Maximum an Spannung und Action packt. Durch das hohe Erzähltempo gelingt es der Handlung, logische Schwächen zu verdecken, die das Publikum erst viel später bemerkt. Im Grunde genommen wurden zwei Ideen kombiniert. Zum einen gibt es Anlehnung an den Action-Thriller »Speed« (1994), auf den ja auch indirekt angespielt wird (siehe Zitat). Zum anderen geht es um die Funkexperimente der US-Navy, welche am Projekt »Sanguine« aufgehängt sind. Durch die Kombination dieser beiden Themen gelingt »Drive« ein hervorragendes Wechselspiel aus Mystery und Suspense, welches dem Publikum zwei Fragen aufdrängt: Was ist mit Crump geschehen? Und: Was passiert, wenn das Ende der Straße erreicht ist?

Natürlich gibt es Schwächen, besonders wenn die beiden unterschiedlichen Erzählstränge am Ende zu einer Auflösung verbunden werden. Scullys Erklärung klingt schon etwas abenteuerlich: Experimentelle Funkwellen haben einen Einfluß auf den menschlichen Organismus und führen langfristig zur Explosion eines Ohres. Nur konstante Bewegung des Opfers kann diesen katastrophalen Prozeß hemmen, aber letztlich auch nicht stoppen. Es bleibt jedoch ungeklärt, warum diese Bewegung immer in Richtung Westen erfolgen muß. Selbst die kluge Scully muß sich da mit einem »… weiß ich nicht …« aus der Diskussion

Örks – das sieht mal wieder alles andere als appetitlich aus, Agent Scully (wenn das mit den X-Akten mal nicht mehr klappt, sollten Sie dringend über eine Umschulung zur Fleischereifachverkäuferin nachdenken …)!

verabschieden. Daß man die ganze Episode in diesem Moment nicht empört als Blödsinn abstempelt, ist vor allem dem bereits erwähnten Tempo und letztlich auch der ausgezeichneten Inszenierung zu verdanken. Besonders die Durchsuchung der Crump-schen Behausung durch das CDC-Team ist erstklassig in Szene gesetzt. (Hier finden wieder die beliebten Handleuchten ihre angestammte Verwendung.) Aber auch Mulders Jagd durch die Wüste kann sich sehen lassen, und selbst das sonnige Setting wird noch im typischen »Akte X«-Look fotografiert.

Nicht unerwähnt bleiben darf natürlich auch die gut gezeichnete Figur des Patrick Crump. Er ist – wie Mulder – von Verschwörungstheorien besessen. Allerdings setzt er dem Ganzen einen üblen rechtsradikalen Filter auf. Crump glaubt an eine Verschwörung der Regierung unter Beteiligung jüdischer Drahtzieher. Auch Mulder wird von ihm als Agent des ›Juden-FBI‹ beschimpft. Erst als deutlich wird, daß Mulder ihm helfen will, ändert Crump seine Haltung und offenbart am Ende sogar Menschlichkeit.

Zuletzt muß natürlich auf die beste Szene der Episode hingewiesen werden. Als Mulders Handy zum wiederholten Male klingelt, platzt Crump der Kragen (nicht der Kopf – das passiert erst später), und er wirft das Ding aus dem Fenster. Im Namen vieler passiver Handy-Opfer, die sich vor der digitalen Kommunikationshysterie ihrer Mitmenschen in der Kneipe, im Kino und sogar auf dem Klo nicht mehr schützen können, muß man sagen: Crump sei Dank – das war schon längst überfällig!

Hintergrund:

Wie bereits erwähnt, ist die Handlung von »Drive« relativ deutlich beim Action-Thriller »Speed« (1995) abgeguckt. Wer diesen modernen Klassiker nicht kennt, dem sei kurz gesagt: Es geht um einen Bus mit einer Bombe, die explodieren wird, sobald eine Geschwindigkeit von 50 Meilen pro Stunde unterschritten wird. Der Bus darf also auf keinen Fall anhalten und rast somit durch den Verkehr von Los Angeles. »Speed« besitzt seinerseits einige Vorbilder aus den siebziger Jahren. In »Fluchtpunkt San Francisco« (1971), auch unter dem Orginaltitel »Vanishing Point« bekannt, soll der Held einen Sportwagen von Denver nach San Francisco überführen. Aus heiterem Himmel entscheidet er sich dazu, dies innerhalb von 15 Stunden zu schaffen und nicht anzuhalten. Die Polizei hat natürlich etwas gegen diese Raserei, und schon bald entwickelt sich eine wilde Verfolgungsjagd. Auch die Filmserie um »Ein ausgekochtes Schlitzohr« (1977), in denen Burt Reynolds meist im Sportwagen einen Lastzug voller Bier eskortiert und sich ein Wettrennen mit einem doofen Sheriff liefert, dürfte hier teilweise Pate gestanden haben. Die Idee mit den platzenden Köpfen entstammt hingegen dem Horrorthriller »Scanners« (1981) von David Cronenberg. Der Film geht davon aus, daß es hochbegabte Menschen gibt, die sowohl Gedanken lesen können als auch die Fähigkeit haben, durch pure Willenskraft den Kopf eines anderen Menschen zum Explodieren zu bringen. Das klingt recht unappetitlich, kam aber beim Publikum gut an. »Scanners« war so erfolgreich, daß bis dato vier Fortsetzungen gedreht wurden.

Das Navy-Projekt »Seafarer«, welches in »Drive« der Auslöser für die Katastrophe ist, beruht auf einer realen Grundlage: Mit der Eskalation des kalten Krieges in den fünfziger Jahren wurden Atom-U-Boote zu einer wichtigen Waffe. Die technische Situation hatte sich seit dem Zweiten Weltkrieg drastisch gewandelt. Vorher gingen die Boote nur im Gefechtsfall auf Tauchstation, beispielsweise, um einen feindlichen Geleitzug anzugreifen oder um Verfolgern zu entwischen. In der übrigen Zeit mußte das Boot auf der Wasseroberfläche fahren, weil die begrenzte Menge an Sauerstoff und der Batteriestrom zum Betrieb der Elektromotoren nicht ausreichten. Mit dem Einsatz des atomaren Antriebs änderte sich dies vollkommen. U-Boote waren jetzt in der Lage, für sehr lange Zeit unter Wasser zu bleiben. Auf diese Weise konnten sie unbemerkt bis in die Nähe der feindlichen Küste vordringen und gegebenenfalls von dort aus ihre Raketen auf das Territorium des Gegners abfeuern. Dieser strategische Vorteil hatte nur einen Haken: U-Boote können unter Wasser keine Funkmeldungen empfangen und absetzen, da normale Radiowellen Wasser nicht durchdringen können. Zu diesem Zweck muß das Boot eine Antenne ausfahren, die über die Wasseroberfläche hinausragt. Auf diese Weise können die Boote aber geortet werden und sind so ein leichtes Ziel für feindliche Angriffe. Der Film »Crimson

Tide« (1995) verwendet diese Sachlage als Ausgangspunkt für eine spannende Thrillerhandlung.

Die einzigen Wellen, die tief ins Wasser eindringen können, sind sogenannte Längstwellen, welche in »Drive« mit dem Begriff »ELF« (Extreme Low Frequency = extrem niedrige Frequenz / Schwingungen im Frequenzbereich bis 100 Hertz) bezeichnet werden. Um also mit U-Booten kommunizieren zu können, müßte man eine Funkanlage bauen, die diese Längstwellen ausstrahlen kann. Dies erweist sich in der Praxis jedoch als schwierig. Eine entsprechende Sendeanlage für Längstwellen müßte Antennen von gigantischen Ausmaßen haben – schätzungsweise sind es Tausende von Kilometern. Ein solches Bauvorhaben erscheint demnach unmöglich. Unmöglich? Mitnichten: Unter dem Namen ›Project Sanguine‹ wurden in den sechziger Jahren seriöse Planungen aufgestellt, den gesamten US-Bundesstaat Wisconsin mit einem Geflecht aus Drähten zu überziehen, welche in geringer Tiefe vergraben werden sollten. Mit dieser Antenne sollte es möglich sein, die erforderlichen Längstwellen zu produzieren.

Die Bewohner von Wisconsin waren natürlich überhaupt nicht von der Idee begeistert, den Rest ihres Lebens inmitten einer gigantischen Antenne zu verbringen. Welche gesundheitlichen Folgen könnte eine permanente Bestrahlung mit Längstwellen mit sich ziehen? Nach massiven Protesten wurde das Projekt aufgegeben. Zwar erhielt die Navy letztlich eine Sendeanlage für Längstwellen, doch war diese viel kleiner, als man ursprünglich geplant hatte.

Dabei ist der negative Einfluß von ELF-Wellen auf den menschlichen Organismus durchaus bekannt. Schon in mittelalterlichen Kirchenorgeln wurden sogenannte ›Demutspfeifen‹ verwendet.

Diese Pfeifen erzeugen Töne von extrem niedriger Frequenz, um so die versammelte Gemeinde in Ehrfurcht zu versetzen. Eine weitaus perfidere Variante ist zweifellos ein Infraschallgenerator, der unter anderem über das Internet in sogenannten *Spy Shops* angeboten wird. Das Gerät soll – laut Beschreibung – beispielsweise von Politikern verwendet werden. Diese sollen den Generator unter dem Rednerpult des jeweiligen Gegners plazieren (kein Scherz)! Während einer Rede werden die Schallwellen des Generators erhebliche Übelkeit beim Publikum hervorrufen, was der Popularität des Redners gewaltigen Schaden zufügen dürfte. In Deutschland ist das Gerät zweifellos überflüssig, da hier jegliche Art von politischer Veranstaltung sowieso einen gewissen Brechreiz erzeugt.

Ein indirekter Ableger des Projekts ›Sanguine‹ ist das Projekt HAARP, welches ebenfalls von Mulder erwähnt wird. HAARP geht von einer künstlichen Beeinflussung der Ionosphäre aus. Die Ionosphäre bildet die äußere Schicht unserer Atmosphäre und befindet sich ungefähr 80 bis 640 Kilometer über dem Erdboden. In dieser Höhe ist die Luft sehr dünn. Ultraviolette und Röntgenstrahlen der Sonne kollidieren mit den Luftteilchen und bilden ein flüchtiges Plasma. In den Polarregionen wird diese Schicht als Polarlicht sichtbar. Die Ionosphäre ist vor allem für die Weiterleitung von Radiowellen wichtig. Diese werden hier teilweise zurückgeworfen. Auf diese Weise können sie rund um den Globus reisen.

Das Projekt HAARP (High Frequency Active Auroral Research Programme) in Alaska versucht, mit einem gewaltigen Energieaufwand die Ionosphäre zu manipulieren. Einer der Grundgedanken geht davon aus, die Längswellen in die Ionosphäre zu schicken und mit Hilfe der dünnen Plasmaschicht eine gigantische ›Antenne‹ zu erzeugen, die man in Wisconsin nicht bauen konnte. Eine andere Idee entstand in den achtziger Jahren im Rahmen von Ronald Reagans SDI-Projekt. Man wollte die Ionosphäre in der Polarregion so manipulieren, daß anfliegende sowjetische Atomraketen gestört würden. Diese Pläne entpuppten sich allerdings als nicht praktikabel und wurden wieder verworfen. Trotzdem wurde HAARP 1995 in Betrieb genommen. In Alaska entstand auf einem Gelände von etwa 20 Hektar ein riesiger Antennenwald aus 360 Masten. Es wird mit Längstwellen experimentiert, die zum Beispiel zu Radarmessungen verwendet werden. Eine weitere Besonderheit der Längstwellen ist nämlich, daß sie auch ein Radarbild von unterirdischen Anlagen und Objekten liefern können.

Nicht zuletzt aufgrund seiner militärischen Ausrichtung und auch wegen der unbekannten Spätfolgen ist HAARP sehr umstritten. Während die Befürworter von HAARP hier ein ebenso sinnvolles wie ungefährliches Experimentierfeld sehen, warnen die Gegner des Projektes vor katastrophalen Konsequenzen mit globalen Ausmaßen. Besonders spektakulär (oder bedrohlich) erscheint die Möglichkeit, durch die Manipulation der Ionosphäre das Wetter zu verändern. Aber das ist eine andere X-Akte …

Bemerkungen:
● Der Teaser zitiert reißerische Reality-TV Shows à la »The World's Most Scariest Police Chases«, die in den USA vor allem auf dem »Akte X«-Sender Fox ausgestrahlt werden. (Andere Reality Specials tragen so einfallsreiche Titel wie »When Animals Attack«, »When Good Times Go Bad« oder unser bisheriger Favorit »When Good Pets Go Bad«. In Deutschland waren »Die wildesten Polizeijagden der Welt« als Cobra-11-Specials bei RTL zu sehen. Neben diesen Vorbildern muß für die Inszenierung der Eingangssequenz auch die legendäre Autojagd auf O. J. Simpson Pate gestanden haben.

● Die ursprüngliche Idee zum Drehbuch sah vor, die Exposition auf einem Karussell stattfinden zu lassen. Hier sollte die Crump-Figur Geiseln nehmen, um den Betreiber des Karussells dazu zu zwingen, das Gerät nicht anzuhalten.

● Mulder und Scully befragen den Farmer in Idaho, weil dieser eine große Menge von Ammoniumnitrat gekauft hat. Dieser Stoff läßt sich als Stickstoffdünger, aber auch als Sprengstoff verwenden. Ammoniumnitrat zerfällt bei einer Temperatur von 185 Grad Celsius. Damit aber nicht ganze Felder der Explosionsgefahr ausgesetzt werden, wird der Dünger in der Regel feucht und mit anderen Zusätzen vermischt ausgeliefert.

● Die Nummer von Scullys Handy ist (2 02) 5 55-01 66.

● Aus Crumps Polizeiakte geht hervor, daß er am 15. November 1998 verhaftet wurde. Das ist genau der Tag, an dem die Episode in den USA ausgestrahlt wurde.

● Der Tachometer in Mulders Auto läuft rückwärts! Zu Beginn der Episode hat er mehr Meilen drauf als am Schluß.

6ABX03
Triangle

US-Erstausstrahlung: 22. November 1998
Regie und Drehbuch: Chris Carter

Gaststars: William B. Davis (Cigarette-Smoking Man), Chris Owens (Agent Spender), Mitch Pileggi (Walter Skinner), James Pickens Jr. (Assistant Director Kersh), Madison Mason (Cpt. Yip Harburg), Bruce Harwood (Byers), Dean Haglund (Langly), Tom Braidwood (Frohike), Wolfgang Gerhard (erster Nazi), Guido Föhrweisser (zweiter Nazi), Isaac C. Singleton (Matrose), Laura Leigh Hughes (Kershs Assistentin), Robert Thomas (Erster Maat), Robert Arce (glatzköpfiger Mann), Arlene Pileggi (Skinners Assistentin), Trevor Goddard, G.W. Stevens, Greg Ellis, Nick Meaney, Kai Wulff

Kurzinhalt:

Der 1939 im Bermuda-Dreieck verschwundene Luxusliner ›Queen Anne‹ taucht 60 Jahre später überrraschend wieder auf. Mulder setzt natürlich sofort die Segel und gerät auf dem Schiff in eine bizarre Parallel-Realität. Es ist immer noch 1939, und Mulder wird unfreiwillig zur Schlüsselfigur in einem Kräftemessen zwischen der britischen Besatzung und einer Gruppe von Nazis, die das Schiff überfallen ...

Inhalt:

Was tut ein unterforderter Agent des Paranormalen, wenn er vor lauter langweiliger Büroarbeit schon Schwielen am Hintern kriegt? Keine Frage: Er verbringt seine Freizeit natürlich im Bermuda-Dreieck. Dort nämlich taucht aus heiterem Himmel der 1939 verschwundene Luxusliner ›Queen Anne‹ auf, und Mulder

Gruppenbild mit Dame (und jeder Menge Nazis) aus einer selbst für Akte X ungewöhnlichen Episode.

fackelt nicht lange. Er schippert in das berüchtigte Seegebiet, wo er von der britischen Besatzung der ›Queen Anne‹ allerdings ausgesprochen unfreundlich begrüßt wird. Für die englischen Seeleute ist es nämlich immer noch November 1939, und sie sind hundertprozentig davon überzeugt, daß der merkwürdige Typ, den sie aus dem Wasser gezogen haben, nur ein Nazi-Agent sein kann. Während Mulder zu verzweifelten Erklärungsversuchen anhebt, wird das Schiff von der Besatzung eines deutschen U-Boots überfallen. Mulder staunt nicht schlecht, als er die Nazis zu Gesicht bekommt, sehen drei von ihnen doch Skinner, Spender und dem Cigarette-Smoking Man zum Verwechseln ähnlich. Als er dann auch noch einer Scully-Doppelgängerin in die Arme läuft – die sich im übrigen als wackere OSS-Agentin vorstellt –, ist Mulder endgültig verwirrt. Viel Zeit zum Wundern bleibt allerdings nicht, gerät Mulder doch unweigerlich zwischen alle Fronten und muß schon bald um sein Leben fürchten …

Hilfe naht glücklicherweise in Gestalt der ›echten‹ (?) Scully. Von den Lone Gunmen alarmiert, segelt sie umgehend selbst ins Bermuda-Dreieck, um sich auf die Suche nach Mulder zu begeben. Tatsächlich können Scully und die Gunmen auch die ›Queen Anne‹ ausfindig machen. Dummerweise ist das Schiff aber menschenleer und Mulder weit und breit nicht zu sehen. Kein Wunder: Der muß sich nämlich in einer Parallel-Realität mit Nazis herumschlagen, die aus nicht ganz erfindlichen Gründen davon überzeugt sind, daß er im Besitz einer äußerst brisanten Information ist. Angeblich kennt Mulder nämlich einen an Bord befindlichen Wissenschaftler, der in der Lage sein soll, den Nazis eine Wunderwaffe zu bauen. Mulder weiß natürlich von nichts, begibt sich auf die Flucht und stürzt sich kurzentschlossen in die Fluten des Atlantik – natürlich nicht, ohne vorher die günstige Gelegenheit zu nutzen und ›Scully 2‹ mit einem leidenschaftlichen Kuß zu beglücken …

›Scully 1‹ entdeckt schließlich den im Wasser treibenden Mulder, fischt ihn heraus und verfrachtet ihn ins Krankenhaus, wo er aufgeregt von seinen gefährlichen Abenteuern an Bord der ›Queen Anne‹ berichtet. Selbstredend glaubt aber keiner der Anwesenden dem armen Mulder auch nur ein Wort – genauso wie keiner unserer Leser glauben sollte, daß der verwirrte Autor dieser Zeilen auch nur annähernd in der Lage ist, den komplexen Inhalt von »Triangle« adäquat wiederzugeben.

Kommentar:

»There's no place like home.«
Scully zu Mulder nach seiner wundersamen Rettung

Schlicht brillant oder hoffnungslos überambitioniert: an »Triangle« scheiden sich die Geister. Manche Zuschauer vermuteten nach der Erstausstrahlung in den USA sogar, daß Chris Carter bei der von ihm selbst geschriebenen und inszenierten Episode weniger an die Fans als an sich selbst gedacht hatte – die Kritiker sahen in »Triangle« hinsichtlich der ebenso erzählerischen wie technischen Tour de force den eindeutigen Versuch, sich mit aller Macht einen Emmy zu erzwingen. Dieser Vermutung mag man skeptisch gegenüberstehen, ganz von der Hand zu weisen ist sie nicht, bewegt sich die Folge doch auf einem schmalen Grat zwischen Anspruch und purem ›Show-off‹, dem unbedingten Willen, zu zeigen, was man alles kann.

Doch von vorn: Der Umzug der X-Files-Crew nach Los Angeles zog selbstredend eine Reihe von Veränderungen nach sich – in rein praktischer Hinsicht vor allem die Möglichkeit, an neuen und unverbrauchten Schauplätzen zu drehen und die stehenden Sets zu modifizieren und umzugestalten. Genau das tat man dann auch: Die Chefetage der FBI-Zentrale zum Beispiel – bisher offensichtlich aus einer Reihe kleinerer Sets bestehend – wurde in L. A. zu einem zusammenhängenden Großset, eine Tatsache, die Carter auch sofort nutzte. Im zweiten Akt von »Triangle« schickt er Scully nämlich auf eine Odyssee durch die Büros ihrer Freunde, Feinde und Vorgesetzten, bei der die Agentin verzweifelt um Hilfe für ihre Suche nach dem verschollenen Mulder bittet. Das neue FBI-Set erlaubte es Carter, dieses Segment der Folge in einer anscheinend ununterbrochenen Einstellung zu drehen. Zwar gibt es einige, in Reißschwenks versteckte Schnitte, doch die Illusion ist perfekt. Dieses Prinzip wird auch im Rest von »Triangle« angewandt, und genau das erweist sich als Problem. Da alle auf der ›Queen Anne‹ spielenden Szenen auf einem echten Luxusliner gedreht werden konnten (der im Hafen von Long Beach verankerten ›Queen Mary‹), bot sich für Carter die Chance, auch diese Segmente der Episode in – scheinbar – ungeschnittenen Steadycam-Fahrten zu drehen. Der Knackpunkt: Was im Scully-Segment durchaus Sinn macht, mutiert im Rest der Folge zu einer immer ermüdender werdenden Spielerei. Scullys Hetzjagd durch das FBI-Gebäude wird schließlich erst deshalb zu einem komödiantischen Highlight, weil wir sozusagen hautnah und in ›Realzeit‹ mitbekommen, wie Scully in nur 10 Minuten von einer gelangweilten Schreibtischagentin zur alles entschlossenen Furie wird und dabei auch noch mehr über die Verschwörer herausbekommt als sonst in einer ganzen Staffel. Während sie nämlich ebenso verzweifelt wie vergeblich um Unterstützung bettelt, erfährt sie durch Zufall, daß Kersh, Spender, Diana Fowley und der Cigarette-Smoking Man unter einer Decke stecken. Viel Zeit, darüber nachzudenken, hat sie allerdings nicht, muß sie doch – stets von der Kamera begleitet – schon wieder ins nächste Büro hetzen. Wenn Scully am Schluß des Aktes dem unerwartet zu Hilfe eilenden Skinner einen Kuß auf die Lippen drückt, ist das der großartige Abschluß eines kleinen X-Files-Comedy-Meisterwerks.

Nun wäre es natürlich völliger Unsinn, den Rest der Episode als kompletten Reinfall zu bezeichnen. Er ist inhaltlich nur derartig ambitioniert, daß sich eine formal etwas schlichtere Umsetzung angeboten hätte. Die endlosen Fahrten durch das Innenleben der ›Queen Anne‹ sorgen aber zunehmend für Ermüdung und Verwirrung, was der Episode insgesamt viel von ihrer Effektivität nimmt. Dabei ist Carters Grundidee für Mulders Ausflug ins Bermuda-Dreieck durchaus geschickt: Unser aller Lieblingsagent trägt zwar keine *ruby slippers*, trotzdem ist Mulders Odyssee eindeutig als eine weitere X-Files-Variation von »The Wizard of Oz« (»Das zauberhafte Land«) konzipiert. (Siehe auch »Rain King« 6ABX7.) Ob sich Mulder in einer Parallel-Realität befindet oder alles nur träumt, ist dabei im Grunde egal. Wichtig ist, daß die Erlebnisse auf der ›Queen Anne‹ eine groteske, aber vielleicht gerade deshalb um so deutlichere Widerspiegelung von Mulders realer Situation darstellt. Umgeben von zwielichtigen und schattenhaften Gestalten, deren Motive undurchsichtig – und im Zweifelsfall stets böser Natur sind –, irrt Mulder durch ein ebenso verwirrendes wie gefährliches Geschehen, in dem er zwar die Hauptrolle spielt, dessen Bedeutung ihm aber verschlossen bleibt.

Wenn er dann am Schluß wieder sicher in ›seiner‹ Realität landet, kann Mulder aber kaum so erleichtert sein wie Dorothy, die nach ihrem Ausflug im heimischen Kansas erwacht. »There's no place like home« konnte in »The Wizard of Oz« noch durchaus ernst gemeint sein – Dorothys Schwarzweiß-Kansas der Depressionszeit war von schrägen, aber liebenswerten Menschen bevölkert, deren Motive im Grunde arglos und ehrlich waren.

Mulder wacht dagegen in einer Welt auf, die sich von seiner ›Parallel-Realität‹ kaum unterscheidet. »There's no place like home« – im X-Files-Universum ist das die pure Ironie.

Hintergrund:

Glauben Sie, daß sich hinter dem UFO-Phänomen außerirdische Besucher verstecken, die gerne Erdenfrauen schwängern, bizarre Analuntersuchungen durchführen und mit ihren Schiffen ebenso erstaunliche wie sinnlose Kreuz-und-quer-Manöver fliegen? Oder sind Sie ein knüppelharter Skeptiker, der jede UFO-Sichtung mit der erprobten Kombination aus verirrten Wetterballons, Kugelblitzen und von Sumpfgas angezündeten Krötenfürzen erklärt? Wie auch immer – eines können Sie nicht bestreiten: daß das UFO-Phänomen *existiert*. Beim Bermuda-Dreieck sieht die Sache schon ganz anders aus. Auch Freunde des Paranormalen, die darauf bestehen, noch jedes besoffene vor sich hin taumelnde Glühwürmchen für ein abstürzendes UFO zu halten, verdrehen bei der Erwähnung des angeblich verfluchten Seegebiets die Augen. Das Bermuda-Dreieck kann man nämlich getrost als künstlich heraufbeschworenes ›Phänomen‹ bezeichnen. Verantwortlich dafür ist vor allem der berühmt-berüchtigte Charles Berlitz, dessen 1974 erschienenes Buch »Bermuda Triangle« den Stein ins Rollen brachte. Er vermutete hinter den im ›Teufelsdreieck‹ verschwundenen Schiffen und Flugzeugen eine paranormale Ursache, und gab damit den Startschuß für eine wahre Flutwelle immer abstruser werdender Theorien. Von den unvermeidlichen Aliens, die das Bermuda-Dreieck zum bevorzugten ›Abduction‹-Gebiet erklärt haben, über Dimensionstore und Schwarze Löcher, bis hin zu den Waffen des untergegangenen Atlantis, die auch nach Tausenden von Jahren immer noch reihenweise Schiffe und Flugzeuge zerstören – mit schöner Regelmäßigkeit wurden immer neue Erklärungen zusammenphantasiert. Dummerweise stellt sich in dem Zusammenhang eine kleine Frage – *gibt* es überhaupt irgendwas zu erklären?

Dazu ein lustiges Schaubild: Stellen Sie sich vor, Sie leben auf irgendeiner Insel im Pazifik – sagen wir mal auf Pitcairn Island, der legendären Zufluchtsinsel der Bounty-Meuterer. Drumherum ist jede Menge Wasser, Sie kennen die meisten Bewohner Ihres Eilands beim Namen, und wenn mal das Postboot vorbeikommt, wird zur Feier sofort eine große Grillparty veranstaltet – oder das, was man auf Pitcairn Island halt so ›groß‹ nennt. Touristen sieht man bei Ihnen eher selten – die würden sich nämlich umgehend zu Tode langweilen. Erstaunlicherweise sinken hier so gut wie nie Schiffe, und es stürzen auch kaum Flugzeuge ab. Könnte es vielleicht daran liegen, daß sich hier auch so gut wie keine Schiffe und Flugzeuge herumtreiben?

Jetzt stellen sie sich mal vor, Sie leben im Einzugsgebiet des total mysteriösen Bermuda-Dreiecks. Suchen Sie sich was Nettes aus – die Eckpunkte des Dreiecks sind Miami, Puerto Rico, und – na, wer hätte das gedacht – Bermuda. Gell, da hat man die Qual der Wahl. Außerdem gibt's da noch einen ganzen Haufen Bahamas, da soll's ja auch ziemlich hübsch sein. Fazit: Im Bermuda-Dreieck wohnen ziemlich viele Menschen, die jedes Jahr von noch viel mehr Touristen besucht werden. Da kann man froh sein, wenn man vor lauter Flugzeuglärm noch mit der hübschen Blondine aus dem Nachbarzimmer flirten kann und wenn man zwischen all den Schiffen auch mal das Wasser sieht. Auf gut deutsch: Es ist verdammt viel los.

Wenn Sie nicht nur »X-Files«, sondern manchmal auch Nachrichten gucken, werden Sie sicher schon mal von den enormen Wirbelstürmen gehört haben, die in (un-)schöner Regelmäßigkeit Florida und den restlichen Süden der USA heimsuchen. Frage: Wo kommen diese Monsterstürme her? Na? Richtig, aus der Karibik. Karibik, Sie wissen schon: Puerto Rico, die Bahamas und – nein?! doch! – Bermuda. Das Teufelsdreieck gehört in der Tat zu den sturmgeplagtesten Gebieten der Erde – hier gibt es alles: von der kleinen, aber durchaus gefährlichen ›Wasserhose‹ bis zum entsetzlich wütenden Hurrikan.

Da haben Sie's: jede Menge Menschen, starker Luft- und Schiffsverkehr und mehr Stürme als sonstwo auf der Welt – kombinieren Sie selbst! Lösen Sie das Mysterium des Bermuda-Dreiecks und seien Sie verblüfft!

Bemerkungen:
● Apropos Teufelsdreieck: Wenn sie dabei sofort an eine ominöse Wolke aus Plastik und Pappe denken, die mit ihren unheimlichen Magnetkräften lustige, bunte Schiffchen verschwinden lassen konnte, dann haben Sie in ihrer schon lange zurückliegenden Kindheit zu viele Gesellschaftsspiele gespielt und sind eigentlich viel zu alt, um dieses Buch zu lesen. Oder Sie haben nichts Besseres zu tun. Traurig. (Aber trotzdem danke, daß Sie unser Werk gekauft haben.)

● Wenn X-Files-Stars Deutsch sprechen, Kapitel 2: Erinnern Sie sich noch an »Unruhe« (4X02)? Da versuchte Scully vergeblich, einen Killer mit ihren nicht vorhandenen Deutschkenntnissen zu beeindrucken. Jetzt hat Gillian Anderson gute Gesellschaft bekommen: als Parallel-Realitäts-Nazis mußten sich auch William B. Davis, Chris Owens und Mitch Pileggi mit der schwierigen teutonischen Phonetik beschäftigen.

● »The truth is out there.« Das stets am Ende des amerikanischen Vorspanns auftauchende Motto der Serie ist in »Triangle« mal wieder verändert. Diesmal ist die deutsche Übersetzung zu lesen: »Die Wahrheit ist irgendwo da draußen.«

● Mulder und Scully haben schon mal in Sachen Bermuda-Dreieck ermittelt: Im X-Files-Comic »Thin Air« untersuchten sie den Fall eines 40 Jahre zuvor verschwundenen und in der Gegenwart wiederaufgetauchten Navy-Piloten.

6ABX04
Dreamland – Teil 1

US-Erstausstrahlung: 29. November 1998
Regie: Kim Manners
Drehbuch: Vince Gilligan, John Shiban und Frank Spotnitz

Gaststars: Michael McKean (Morris Fletcher), Michael Buchman Silver (Howard Grodin), Scott Allan Campbell (Jeff Smoodge), Tyler Binkley (Terry Fletcher), Dara Hollingworth (Christine Fletcher), Nora Dunn (Joane Fletcher), James Pickens Jr. (Assistant Director Kersh), John Mahon (General Wegman), Julia Vera (Mrs. Lana Chee), Laura Leigh Hughes (Kershs Assistentin)

Kurzinhalt:

Während eines Zwischenfalls in der Nähe der Area 51 werden die Seelen von Mulder und dem ›Man in Black‹, Morris Fletcher, vertauscht. Während Mulder sich verzweifelt bemüht, in seinen alten Körper zurückzukehren, genießt Fletcher seine neue Existenz im Körper eines anderen, wobei er die Vorzüge des Lebens als attraktiver Junggeselle voll ausnutzt.

Inhalt:

Mulder und Scully sind nachts auf dem Highway 375 unterwegs, der unmittelbar nördlich der berüchtigten Area 51 verläuft. Ein unbekannter Informant, der innerhalb der Area 51 arbeitet, hat Mulder zu einem Treffen bestellt. Noch während sie unterwegs sind, denkt Scully darüber nach, wie es wohl wäre, aus dem Job auszusteigen und ein anderes – sprich: ein ganz normales – Leben zu führen. Zu einer langen Diskussion über das Thema

75

kommt es allerdings nicht mehr, denn plötzlich sehen sich die beiden FBI-Agenten von mehreren militärischen Fahrzeugen eingekreist. Aus einem Wagen steigt ein rauchender Mann im schwarzen Anzug. Bevor es jedoch zu einem *déjà vu* der besonderen Art kommt, entpuppt sich der Mann als Morris Fletcher – ein ›Man in Black‹, der für die Sicherheit der Area 51 zuständig ist. Fletcher befiehlt den beiden umzukehren, Mulder protestiert. Warum soll man umkehren? Schließlich befindet man sich doch auf einer öffentlichen Straße. Oder dient die Straßensperre dazu, um eventuelle Flugexperimente mit fliegenden Untertassen zu verbergen? Fletcher antwortet nur mit der lakonischen Feststellung, es gebe keine fliegenden Untertassen.

Als ob ihm der Zufall das Gegenteil beweisen wollte, nähert sich im selben Moment von einer Hügelkette ein UFO, das die gesamte Gruppe in gleißendes Licht taucht. Nachdem das Flugobjekt wieder verschwunden ist, hat zwischen Mulder und Fletcher ein Seelentausch stattgefunden. Mulder findet sich plötzlich im schwarzen Anzug und an der Seite der anderen ›Men in Black‹ wieder. Fletcher hingegen steht in Mulders T-Shirt neben Scully. Merkwürdigerweise hat aber keiner der umstehenden Personen den Tausch bemerkt.

Völlig verwirrt steigt Mulder zu seinen Kollegen in den Wagen. Wie soll es ihm gelingen, sich in seiner neuen Rolle zurechtzufinden? Warum bemerkt niemand die offensichtliche Verwechslung? Die Autokolonne fährt in die Area 51, aber selbst bei einer Ausweiskontrolle an einer Sicherheitsschleuse schöpft niemand Verdacht. Als Mulder sein Gesicht in einem Überwachungsmonitor sieht, wird ihm auch klar, warum dies der Fall ist: Mulders Gesicht ist das von Morris Fletcher!
Auf dem Weg zu ›seinem‹ Büro erfährt Mulder (Fletcher) von seinen Kollegen, daß es innerhalb der Basis ein Sicherheitsleck

gegeben hat. Ein Insider versucht, geheime Informationen nach draußen zu schleusen. (Das Publikum weiß: Es muß sich um Mulders geheime Kontaktperson handeln.) Viel schlimmer noch: Der Verräter muß sich auf höchster Ebene befinden, denn der Anruf kam direkt aus General Wegmans Büro. Wegman ist der Leiter der Testflüge in der Area 51.

Unterdessen versucht auch Morris, sich in seiner neuen Rolle zurechtzufinden. Bei einem Stopp an einer Tankstelle wundert Scully sich über das merkwürdige Verhalten ihres Partners. Fletcher (Mulder) benimmt sich äußerst unhöflich und fragt sie, ob sie ihm beim Bezahlen ein Päckchen Zigaretten mitbringen kann. Wann ist Mulder zum Raucher geworden?

Bevor Mulder (Fletcher) sich ein wenig orientieren kann, erhält er einen Anruf von seiner sichtlich erbosten Frau Joane. Sie beschimpft ihn am Telefon, weil er schon wieder viel zu lange im Büro sitzt und nicht nach Hause kommt. Mulder (Fletcher) wird von einem Kollegen nach Hause gefahren. Zum wiederholten Mal versucht er Scully anzurufen, muß aber feststellen, daß das Telefon von einer zentralen Vermittlungsstelle überwacht wird. Er wirft einen Blick auf ›seine‹ schlafende Frau im Schlafzimmer, macht es sich dann aber doch lieber auf dem Wohnzimmersessel bequem. Beim Zappen findet er den Softporno-Sender SIZL und schlummert friedlich ein, während auf der Mattscheibe das Treiben seinen Lauf nimmt.

In der Nacht stürzt eine fliegende Untertasse der Regierung nahe dem Highway 375 ab. (Wahrscheinlich ist es dieselbe, die den Seelentausch verursachte.) Fletchers Kollege Howard Grodin und General Wegman untersuchen den Fall vor Ort. Der Datenrekorder des Flugzeugs konnte bereits geborgen werden. Auch die Piloten sind noch am Leben, allerdings werden sie kaum zur Aufklärung des Absturzes beitragen können. Der Co-Pilot ist auf bizarre Weise mit einem massiven Felsbrocken verschmolzen. Nur sein Kopf und ein verdrehter Arm ragen noch aus dem Stein heraus. Der Pilot hingegen ist unversehrt, er gibt aber nur unverständliches Gestammel in einer indianischen Sprache von sich.

Am nächsten Morgen sind Mulder und Scully beim FBI in das Büro des Assistant Director Kersh bestellt. Während Scully bereits im Vorzimmer wartet, kommt Fletcher (Mulder) zu spät, denn er hat sich im Gebäude verlaufen. Scully kann es gar nicht fassen. Kersh hält seinen beiden Agenten eine Gardinenpredigt und wirft ihnen vor, sich entgegen allen Anweisungen in der Nähe der Area 51 aufgehalten zu haben. Fletcher (Mulder) entschuldigt sich vielmals für dieses Verhalten und verspricht, es nie wieder zu tun. Scullys Verwunderung wird derweil immer größer: Ist das wirklich Mulder, der da spricht? Die Verwirrung ist komplett, als Fletcher (Mulder) im Vorzimmer mit Kershs Assistentin flirtet und Scully anschließend einen Klaps auf den Po gibt. Für das Publikum stellt sich inzwischen immer mehr die Frage, ob Fletcher – anders als Mulder – kein Interesse daran hat, in seinen alten Körper zurückzukehren.

Am nächsten Morgen wird Mulder (Fletcher) unsanft von ›seiner‹ Frau Joane geweckt, die sich vor allem darüber aufregt, daß er die ganze Nacht im Wohnzimmer Pornos geguckt hat und dabei noch im Schlaf den Namen ›Scully‹ murmelte. Beim Frühstück erblickt Mulder (Fletcher) auch zum ersten Mal ›seine‹ Familie – die quengelige Tochter Chris und den mürrischen Sohn Terry. Jetzt wird langsam klar, warum Fletcher den Seelentausch nicht rückgängig machen will: Um dieser Mischung aus den Bundys und der Addams Family zu entkommen, ist wirklich jedes Mittel recht – auch wenn man dafür in das Leben eines fremden Menschen schlüpfen muß. Mulder (Fletcher) ist immer noch irritiert wegen seiner neuen Identität und eckt aufgrund von Mißverständnissen bei Familie Fletcher um so mehr an. Dies führt sogar so weit, daß Joane ihm die Scheidung nahelegt.

Inzwischen wurde auch der Pilot der abgestürzten Untertasse gefunden. Allerdings hat wieder ein Seelentausch stattgefunden: Der Pilot steckt im Körper einer 75jährigen Indianerin, während die Seele der alten Frau in den Körper des Piloten gefahren ist.

Scully erhält beim FBI einen Anruf von Mulder (Fletcher). Er versucht, ihr den Vorgang des Seelentausches zu erklären. Da der scheinbar ›echte‹ Mulder aber neben ihr sitzt, glaubt Scully ihm nicht. Nach diesem erfolglosen Versuch kauft Mulder (Fletcher) sich an einer abgelegenen Tankstelle eine Tüte Sonnenblumenkerne. Als er die Tankstelle wieder verläßt, wird diese plötzlich von einer gewaltigen Druckwelle erfasst und komplett verwüstet. Der Tankwart ist nachher – ähnlich wie der Co-Pilot der Untertasse – halb mit dem Erdboden verschmolzen. Mulder (Fletcher) will dem Mann helfen, doch wird dieser von einem eingetroffenen Armee-Offizier der Area 51 erschossen. Es geht nicht darum, Hilfe zu leisten, sondern sämtliche Spuren zu verwischen. Aus diesem Grund setzen die Soldaten auch die Überreste der Tankstelle in Brand.

Scully besucht Fletcher (Mulder) zu Hause in dessen Wohnung. Als sie ankommt, erlebt sie noch, wie Kershs Assistentin kichernd die Wohnung verläßt. Scully will mit Mulder die Spur des mysteriösen Anrufers aus der Area 51 weiter verfolgen, aber Mulder lehnt einfach ab. Hat er den Verstand verloren?

In der Umgebung der Area 51 werden immer mehr Anomalien aufgespürt. So wird eine Echse entdeckt, deren Kopf mit einem

Stein verwachsen ist. Es besteht Anlaß zur Annahme, daß ein Warp vorliegt – ein Riß im Raum-Zeit-Kontinuum. Auf diese Weise könnten die Störungen verursacht worden sein: Ein Stein und eine Echse, die zuvor getrennt in parallelen Dimensionen existierten, werden vereinigt und ergeben ein Gebilde. Der Warp-Riß könnte möglicherweise durch den experimentellen (und außerirdischen?) Antrieb der Flugzeuge der Area 51 entstanden sein. Mulder (Fletcher) schlägt vor, nach einer Lösung des Problems zu suchen, muß aber feststellen, daß seine Abteilung nur für die Vertuschung und nicht für die Lösung der Probleme zuständig ist.

Scully ist unterdessen wieder nach Nevada geflogen. Am Highway 375 findet sie die zerstörte Tankstelle. Inmitten von lauter Glasscherben liegt ein Gebilde aus zwei Pennies, die miteinander verschmolzen sind.

Mulder (Fletcher) verbringt die zweite Nacht im Wohnzimmersessel der Familie Fletcher. Wieder wird er am nächsten Morgen von der erzürnten Joane geweckt, die sich darüber beklagt, daß er noch nicht einmal mehr zu ihr ins Bett kommt. Außerdem soll er schon wieder im Schlaf von einer gewissen Scully gesprochen haben. Mulder (Fletcher) versucht, Joane zu beruhigen. Mit Floskeln wie »… ich hatte in der letzten Zeit sehr viel Streß …« will er sich aus der Affäre ziehen. Plötzlich glaubt Joane den Grund für das absonderliche Verhalten ihres Mannes zu erkennen. Sollte es sich um Potenzstörungen handeln? Mit einem Schlag ist sie wieder ganz versöhnlich gestimmt und flüstert nur, daß es doch jetzt diese Pille gebe.

Die Situation scheint schon bereinigt, als plötzlich eine junge Frau vor der Tür steht, die sich als Dana Scully vorstellt. Sofort entweicht jegliche Nettigkeit aus Joanes Gesicht: also doch eine

Geliebte! Mühsam versucht Mulder (Fletcher), Scully davon zu überzeugen, daß er der echte Mulder ist. Da ihm aber spontan keine schlüssigen Beweise einfallen, glaubt sie ihm nicht. Mulder verspricht, Scully Beweise zukommen zu lassen, die sich auf dem Datenrekorder der abgestürzten Maschine befinden. Beide bemerken nicht, daß ihr Gespräch von Fletcher (Mulder) beobachtet wird.

Kurze Zeit später wird Fletchers Kollege Howard Grodin von Fletcher (Mulder) angerufen. Fletcher (Mulder) will ihm nähere Hinweise zum Sicherheitsleck innerhalb der Area 51 zukommen lassen. Und Fletchers Plan scheint aufzugehen: Grodin beobachtet, wie Mulder (Fletcher) den Datenrekorder aus dem Archiv entwendet.

Scully will sich abends mit Mulder (Fletcher) erneut treffen. Völlig überraschend erhält sie einen Anruf von Assistant Director Kersh, der ihr befiehlt, seinen Anweisungen genau Folge zu leisten. Als es zu dem Treffen in einer Tankstelle kommt, hat Mulder (Fletcher) den Datenrekorder mitgebracht. Plötzlich stürmen Agenten der Area 51 das Gebäude und nehmen ihn fest. Grodin hat seinen Verräter gefunden. Unter den Augen der entsetzten Scully und des sichtlich zufriedenen Fletcher (Mulder) wird Mulder (Fletcher) abgeführt. FORTSETZUNG FOLGT …

Kommentar:
Scully: »Also, Mulder, diese angeblich geheime Quelle, die Sie kontaktiert hat – woher wissen wir, daß er nicht ein weiterer Spinner ist, dessen enzyklopädisches Wissen über außerirdisches Leben ausschließlich von Wiederholungen von Raumschiff Enterprise stammt?«
Mulder: »Wegen des Ortes, an dem dieser spezielle Spinner arbeitet. Groom Lake, Area 51.«

Mulder hat es geschafft! Er bekommt Zutritt zur Area 51, die wahrscheinlich einige der größten Geheimnisse der US-Regierung birgt. Was wird er dort vorfinden? Kühlräume voller außerirdischer Leichen? Eine UFO-Flotte im Hangar? Cyborg-Replikate sämtlicher US-Präsidenten? Mulder steht endlich vor dem Ziel seines Lebens. Er kann sich vollkommen anonym innerhalb der geheimen Basis bewegen und wird eine Antwort auf alle Fragen erhalten. Mitnichten! Mulder will eigentlich nur noch eines: so schnell wie möglich in seinen Körper zurückgelangen.

»Dreamland« hinterläßt demnach einen etwas zwiespältigen Eindruck. In bezug auf die übergreifende Mythologie der Serie darf die Episode mit Sicherheit als Enttäuschung gewertet werden. Viele Zuschauer werden sich fragen, warum Mulder nicht ein einziges Mal die Chance nutzt, um mehr über die Geheimnisse der Area 51 zu erfahren. Der echte Mulder hätte sich diese Gelegenheit wahrscheinlich nicht entgehen lassen – trotz der Probleme, die der Seelentausch mit sich brachte.

Natürlich gibt es große Schwächen im dramaturgischen Ablauf. Scully hätte schon viel eher erkennen müssen, daß das merkwürdige Verhalten Mulders im direkten Zusammenhang mit der UFO-Sichtung stehen könnte. Fletcher hingegen wäre gut beraten, wenn er gegenüber Scully nicht zu deutlich den Chauvi spielt. Immerhin ist sie die einzige Person, die ihn aufgrund seines Verhaltens durchschauen könnte.

Daß »Dreamland« trotzdem einen guten Unterhaltungswert hat, liegt vor allem an den komödiantischen Aspekten und am witzigen Spiel mit den Charakteren. Besonders Morris Fletcher als gelangweilter ›Man in Black‹, der die Chance sieht, sich von seiner furchtbaren Familie zu trennen und ein Leben als attraktiver Junggeselle zu führen, verleiht der Folge eine gehörige Portion

Zu dieser sehr unterhaltsamen Episode mit skurrilen Aspekten passen natürlich auch ganz besonders gut die Actionfiguren von Scully und Mulder – in diesem Zusammenhang erscheint es interessant, daß zwar alles getan wird, um Außeridische von der Erde fernzuhalten, die X-Akten aber keinerlei Hinweise auf die Unterwanderung der Gesellschaft durch Barbie und Co. enthalten …

Humor. Die zweifellos besten Momente gibt es, wenn Fletcher völlig unverblümt Kershs Sekretärin anbaggert und auf Scullys Protest nur mit der Frage ›Eifersüchtig?‹ und einem Klaps auf den Po reagiert.

Diese Stärken helfen auch über die Schwächen der Epsiode hinweg. Besonders die grundlegende Idee mit dem Warp-Riß im Raum-Zeit-Gefüge ist ein abgegriffenes Klischee, das schon in etlichen ›Star-Trek‹-Folgen den Stoff fürs Drehbuch lieferte. Man mag den ›Akte X‹-Autoren zugute halten, daß sie wenigstens mit offenen Karten spielen. Schon im Teaser wird auf diesen Umstand durch die Erwähnung von ›Star Trek‹ hingewiesen. (Auch die zweite »Dreamland«-Episode tut dies. Es wird ein kurzer Dokumentarfilm über das Leben des Special Agent Mulder gezeigt. Zu sehen ist unter anderem der junge Fox Mulder in einem Spock-Kostüm.)

Insofern kann »Dreamland« eine unterhaltsame Episode sein, wenn man die Komik der Geschichte in den Vordergrund stellt und keine zu strengen Maßstäbe anlegt. »Dreamland« ist ein interessantes Experiment mit den beiden Hauptfiguren der Serie. Wer sich darauf einlassen kann, wird auf jeden Fall Spaß haben.

Hintergrund:
Die Area 51 in Nevada ist einer der wesentlichen Kernpunkte in der gesamten UFO-Mythologie und wurde deswegen auch von Anfang an in der »Akte X« thematisiert. Schon in »Die Warnung« (1X01) wurde die geheimnisvolle Luftwaffenbasis als Setting verwendet. Allerdings gab man ihr damals noch den fiktiven Namen ›Ellens Air Force Base‹ und verlegte den Standort nach Idaho. Aus dem dazugehörigen ›Little *Ale* Inn‹ – eine Kneipe, die tatsächlich existiert – machten die Autoren seinerzeit das ›Flying Saucer‹.

Die Area 51 – der eigentliche Name ist Groom Air Base – gehört zu einem gigantischen militärischen Sperrgebiet namens Nellis Bombing Range and AEC Nuclear Testing Site. Dieses Gebiet ist fast so groß wie Belgien und liegt etwa hundert Meilen nordöstlich von Las Vegas. USA-Touristen tangieren das Gelände übrigens an seiner südlichen Grenze, da hier die Strecke verläuft, die Las Vegas mit dem Death Valley National Monument verbindet. Offiziell existiert die Area 51 überhaupt nicht, doch ist ihre Abbildung schon weltweit veröffentlicht worden (nicht zuletzt auf dem Titelblatt des einstmaligen sowjetischen Propagandablattes Prawda). Noch vor einigen Jahren konnte jeder neugierige Mensch von einem Berggipfel auf die Basis hinabsehen, bis die amerikanische Regierung auch dieses Gelände kaufte und zum Sperrgebiet erklärte.

Diese Geheimniskrämerei hat zweifellos dazu geführt, daß sich noch mehr Gerüchte um die Basis ranken. Unter anderem soll hier das abgestürzte Roswell-UFO aufbewahrt werden. Mit dessen Technologie hat die Air Force angeblich Flugzeuge entwickelt, die alle herkömmlichen Fluggeräte in den Schatten stellen. Es ist kaum festzustellen, ob die amerikanische Luftwaffe auf dem Gelände der Area 51 nun wirklich Flugzeuge mit UFO-Technologie oder nur neue Waffen wie den Stealth Bomber testet. Fest steht nur, daß das Bestreben, die Existenz der Area 51 als Geheimsache zu handeln, gescheitert ist. Durch Filme, Bücher, Comics und Zeitungsartikel hat die Area 51 gewaltige Popularität erreicht, und es wäre schon fast eine Enttäuschung, wenn hier keine UFOs starten und landen würden.

Einem Massenpublikum wurde die Area 51 zweifellos durch Roland Emmerichs Kassenschlager »Independence Day« (1996) bekannt. Zur Erinnerung: Im Film legt eine außerirdische Invasionsflotte sämtliche Großstädte der Welt in Schutt und Asche. Die überlebenden Vertreter der amerikanischen Regierung verschanzen sich in einem Bunker der Area 51. In einer gigantischen Abstellkammer wird dort seit Jahrzehnten das abgestürzte Roswell-UFO aufbewahrt. Dieses wird kurzerhand wieder flottgemacht und am Ende zur Zerstörung des Alien-Mutterschiffes verwendet.

Aber nicht nur große Blockbuster haben sich der Area 51 angenommen. Der B-Film »Hangar 18«, hierzulande auch unter dem Titel »Geheimsache Hangar 18« veröffentlicht, spielte schon 1980 mit der Existenz der Area 51. Im Film kollidiert ein Satellit mit einem UFO, das daraufhin abstürzt. Wegen einer Wahlkampagne versucht das Weiße Haus den Vorfall herunterzuspielen und versteckt das UFO auf einer Luftwaffenbasis. Zwei Astronauten sollen wegen des zerstörten Satelliten zum Sündenbock gemacht werden. Sie suchen nach dem UFO, da dieses den Beweis für ihre Unschuld darstellt. In »Hangar 18« nimmt eine andere Luftwaffenbasis die Rolle der Area 51 ein. Aus dem Kontext wird aber deutlich, worauf der Film sich bezieht. Wer sich für den Film interessiert, dem sei noch gesagt: In den USA ist eine zweite Version mit einem anderen Ende erschienen. Die Area 51 wird in anderen Filmen inzwischen als Synonym für Geheimprojekte verwendet. So befindet sich zur Zeit der Science-fiction-Film »Downloader« in Planung, der sich mit Cyborg-Experimenten in der Area 51 beschäftigt. Für die Regie ist Stuart Gordon (»Re-Animator«, »Space Truckers«) im Gespräch.

Aber nicht nur Filme, sondern auch Romane haben die Popularität der Area 51 gesteigert. Robert Doherty hat gleich eine ganze Serie von Thrillern geschrieben, die sich um die geheime Basis in der Wüste drehen. »Area 51«, »Area 51: The Reply« und »Area

51: The Mission« handeln von UFOs und einer außerirdischen Bedrohung. Demnach wird unsere Welt schon seit Jahrtausenden von Außerirdischen heimgesucht, die überall ihre deutlichen Spuren hinterlassen haben. Stilistisch läßt sich Doherty als die ›trashige‹ Variante eines Michael Crichton einordnen, indem wissenschaftliche Fakten mit einer gehörigen Portion Fiktion vermischt werden. Eine Fußnote in diesem Rahmen verdient auch das Buch »Dreamland«, das ebenfalls in der Area 51 spielt. Bei der Autorin handelt es sich um Hillary Hemingway – die Nichte des berühmten Ernest.

Einen etwas seriöseren Anspruch verfolgt David Darlington mit seinem Sachbuch »Area 51: The Dreamland Chronicles«. Darlington beschäftigt sich vor allem mit den geheimen Flugzeugen, die dort entwickelt und getestet wurden – vom U2-Spionageflugzeug bis zum Stealth Fighter. Dabei geht Darlington auch auf die Mysterien ein, die sich um die Basis ranken, und gibt einen Überblick über die bekannten Verschwörungstheorien. In dieselbe Kerbe schlägt Phil Patton, der »Dreamland: Travels Inside the Secret World of Roswell and Area 51« geschrieben hat. Patton konzentriert sich dabei weniger auf eine direkte Auseinandersetzung mit den UFOs und geheimen Flugzeugen als auf die Menschen, die deren Sichtung hinterherjagen.

Auch in andere Bereiche der populären Kultur ist der Begriff der Area 51 bereits vorgedrungen. So gibt es eine Firma für Spezialeffekte, die sich denselben Namen gegeben hat. Auch ein recht blutiges Videospiel ist unter dem Titel erschienen; darüber hinaus spielt das populäre Computerspiel ›Half Life‹ mit dem Setting der Area 51. Zwar wird im Spiel eine Basis namen Black Mesa Research Facility in New Mexico als Austragungsort des Geschehens angegeben, die Ähnlichkeit mit dem bekannten Vorbild in der Wüste von Nevada ist aber unverkennbar.

Auf jeden Fall ist die Groom Air Base durch all diese Vorgänge mittlerweile zum bekanntesten Geheimnis der Welt geworden. Wer weiß, vielleicht ist ja gerade das beabsichtigt.

Bemerkungen:

● Auf Mulders bzw. Fletchers Firmenausweis für die Area 51 ist als sein Arbeitgeber die Firma ›Majestic‹ angegeben – eine Verbindung zu den mysteriösen Majestic 12?

● Fletcher hat einige nette ›Familienfotos‹ in seinem Büro. Sie zeigen ihn mit dem republikanischen Politiker Newt Gingrich, mit dem früheren Präsidenten Reagan und (in besonders heiterer Stimmung) mit Saddam Hussein.

● Die Zeitunterschiede beim Flug an die Ostküste machen es so gut wie unmöglich, daß Scully sich abends um 11:17 Uhr in der Wüste von Nevada aufhält und schon schon am nächsten Morgen um 9:42 wieder beim FBI in Washington ist. Zwischen der West- und der Ostküste bestehen 3 Stunden Zeitunterschied (Eastern Time, Chicago Time –1, Mountain Time –2, Pacific Time –3). Ein Flug von Nevada nach Washington dauert ungefähr sechs Stunden. Scully hätte also direkt nach dem UFO-Zwischenfall zum nächsten Flughafen rasen müssen. Dort hätte ein Flugzeug mit laufenden Motoren warten müssen, das sofort abfliegt. In Washington angekommen, hätte Scully vom Flughafen zum FBI hetzen müssen, um dann anschließend ganz entspannt in Kershs Vorzimmer Platz zu nehmen.

● Der Name des sehr interessanten TV-Senders SIZL ist eine Spielerei mit dem Wort »sizzle« (= heiß machen).

● Endlich kann David Duchovny seinen Ehering auch mal *on-screen* zeigen, ohne daß es ein Fehler ist. Morris Fletcher ist nämlich verheiratet.

● Mulders Spiegelszene stellt eine Reminiszenz an den Film »Die Marx Brothers im Krieg« (1933) dar, der hierzulande auch unter seinem Originaltitel »Duck Soup« bekannt ist.

6ABX05
Dreamland – Teil 2

US-Erstausstrahlung:	6. Dezember 1998
Regie:	Kim Manners
Drehbuch:	Vince Gilligan, John Shiban und Frank Spotnitz

Gaststars: Michael McKean (Morris Fletcher), Michael Buchman Silver (Howard Grodin), Scott Allan Campbell (Jeff Smoodge), Tom Braidwood (Frohike) Dean Haglund (Langly), Bruce Harwood (Byers) Tyler Binkley (Terry Fletcher), Dara Hollingworth (Christine Fletcher), Nora Dunn (Joane Fletcher), Chris Ufland (Sam), Mike Rad (Randy), Lisa Joann Thompson (Kelly), John Mahon (General Wegman), Julia Vera (Mrs. Lana Chee) Nick Lashaway (junger Mulder), Ashlynn Rose (junge Samantha)

Kurzinhalt:

Mulders Versuche, wieder in seinen Körper zurückzukehren, bleiben ohne Erfolg. Immerhin hat Scully den falschen Mulder Morris Fletcher mittlerweile durchschaut und zwingt ihn, ihr bei der Umkehrung des bizarren Seelentauschs zu helfen. Das Problem ist nur, daß es keine Möglichkeit zu geben scheint, Mulder und Fletcher wieder in ihre eigenen Körper zu befördern …

Inhalt:

Mulder (in Gestalt von Fletcher) wird nach seiner Verhaftung zur Area 51 gebracht. Dort erlebt er gleich zwei Überraschungen: Zuerst wird er mit der alten Indianerin konfrontiert, deren Seele offensichtlich mit der eines Kampfpiloten vertauscht wurde. Die alte Frau redet sich ganz schön in Rage, als sie von Luftkämpfen und waghalsigen Flugmanövern berichtet. Anschließend wird Mulder (Fletcher) von General Wegman sofort wieder freigelassen, denn der Datenrekorder, den Mulder (Fletcher) bei dem Treffen übergeben wollte, hat sich als Fälschung herausgestellt. Mulder (Fletcher) ergreift diese Gelegenheit, den Austausch des Rekorders als gezielten Plan darzustellen, der dazu diente, den Verräter innerhalb der Area 51 dingfest zu machen. (In Wirklichkeit hat er natürlich überhaupt keine Ahnung, wie es zu dem Austausch der Geräte kam.)

Beim FBI hat man Scully unterdessen für zwei Wochen vom Dienst suspendiert. Fletcher (in Gestalt von Mulder) gibt vor, sie trösten zu wollen, und lädt sie zu sich zum Abendessen ein. Natürlich hat er insgeheim Pläne, die weit über ein einfaches Dinner hinausgehen. Zunächst will er zu Hause das Schlafzimmer ein wenig ›stimmungsvoller‹ einrichten. Dabei stellt er fest, daß Mulder den Raum wohl noch nie ›richtig‹ genutzt hat, denn er ist bis zur Decke mit Krempel vollgestopft.

Joane Fletcher will sich das Verhalten ihres Mannes nicht mehr länger bieten lassen und hat ihm kurzerhand seine Sachen vor die Tür gestellt. Mulder (Fletcher) sieht sich dazu gezwungen, die Karten auf den Tisch zu legen. Er versucht, ihr den Seelentausch zu erklären, Joane glaubt ihm aber nicht.

Später am Abend hat Fletcher (Mulder) seine ›Mausefalle‹ für Scully fertiggestellt. Als sie kommt, führt er sie sofort ins Schlafzimmer mit dem Hinweis, daß sie doch einmal die Bequemlichkeit seines Wasserbetts antesten soll. Als Scully es sich bequem macht, schreitet Fletcher (Mulder) zum zweiten Teil seines Plans und holt den Champagner, den er bereitgestellt hat. Seine Verzückung ist groß, als Scully sich auf das Spielchen einläßt und mit einem Paar Handschellen wedelt. Bereitwillig kettet Fletcher

(Mulder) sich an den Nachttisch. Als das Schloß zuschnappt, nimmt der Abend allerdings einen ganz anderen Verlauf. Mit vorgehaltener Waffe erklärt Scully ihm, daß sie ihn nicht für den echten Mulder hält und den Seelentausch rückgängig machen will. Fletcher (Mulder) fängt an zu betteln. Er haßt sein Leben, ist mit einem langweiligen Job und einer gemeinen Familie gestraft. Der Tausch war für ihn ein Geschenk des Himmels. Scully läßt sich jedoch nicht erweichen. Doch wie soll man vorgehen? Vielleicht kann ja Mulders geheime Kontaktperson innerhalb der Area 51 zur Aufklärung des Rätsels beitragen. Fletcher (Mulder) kennt allerdings die Identität der Person nicht. Der Zufall – bzw. das Drehbuch – will es, daß daraufhin das Telefon klingelt.

Scully und Fletcher (Mulder), der inzwischen von Scully zur Mitarbeit gezwungen wurde, fahren zum Little ›Ale‹ Inn, einer UFO-Kneipe in der Nähe der Area 51. Die Kontaktperson will sich hier mit Mulder treffen. Zufällig haben sich auch Mulder (Fletcher) und Joane die Kneipe ausgesucht, um sich hier mal in Ruhe zu unterhalten. Fletcher (Mulder) fällt fast aus allen Wolken, als sich die ›undichte Stelle‹ der Area als General Wegman persönlich entpuppt. Er übergibt den Datenrekorder der abgestürzten Maschine an Fletcher (Mulder), damit dieser die Beweise auswerten soll. Wegman persönlich hat die fliegende Untertasse sabotiert. Allerdings sollte sie nicht abstürzen, sondern durch den Ausfall der Stealth-Vorrichtung lediglich sichtbar werden.

Unterdessen trifft Fletcher (Mulder) sich mit Scully auf dem Parkplatz. Dabei werden sie allerdings von der eifersüchtigen Joane beobachtet. Fletcher (Mulder) will sich mit dem Rekorder aus dem Staub machen, als plötzlich mehrere ›Men in Black‹ in der Kneipe auftauchen. Er verdrückt sich auf die Toilette, wo plötzlich auch Mulder (Fletcher) auftaucht. General Wegman erkennt ebenfalls die Agenten und versteckt sich auf der Toilette.

Hier kommt es zu einer äußerst bizarren Begegnung der drei Personen. Ein Fluchtplan wird entwickelt. Wegman lenkt die ›Men in Black‹ ab, während Scully und Fletcher mit dem Datenrekorder entkommen können.

Scully sucht Hilfe bei den Lone Gunmen. Aus der Auswertung der Daten des Flugrekorders erhofft sie sich Hinweise, um den Seelentausch umzukehren. Fletcher (Mulder) amüsiert sich köstlich über die Theorien der Gunmen, da er persönlich deren vermeintliche Anlässe und Beweise fälschte. So soll es sich bei Saddam Hussein, der – laut dem ›Einsamen Schützen‹ – eine Androiden-Armee in der Wüste testet, lediglich um einen zweitklassigen amerikanischen Schauspieler handeln.

Zwischen General Wegman und Mulder (Fletcher) kommt es zu einem Gespräch, das viele Fragen aufklärt. Es war tatsächlich Wegman, der Mulder in jener Nacht zum Highway 375 bestellte. Warum sabotierte er aber den Antrieb der fliegenden Untertasse? Wegman will dazu beitragen, daß die Wahrheit ans Licht kommt. Doch was ist die Wahrheit? Hier zeigt sich, daß Wegman über die fliegenden Untertassen der US-Regierung noch viel weniger weiß als Mulder. Auf der Area 51 werden sie nur getestet, konstruiert und zusammengebaut werden sie in Utah. Wegman weiß noch nicht einmal, ob sie tatsächlich auf außerirdischer Technologie basieren. Mulder (Fletcher) ist verwirrt und enttäuscht, denn wieder einmal führt eine Spur ins Leere.

Die verhängnisvollen Auswirkeungen der Warp-Störung ziehen weitere Kreise: In der Nähe der Area 51 schleichen drei Teenager durch die Wüste. Sie wollen sich bei Nacht einige der merkwürdigen Flugobjekte anschauen, die über der Basis schweben. Plötzlich werden sie von einer Druckwelle erfaßt, und zwei der Teenager verschmelzen miteinander.

Es ist den Lone Gunmen inzwischen gelungen, den Datenrekorder auszuwerten. Der Warp, der den Seelentausch verursachte, läßt sich kaum umkehren. Selbst wenn es gelingen sollte, wäre es lebensgefährlich, sich einem erneuten Warp auszusetzen. Ein neuer Riß im Raum-Zeit-Kontinuum könnte nur noch größeren Schaden anrichten. Mulder (Fletcher) sieht sich mit der Tatsache konfrontiert, wohl für immer in Fletchers Körper bleiben zu müssen. Auch Scully geht es nicht rosig, denn sie wurde wegen ihres Verhaltens beim FBI entlassen. Fletcher (Mulder) hingegen ist wegen seiner angepaßten Haltung auf dem besten Wege, Karriere zu machen.

In der Wüste versucht der dritte Teenager Hilfe zu holen. Er stoppt ein Auto, in dem Grodin sitzt. Dieser läßt sich zu der Stelle führen, wo die Verschmelzung stattgefunden hat, doch die beiden Teenager sind merkwürdigerweise zu ihrem Normalzustand ›zurückmutiert‹.
Die Beweise für diese Rückentwicklung entgehen auch Scully und Fletcher (Mulder) nicht, als sie an der Tankstelle vorbeikommen, die vom Warp zerstört wurde. Das Gebäude ist wieder vollkommen intakt, und auch der Tankwart lebt noch. Darüber hinaus kann der Mann sich an den katastrophalen Vorfall nicht erinnern.

Der ›Man in Black‹ Grodin hat ebenfalls erkannt, daß der Warp-Riß sich wieder schließt. Aus diesem Grund bringt er die Indianerin und den Piloten der Unglücksmaschine zusammen. Während dieser Seelentausch rückgängig gemacht wird, taucht Scully bei den Fletchers auf, um Mulder (Fletcher) zu informieren. Jetzt endlich offenbart auch Fletcher (Mulder) sich gegenüber seiner Frau, und sie erkennt, daß es den Seelentausch tatsächlich gegeben hat. Die Freude über die plötzliche Zusammenführung der Familie wird aber durch das plötzliche Eintreffen der ›Men in Black‹ getrübt, die Mulder (Fletcher) wegen des entwendeten Datenrekorders verhaften. Auf dem Weg zur Area 51 stoßen sie allerdings auf eine Straßensperre am Highway 375, die Grodin dort hat errichten lassen. Auch er hat erkannt, daß der Riß sich schließt und alles wieder an seinen Ausgangspunkt zurückkehren muß. Die Gruppe wird wiederum von einer Druckwelle erfaßt, Mulder und Fletcher kehren in ihre alten Körper zurück. Niemand kann sich an das Geschehene erinnern. Zwischen der Öffnung und dem Schließen des Warps ist scheinbar keine Zeit vergangen. Nichts hat sich verändert. Wirklich nichts? Scully findet später zwei miteinander verschmolzene Pennies in der Jackentasche, und Mulder erlebt eine Überraschung, als er seine Wohnung betritt.

Kommentar:
Mulder: »Wenn ich ihn [Fletcher] erschieße – ist das Mord oder Selbstmord?«
Scully: »Keins von beidem, wenn ich es zuerst tue!«

Der zweite Teil der »Dreamland«-Episode hält eigentlich keine großen Überraschungen mehr bereit. Mulder kann Scully letztlich davon überzeugen, daß er in einem anderen Körper steckt, und am Ende schließt sich der Warp-Riß von allein. Es genügt vollkommen, sich am richtigen Ort zur richtigen Zeit zu befinden, und alles wird wieder so, wie es vorher war. Wer auf eine anspruchsvolle Auflösung des komplexen Problems wartete, wird mit Sicherheit enttäuscht werden. Doch vielleicht ist dies auch gar nicht der Kern der Geschichte.

»Dreamland« entzieht sich nicht nur inhaltlich, sondern auch stilistisch dem Erscheinungsbild der Serie. Die Episoden setzen sehr auf die Comedy-Schiene und opfern den Spannungsfaktor zugunsten eines etwas schrägen Humors, der an anderen Stellen der Serie mit Sicherheit für Irritationen gesorgt hätte. Wenn die vertauschten Mulder und Fletcher auf der Toilette des Little ›Ale‹

Inn auf General Wegman im bunten Freizeithemd treffen, erinnert das schon fast an eine Boulevardkomödie. Auch Fletchers fehlgeschlagener Versuch, Scully zu verführen, schlägt in dieselbe Kerbe.

Obwohl »Dreamland« insofern nur wenig zum Gesamtaufbau der »Akte X« beitragen kann, so wird doch einiges über die Charaktere mitgeteilt. Wir erhalten einen Einblick in das alltägliche Leben der »anderen Seite«, die Mulder und Scully schon seit Jahren so viele Unannehmlichkeiten bereitet. Dabei läßt sich allerdings mit Erleichterung feststellen, daß das Leben für die Mitglieder der großen Verschwörung kein Zuckerschlecken ist. Der traurige General Wegman darf zwar auf seiner geheimen Luftwaffenbasis allerlei UFOs testen, ihm wird allerdings nichts über deren Konstruktion und Herkunft mitgeteilt. In seiner Frustration wendet er sich sogar an Mulder, um zu erfahren, ob der vielleicht mehr über die Raumschiffe weiß. Kaum besser geht es Morris Fletcher. Von Berufs wegen denkt er sich gefälschte Verschwörungstheorien aus, um die größten Staatsgeheimnisse in einen Nebel der Verwirrungen zu hüllen. Als Privatmensch haßt er aber sein Leben und würde nichts lieber tun, als mit seinem indirekten Gegenspieler Fox Mulder zu tauschen. Mulder hingegen wird ein Einblick in die Area 51 geboten, den er nicht nutzt. So bleibt am Ende für alle Beteiligten nur das Ergebnis, daß sie ihr Ziel nicht erreicht haben. Aber: »It's not the having – it's the getting.« In Fernsehserien ist letztlich der Weg das Ziel – und das gilt auch für die »Akte X«.

Hintergrund:

Ein großer Teil des Humors, der die Atmosphäre von »Dreamland« prägt, wird durch den Schauspieler Michael McKean getragen, der den ›Man in Black‹ Morris Fletcher spielt. McKean, der nach eigener Aussage von Anfang an ein großer Fan der Serie war, hat die Rolle viel Spaß gemacht: »Ich durfte über den Set laufen mit einem kleinen Sicherheitsausweis an meiner Brust. Darauf war ein Bild von David Duchovny und die Aufschrift ›Fox Mulder, FBI‹. Das Tollste ist aber, daß man mir sogar Geld dafür gezahlt hat.«

Michael McKean wurde in den USA durch die Comedy-Serie »Laverne and Shirley« bekannt, in der er von 1976 bis 1983 mitspielte. In seiner Karriere pendelte McKean immer zwischen TV- und Filmrollen. Ein früher Glanzpunkt dieser Laufbahn ist zweifellos seine Rolle in Rob Reiners Rock-Persiflage »Spinal Tap« (1984). McKean spielt (mit schriller blonder Perücke) den Gitarristen David St. Hubbins. Außerdem schrieb er noch am Drehbuch des Films mit und ist Co-Komponist des Soundtracks, der so grandiose Stücke wie »Bitch School« oder »Sex Farm« enthält.

In den neunziger Jahren konnte McKean seine komödiantische Ader weiter ausbauen und gehörte für einige Zeit dem Ensemble der »Saturday-Night-Live«-Komikertruppe an. Im Kino sah man ihn unter anderem in »Airheads« (1994) oder im »Brady Bunch«-Film (1995). Ein Schwerpunkt seiner Rollen liegt allerdings bei kleineren Independent-Produktionen, die hierzulande nur schwer einen Verleiher finden.

Auch Nora Dunn, die Fletchers Ehefrau Joane spielt, ist durch »Saturday Night Live« bekannt geworden. Sie bezeichnet sich selber ebenfalls als hingebungsvollen X-Phile und glaubt an UFOs. Im Kino war sie unter anderem in »Bulworth« (1998), »Passion Fish« (1992) und »Die Waffen der Frauen« (1988) zu sehen.

Bemerkungen:
● ›Der Einsame Schütze – das Magazin für alle, die informiert und am Leben bleiben wollen‹ kostet pro Ausgabe einen Dollar.

Ein Jahresabo kostet zehn Dollar und das Abo für drei Jahre gibt es zum Supersonderpreis von nur 25 Dollar. Dafür kann man dann auch so spektakuläre Artikel lesen wie ›Saddam testet Androiden-Armee in der irakischen Wüste‹ oder ›Monica (Lewinsky) – Schlampe oder Androiden-Frau?‹

● Mulder spricht die Indianerin, in der die Seele des Kampfpiloten wohnt, mit ›Maverick‹ an, was der Spitzname von Tom Cruise in »Top Gun« ist.

● Fletcher behauptet, daß Saddam Hussein gar nicht existiert, sondern von ihm erfunden wurde. In Wirklichkeit soll es sich um den zweitklassigen Schauspieler John Gillnitz handeln, der als Marionette der USA am Persischen Golf den Schurken spielt. Echte X-Philes erkennen natürlich sofort, daß es sich bei dem Namen John Gillnitz um eine Wortspielerei mit den Namen der Drehbuchautoren *John* Shiban, Vince *Gill*igan und Frank Spot*nitz* handelt.

● Im Teaser ist kurz eine Akte über Mulder mit der Nummer X-71009 zu sehen. Wer einen Videorekorder mit gutem Standbild besitzt, erfährt folgende Informationen: Mulders Sozialversicherungsnummer ist 123-32-1321. Geboren wurde er in Chilmark, Massachusetts, was auf der Insel Martha's Vineyard liegt. Sein Eintritt in den Dienst des FBI war am 24. Oktober 1986.

● Ein weiterer Hinweis auf Mulders Affinität zu exquisiter Pornographie ist eine Kollektion des Magazins ›Playpen‹, die Fletcher beim Öffnen der Schlafzimmertür vor die Füße fällt.

● Morris Fletcher hat in der Folge »Three of A Kind« (6ABX021) einen kurzen Gastauftritt.

6ABX08
How The Ghosts Stole Christmas

US-Erstausstrahlung: 13. Dezember 1998
Regie und Drehbuch: Chris Carter

Gaststars: Lily Tomlin (Lyda), Edward Asner (Maurice)

Kurzinhalt:

Mulder bringt Scully dazu, mit ihm den Weihnachtsabend in einem berühmt-berüchtigten Spukhaus zu verbringen. Schon bald muß Scully ihre skeptische Haltung gegenüber Geistererscheinungen überdenken, als ein totes Pärchen beginnt, üblen Schabernack mit den Agenten zu treiben ...

Inhalt:

Am Weihnachtsabend, irgendwo in Maryland:
Die vom Weihnachtsstreß völlig genervte Scully trifft Mulder vor einem alten, düsteren Haus, zu dem er sie im Rahmen einer Überwachungsaktion bestellt hat. Auf die argwöhnische Frage Scullys, wen sie denn ausgerechnet an diesem Abend in einem verlassenen Haus überwachen sollen, erzählt ihr Mulder von den tragischen Geschehnissen des Weihnachtsabends 1917. Damals lebte in dem Haus ein Liebespaar: Die erhaben schöne Lyda und der heldenhafte Maurice. Doch ihre Liebe stand unter einem schlechten Stern, denn in Europa wütete der Krieg, in den Amerika eintrat. Aus Angst davor, getrennt zu werden, brachten sich die Liebenden gemeinsam um. Seither kehren die beiden immer am Jahrestag ihrer Tat wieder und spuken in der Heiligen Nacht.

Scully gefällt die Geschichte, doch erstens glaubt sie sie nicht, und zweitens hat sie am Weihnachtsabend etwas Besseres zu tun, als mit Mulder Gespenster zu jagen. Während er das Haus betritt, will sie zurück zu ihrer Wohnung fahren, kann jedoch ihren Autoschlüssel nicht finden. Sie verdächtigt Mulder, ihn an sich genommen zu haben, und folgt ihm. Kaum hat auch sie das unheimliche Haus betreten, schlägt die Tür hinter ihr zu, und die Agenten sind in dem Haus gefangen.

Da sie nun keine Wahl mehr hat, schließt sich Scully schweren Herzens Mulder an, der beginnt, das Haus genauer unter die Lupe zu nehmen. Mulder gibt sich unerschrocken, da er Gespenster für gutartige Wesen hält. Doch die zunächst gefaßte Scully beginnt in der unheimlichen Umgebung langsam, aber sicher die Nerven zu verlieren. Daß sie einen Schemen sieht und Mulder versucht, ihr Angst einzujagen, macht die Sache für sie nicht leichter. Die Agenten folgen Geräuschen, die sie in eine hell erleuchtete Bibliothek führen, was nahelegt, daß das Haus nicht ganz so unbewohnt ist, wie es von außen den Anschein hatte – aus dem Kamin steigen die letzten Rauchschwaden eines erst kürzlich verglimmten Feuers auf. Mulder ist sehr erstaunt, denn seines Wissens nach will seit langem niemand mehr in dem verfluchten Haus wohnen. Erst jetzt erzählt er Scully, daß jedes Paar, das in dem Haus lebte, ein tragisches Ende fand. In den letzten 80 Jahren kam es zu drei Doppelmorden – immer am Weihnachtsabend.

Während Mulder ein Klopfen unter den Dielenbrettern vernimmt, stellt Scully fest, daß die Leiter, über die sie in die Bibliothek hinabstiegen, verschwunden ist. Derweil bricht Mulder mit einem Schürhaken den Boden auf, wo die Agenten in einem Hohlraum ein totes Paar im Zustand fortgeschrittener Verwesung entdecken. Da sie die Erschossenen anhand der Kleidung und der Frisuren als ihre eigenen Leichen identifizieren können, ist es nun auch mit Mulders Fassung vorbei. Die Agenten fliehen panisch aus der Bibliothek und landen … in der Bibliothek. Auch durch die Tür auf anderen Seite des Raumes ist kein Entkommen möglich – beide Ausgänge führen in den gleichen Raum zurück.

Die Agenten entschließen sich zu einem Experiment: Mulder geht durch eine der Türen, um zu sehen, ob er aus der gegenüberliegenden wieder herauskommt. Dies ist jedoch nicht der Fall – die Türen schlagen zu, und die beiden sind getrennt, jeder gefangen in der Bibliothek.

Mulder zerschießt das Schloß der Tür, durch die er gerade noch den Raum betrat, doch der Zugang ist nun zugemauert. Eine Stimme läßt ihn herumfahren. Ein älterer Mann will von ihm wissen, was er in seinem Haus zu suchen hat. Mulder hält ihn für einen Geist, der ihn zum Narren hält, was den alten Mann herzlich amüsiert, denn er sah schon viele Geisterjäger in seinem Haus. Da auch die Dielenbretter wieder an Ort und Stelle sind, beginnt Fox an sich zu zweifeln. Der Kontakt zu den Parapsychologen und Okkultisten, die sein ›Spukhaus‹ besuchten, machten den alten Mann zum Spezialisten für deren psychologische Besonderheiten. Darum beginnt er nun Mulder, den er für einen typischen Vertreter dieses Menschenschlages – nämlich der labilen Wahrheitssucher – hält, zu analysieren. Doch Mulder läßt sich durch die unbequemen Wahrheiten nicht von seinem dringlichsten Ziel ablenken: Er möchte zurück zu Scully finden. Der Mann erklärt ihm, daß dies sehr einfach sei, da sich seine Partnerin im Nebenraum aufhalte. Der Mann geht durch die nun nicht mehr blockierte Tür voran, doch als Mulder ihm folgen will, stößt er gegen die Mauer.

Auch Scully bekommt Gesellschaft, sie jedoch von einer Frau. Beide erschrecken, sagen einander, daß sie sich für Geister hielten und versichern sich dann gegenseitig, keine zu sein.

Auch in Scullys Bibliothek sind die Leichen der Agenten verschwunden. Scully erklärt der Frau, daß sie und ihr Partner in ihrem Haus nach Geistern suchen, worauf diese beginnt, die verblüffte Scully zu bemitleiden, da sie ihren Weihnachtsabend mit einem Kollegen auf der Suche nach etwas verbringt, an das sie nicht glaubt. Als der ältere Mann das Zimmer betritt, gerät Scully in Panik. Sie fordert die beiden mit gezogener Waffe auf, die Hände zu heben. Dabei sieht sie die gigantischen Schußverletzungen der beiden und fällt in Ohnmacht.

Als in der versperrten Bibliothek, aus der sich Mulder immer noch zu befreien versucht, plötzlich die Frau auftaucht, realisiert er, daß er den Geist Lydas vor sich hat, der Mann war offensichtlich Maurice. Lyda erklärt Mulder, daß Paare nur aus dem einen Grund das Haus betreten, nämlich um in Ewigkeit vereint zu sein. Sie prophezeit dem ungläubigen Mulder, daß Scully entweder ihn oder daß er Scully erschießen wird, der Überlebende wird Selbstmord begehen. Sie untermauert ihre schockierende Weissagung mit dem Hinweis auf die Leichen unter dem Boden. Daraufhin überreicht sie ihm seine Pistole und verschwindet.

Maurice erklärt derweil Scully, er habe sie nur zu ihrem Schutz eingesperrt, und er läßt durchblicken, daß Mulder schwer gestört ist und sie herbrachte, um sie zu töten. Er gibt ihr ihren Autoschlüssel zurück und versucht sie zu bewegen, ihren Partner alleinzulassen. Scully verlangt von ihm, die Tür zu öffnen. Doch da tritt Mulder in den Raum und schießt der entsetzten Scully in den Bauch. Aus Maurices Perspektive wird erkenntlich, daß es Lyda ist, die für Scully Mulders Form angenommen hat und nun droht, sich zu erschießen, worauf sie von Maurice aus dem Zimmer geschleppt wird.

Kurz darauf trifft Mulder auf Lyda, die das Aussehen der sterbenden Scully angenommen hat und ihn anschießt. Daraufhin schleppt er sich aus dem Zimmer und trifft im Flur auf Scully. Beide richten ihre Waffen aufeinander und klagen sich an, jeweils als erste geschossen zu haben. Als sie feststellen, daß ihre Erinnerungen an den Schußwechsel nicht übereinstimmen, erkennt Mulder, daß alles nur ein psychologischer Trick der Geister war. Er steht auf und fordert Scully auf, sich ebenfalls zu erheben. Beide gehen zur Tür, die sich nun einfach öffnen läßt. Als

Der Weihnachtsmann tritt meistens mit Rudolph, dem rotnasigen Rentier, auf – für Scully und Mulder müssen es natürlich weihnachtliche Geister sein …

sie sehen, daß ihre blutigen Wunden verschwunden sind, rennen sie zu ihren Wagen und rasen davon.

Zurück in Washington: Der schlaflose Mulder schaut sich einen Weihnachtsfilm im Nachtprogramm an. Da hört er ein Klopfen. Verunsichert schaut er sich um und öffnet schließlich die Wohnungstür – es ist nur Scully, die auch keinen Schlaf findet. Zwar hatten die beiden ausgemacht, sich nichts zu schenken, doch Scully konnte nicht widerstehen, Mulder etwas zu besorgen, und auch er zaubert ein Päckchen für seine Partnerin hervor.

Kommentar:

Scully: »Mulder, sagen Sie mir bitte, daß Sie mich nicht am Weihnachtsabend herbestellt haben, um mit Ihnen auf Geisterjagd zu gehen!«

Mulder: »Der Fachterminus lautet ›Erscheinungen‹.«

Von Anfang an konfrontiert die Folge den Zuschauer mit Bildern, die er so bei »Akte X« wohl nicht erwartet hätte. Man erblickt ein altes, finsteres Haus im Nebel, dem man den Fluch, mit dem es belegt ist, schon von weitem ansieht. Wind pfeift um das Gemäuer, welches die Agenten betreten. In dem verlassenen Anwesen hört man das Rasseln von Ketten, Schritte unbekannten Ursprungs und in den spinnwebenverhangenen Korridoren öffnen sich plötzlich Türen ohne erkennbaren Grund. Ein Gewitter bricht los, Blitz und Donner zerreißen die stürmische Nacht. Aus dem Obergeschoß hört man ein dumpfes Klopfen, unerwartet schlägt eine Standuhr. Und schon knallt die Tür des Hauses wie von Geisterhand zu, und wir sind mit den Agenten in einem Spukhaus und einer klassischen Gespenstergeschichte gefangen.

Bereits in den ersten Minuten wird das gesamte Inventar des Gruselfilms und anderer alter Erzähltraditionen des Unheimlichen aufgefahren, über die sich Scully lustig macht, indem sie Mulders Geschichte die typischen Versatzstücke einer *gothic novel* oder einer viktorianischen Geistergeschichte entgegenhält: »Ich verstehe – das düstere gotische Herrenhaus, der allgegenwärtige Bodennebel, der das wuchernde Dickicht umschlingt … warten Sie, ist da nicht ein Hund, der ein trauriges Geheul anstimmt?« Und in der Tat erwartet man jeden Moment, daß der Hund von Baskerville, ein kopfloser Abt oder eine aufgebrachte Schar Bauern mit Fackeln um die Ecke kommt.
Die Serie hielt sich lange Zeit von diesen Markenzeichen des alten, im anglistischen Sprachraum sogenannten ›gotischen Horrors‹ fern. Der Ausdruck verweist einmal auf den architektonischen Stil, der den perfekten Hintergrund für die klassischen Gruselgeschichten abgab, die auf unheimlichen Schlössern, Burgen mit Geheimgängen, nächtlichen Friedhöfen, in verfallenen

Abteien, heruntergekommenen Landhäusern und überwucherten Ruinen spielten. Zum anderen läßt der Ausdruck Gotik – ob des Volksstammes der Goten – eine Assoziation an Deutschland mitschwingen, das zur Zeit der Romantik und darüber hinaus als der Sitz des Grauens galt. Erst Edgar Allan Poe änderte dies und eröffnete mit seinen Geschichten, die zum ersten Mal in Städten spielten und normale Bürger als Protagonisten einführten, dem Genre neue Möglichkeiten. Berühmt ist sein Ausspruch: »Die Heimat des Grauens ist nicht Deutschland, sondern die Seele.« Paradebeispiel dieser modernen, urbanen Horrortradition ist seine Geschichte »The Tell Tale Heart« (»Das verräterische Herz«), die in »The Ghosts Who Stole Christmas« durch das Klopfen unter den Dielenbrettern der Bibliothek zitiert wird.

Der Komponist Mark Snow ließ sich bei der Musik von der akustischen Untermalung der klassischen Horrorfilme aus Hollywoods Universal-Ära inspirieren. Mit der dröhnenden, leicht verstimmten Orgel (die Andrew Lloyd Webbers großartigem, ebenfalls sehr nostalgisch angehauchtem Intro zu seinem »Phantom der Oper« Konkurenz machen könnte), dem geisterhaften Cembalo und den unheimlich klingenden Glocken kommen hier Instrumente zum Einsatz, die aufgrund ihres klischeehaften und inflationären Gebrauchs unter Filmkomponisten der Schwarzweiß-Ära zur Untermalung des ›modernen‹ Horrors der »Akte X« lange Zeit tabu waren. Eigentlich schade, daß Snow nicht auch noch ein wimmerndes Theremin einsetzte, die akustische Essenz des nostalgischen Horror-Instrumentariums. Doch nicht nur in der Instrumentierung unterscheidet sich Snows Komposition von seinen üblichen Scores für die Serie. Hier haben wir es nämlich mit einem der ganz wenigen Fälle zu tun, in dem die Musik nicht unterschwellig die Handlung untermalt, sondern mit Absicht hörbar ins Bewußtsein der Zuschauer vordringt.

Daß man solche Töne zum ersten Mal zu hören bekommt, hat

den gleichen Grund, aus dem man auch jetzt erst eine »Akte X«-Version der klassischen Geisterhausgeschichte zu sehen bekommt. Erst durch den postmodernen Ansatz der Komödien, die Drehbuchautor Darin Morgan im festen Kanon der Serie etablierte, wurde es möglich, sich der leicht verstaubten Themen und Motive des ›alten‹ Horrors von einer humoristischen und selbstreferentiellen Seite zu nähern, die diese auch für ein junges Publikum akzeptabel machen.

Und der Ausflug in eine unschuldigere Zeit, als man das Publikum noch mit einem alten dunklen Haus, einer Nebelmaschine und heulenden Wölfen vom Band ängstigen konnte, kommt zur Weihnachtszeit gerade recht. Der nostalgische Grusel verursacht heutzutage einen geradezu wohlig-warmen Schauder, im Gegensatz zu der gesichtslosen multinationalen Verschwörung, die Menschen entführt und mit Aliens kreuzt, einer Schattenregierung, die mit ihren Bürgern experimentiert, Attentate durchführen läßt und KZs für Hybride einrichtet, der Welt der »Akte X«, in der Massenmörder noch die harmlosesten Protagonisten sind.

Die großartige Filmarchitektur trägt einiges zum Gelingen der Folge bei. Das Haus von Lyda und Maurice ist eine im *american-gothic*-Stil erbaute Villa, die direkt aus der Feder von Charles Addams, dem berühmten Cartoonisten und Vater der Addams Family zu stammen scheint. Ein solches Monstrum war schon zu den lange vergangenen Zeiten der Munsters und Addams' nicht mehr der letzte Schrei zeitgenössischen Horrors. Es nun in »Akte X« zu sehen, ist ein unerwarteter Kontrast zum übrigen Look der Serie, die den TV-Horror modernisierte. Auf die gleiche Wirkung legte es bereits Alfred Hitchcock an, als er 1960 in seinem revolutionären »Psycho« hinter dem modernen Flachbau des Bates-Motels die alte, düstere Villa von Mutter aufragen ließ. Auch die (hervorragend ausgeleuchtete) Innenarchitektur, speziell natürlich die Bibliothek, trägt ihr Scherflein zur Gesamtwirkung der Episode bei. Außerdem machte es eine Folge, die fast komplett im Studio entstand, möglich, die gewohnt düstere Atmosphäre des alten Drehorts Vancouver noch einmal aufleben zu lassen.

Daß das erste Kammerspiel der Serie so gut funktioniert – und als solches kann man diese X-Akte, die mit vier Darstellern und einem Haus als Handlungsort auskommt, sicherlich bezeichnen –, liegt nätürlich in erster Linie an den großartigen Darstellern. Es ist ein Genuß, Duchovny zuzuhören, wenn er seine Geistergeschichte erzählt, und mindestens ebenso großartig ist Anderson, die ihm zuhört und die Erzählung kommentiert. Es macht auch ungeheuren Spaß zuzusehen, wie Scully langsam Angst bekommt, ihre Stimme zu zittern beginnt, sie beim leisesten Geräusch zusammenzuckt und den Gespensterglauben auf das menschliche Verlangen nach Unsterblichkeit zurückführt und sich dabei selbst nicht glaubt.

Mulder macht sich einen Spaß daraus, diese Emotionen noch zu schüren, durch billige Tricks und gezielte Verunsicherungen: »Es gibt nichts, wovor wir uns fürchten müßten, Geister sind gutartige Wesenheiten … meistens!« Mulder genießt ihre Angst – es ist jedoch kein Sadismus, sondern die Befriedigung darüber, seine skeptische Partnerin endlich einmal da zu haben, wo er sie haben will – auf seiner Seite, bei den ›believers‹. Als er sie durchschaut – was zugegebenermaßen nicht besonders schwierig ist – fordert er sie provozierend auf, ihm doch zu versichern, keine Angst zu haben. An diesem Punkt bleibt Scully nichts anderes übrig, als zu antworten: »Na schön, ich habe Angst – aber es ist eine irrationale Angst!« Selten führte Scully sich selbst und ihr Weltbild derartig ad absurdum.

Bereits in »Eis«, einer der frühesten Folgen der ersten Staffel, richteten die Agenten zum ersten Mal ihre Waffen aufeinander. Dies sollte im Verlauf der Serie jedoch nicht zum letzten Mal geschehen, noch oft fanden sich die beiden in Krisen und scheinbar ausweglosen Situationen wieder, die sie zu solch drastischen Maßnahmen zwangen. Doch selten war die Situation so fatal wie hier, und nie war das Spiel von Anderson und Duchovny so erschreckend intensiv wie in »How The Ghosts Stole Christmas«.

Der Epilog schließlich versöhnt das Publikum mit dem aufreibenden Nervenkitzel und den Bildern, die jedem X-Phile wie ein finsterer Alptraum vorkommen müssen – was sie ja in gewisser Weise auch sind. Der abschließende Blick durch das verschneite Fenster, bei dem man Zeuge wird, wie sich Fox und Dana wie kleine Kinder über ihre Geschenke hermachen, ist eine der schönsten Anderson-Duchovny-Szenen, die man bislang sah – und ein tolles Präsent für jeden Fan der Serie!

Der Anfang der Episode zeigt den traditionellen Beginn einer jeden Spukhausgeschichte, von »The Old Dark House« bis »The Shining«. Die Tür schlägt zu, und die Helden sind gefangen – und zwar in ihrem Kopf, wo sie gegen den eigenen Schatten antreten müssen, wie ein psychoanalytischer Ansatz diesen Typ von Geschichte interpretiert. Durch Lyda und Maurice, die psychoanalytisch geschulten Gespenster, wird dieser Ansatz einmal wortwörtlich genommen. Und Lily Tomlin und Ed Asner – entgegen den sonstigen Gepflogenheiten des Castings bei »Akte X« sehr bekannte Gaststars – leben in ihren Rollen sichtlich auf.

Die Geister stehen unter Zugzwang. Früher hatten sie jahrelang Zeit, um die Bewohner des Hauses langsam, aber sicher in Wahnsinn und Tod zu treiben, aber seit das Haus offiziell als einsturzgefährdet eingestuft wurde, bleibt ihnen nur noch eine Nacht im Jahr. Sie sind jetzt auf billige Tricks angewiesen, und ihre Situation erinnert ein bißchen an die des verzweifelten »Gespensts von Canterville«. Wenn sie nicht bald ihren angeschlagenen Ruf aufmöbeln – etwa durch einen kleinen weihnachtlichen Doppelmord –, wird man den Hinweis auf das Spukhaus aus den Reiseführern entfernen. Bereits letztes Jahr tauchte niemand zu Weihnachten auf. Nachdem sie die Agenten gefangen und getrennt haben, probieren sie erst einmal, durch ihren populärpsychologischen Ansatz Mißtrauen und Selbstzweifel bei den beiden zu säen.

Maurice wirft Mulder vor, ein antisozialer, selbstverliebter, übereifriger, egomanischer Workaholic zu sein, der versuchen muß, jeden von seiner Wahrheit zu überzeugen, und kurz vor einem Zusammenbruch steht. Er sei vermutlich sogar davon überzeugt, Aliens gesehen zu haben. Seine zwanghaft besessene Wahrheitssuche, durch die er verzweifelt bemüht ist, seinem Leben einen Sinn zu verleihen, führt er auf Mulders Einsamkeit zurück. Scullys Gesellschaft ertrage er nur, weil er Angst vor der Einsamkeit hat, und die sei größer als seine Verachtung ihrer ständig der seinen entgegengesetzten Meinung.

Lyda erklärt derweil Scully, daß sie ihre Erfüllung durch eine andere Person sucht. Angeblich unterdrückt sie die Wahrheit darüber, warum sie hier ist. Sie glaubt zwar, sie erfülle ihre Pflicht, doch sei es ihr erbärmliches kleines Geheimnis, daß ihre einzige Freude im Leben darin besteht, zu beweisen, daß Mulder im Unrecht ist.

Sicherlich gehen Maurice und Lyda sehr polemisch bei ihren Analysen vor und schneiden nur die negativen Seiten unserer Helden an, die sie auch noch betonen. Aber weder Mulder noch Scully können sich dem wahren Kern der psychologischen Bestandsaufnahmen aus dem Jenseits verschließen.

Doch ist das alles eben nur die halbe Wahrheit. Scully kennt durchaus noch andere Freuden, als in Mulders Irrtümern zu baden, und sie begleitet ihn auch bei noch so haarsträubenden Missionen, weil sie das möchte und ihn mag. Zwar gibt es im Leben der beiden Momente der Einsamkeit, doch sind sie keinesfalls allein. So müssen die Gespenster in einer wundervollen Szene einsehen, daß sie mit ihrer Pop-Psychologie nicht weiterkommen und härtere Bandagen anlegen müssen – was ihnen jedoch auch nichts nützt, denn das gegenseitige Vertrauen von Mulder und Scully ist viel zu stark, als daß die Tricks aus dem Jenseits ihrem Leben oder ihrer Beziehung etwas anhaben könnten.

Was die Struktur mit ihren plötzlichen Stimmungswechseln anbelangt, handelt es sich bei »How The Ghosts Stole Christmas« um ein kleines Meisterwerk und eine von Chris Carters reifsten Leistungen als Drehbuchautor und Regisseur. Die Folge beginnt wie die augenzwinkernde Variation über eine klassische Spukhausgeschichte, die zusehends ins Komische und geradezu Absurde abdriftet. Von dem Moment an, in welchem das Publikum sich in einer »X-Files«-Comedy wähnt, wird diese dann auf einmal immer ernster, bis sich die Agenten unversehens in einer Situation befinden, die sie beinahe dazu bringt, sich gegenseitig zu töten. Als nächstes schlägt dann der blutige Horror in weihnachtliche Stimmung um, die sogar einen Hauch von Romantik in sich birgt. Carter gelang es, immer dann eine unvermutete Wendung der Geschichte anzulegen, wenn man deren Verlauf und Stimmung durchschaut zu haben glaubte. So schafft es die Folge tatsächlich, den Zuschauer sprichwörtlich von der ersten bis zur letzten Szene zu überraschen.

Der tollste Zug der Episode ist die Ironie des Titels, denn die Geister stehlen mitnichten das Weihnachtsfest, sondern geben es letztendlich Scully und Mulder – und damit auch den Zuschauern, die sich vermutlich anhand der Episode der festlichen Stimmung zu entziehen gedachten – zurück. Keine geringe Leistung für eine Horrorserie!

Hintergrund:

Die Verbindung von fiktionalem Grauen und Weihnachten scheint auf den ersten Blick widersinnig. Da der Horror jedoch

– was ihn mit der Komödie verbindet – viel von seiner Wirkung durch Kontrastierung eigentlich nicht zusammengehörender Elemente erlangt, ist diese Verbindung andererseits sehr naheliegend. An einem Vorgarten ist nichts Unheimliches, für gewöhnlich auch nicht an einem nächtlichen. Auch ein grinsender Clown ist wenig furchteinflößend. Wenn man jedoch spät in der Nacht nach Hause kommt und erblickt in seinem Vorgarten einen grinsenden Clown, der einfach nur dasteht, kann dies mitunter eher verstörend wirken. Dieses hypothetische Phänomen ist als ›The Clown at Midnight‹ bekannt, und viele Autoren im Horrorbereich haben es sich zunutze gemacht. Letztendlich sorgt auch der Kontrast, das Grauen am Fest der Liebe losbrechen zu lassen, dafür, daß es noch viel stärker zur Geltung kommt.

Das Buch »The Ghosts Who Stole Christmas« von R. Grimes, welches das Gespenst Lyda Agent Mulder zeigt – eine Sammlung von wahren Spukgeschichten, die mit dem Weihnachtsfest in Verbindung stehen –, ist leider nur eine Erfindung Chris Carters. Doch wer sich für weihnachtliches Grauen interessiert, dem kann trotzdem leicht geholfen werden. Und angezogen von der seltsamen Hochzeit sind wohl nicht wenige, dies legt jedenfalls die Menge der existierenden Geschichten, Filme und Comics nahe.

Sammlungen einschlägiger Erzählungen liegen bereits einige vor, und jedes Jahr zum Fest werden es mehr. Hier eine kleine Auswahl: Der Herausgeber Richard Dalby spürt seit Jahren derartige Geschichten auf und hat mit »Geister zum Fest«, »Stille Zeit und schrille Morde«, »Eiskalte Weihnachten« und »O du grausame Weihnachtszeit« bereits vier Bände veröffentlicht, die von Klassikern wie Nathaniel Hawthorne und Saki bis zu zeitgenössischen Autoren wie Terry Pratchett oder Joan Aiken ein breitgefächertes Spektrum von festlichem Grusel bieten. Die deutsche Sammlung »Böse Weihnachten« von Lutz-W. Wolff versammelt neben Stephen King, Daphne Du Maurier und John Waters auch heimische Stories von Heinrich Böll, Christine Nöstlinger u. a. Thrillerfans sei Peter M. Hetzels »Bloody Christmas – Weihnachtliches für Blutrünstige Leser« mit Janwillem van de Wetering, Martha Grimes und Kollegen empfohlen. Die mit Abstand originellste Horrorgeschichte, in der der Weihnachtsmann auftaucht, ist »Tod dem Osterhasen« von Alan Ryan, zu finden in der Heyne-Anthologie »Das große Gruselkabinett«.

Das berühmteste Beispiel für die literarische Verbindung des Themas Weihnachten und dem Gespenstermotiv ist natürlich Charles Dickens' ewiger Klassiker »The Christmas Carol« (»Ein Weihnachtsabend« bzw. »Charles Dickens' Weihnachtserzählung«). In dieser phantastischen Parabel verwandeln die Geister des vergangenen, des gegenwärtigen und des zukünftigen Weihnachtsfestes den kaltherzigen Geizhals Ebenezer Scrooge in einen Menschenfreund. Von dem Stoff existieren eine Vielzahl von Bearbeitungen für die Bühne und Leinwand, am bekanntesten sind die Filme »Scrooge« (GB 1935), »Eine Weihnachtsgeschichte« mit Alastair Sim (»A Christmas Carol«, GB 1951), »Charles Dickens' Weihnachtsgeschichte« mit George C. Scott (»A Christmas Carol«, Clive Donner, GB 1984) und »Die Geister, die ich rief« mit Bill Murray (»Scrooged«, Richard Donner, USA 1988). Außerdem existieren zwei wunderschöne animierte Fassungen, eine von Walt Disney (in der Hauptrolle Onkel Dagobert, der in den amerikanischen Comics Scrooge (!) McDuck heißt), und natürlich die Musical-Version der Muppets mit Michael Caine, »Die Muppets-Weihnachtsgeschichte«.

Doch nicht alle Gruselfilme, die zu Weihnachten spielen, sind erbauliche Familienunterhaltung und verkünden eine frohe Botschaft. In dem harten B-Movie »Haus des Todes« (»Silent Night, Bloody Night« bzw. »Night of the Dark Full Moon« bzw.

»Death House« bzw. »Zora«, Theodore Gershuny, USA 1972) schickt Jeffrey Butler seinen Anwalt in das verschneite Städtchen Arlington, um das Haus zu verkaufen, in dem sein Großvater vor zwanzig Jahren auf grausige Weise umkam. Als auch der Anwalt und seine Freundin erschlagen werden, reist Jeffrey in der Nacht des Christfestes selbst zu dem Haus. Er stellt fest, daß er ein ehemaliges Irrenhaus geerbt hat, dessen Insassen sein Großvater damals freiließ, da er keinen Unterschied zwischen ihnen und den Ärzten sah. Daraufhin töteten die Wahnsinnigen die Bewohner Arlingtons und nahmen ihre Plätze ein. Neben John Carradine sind in dem atmosphärischen Film auch einige Macher und Stars des amerikanischen Underground-Kinos wie Jack Smith, Tally Brown sowie Ondine, Candy Darling und Mary Woronov aus dem Umfeld Andy Warhols und seiner Factory zu sehen.

In dem kanadischen »Jessy – Die Treppe in den Tod« (»Black Christmas«, Robert Clark, 1974) werden Studentinnen, die sich in dem Wohnheim ihrer Verbindung auf eine Weihnachtsparty vorbereiten, durch obszöne Anrufe belästigt, die immer bedrohlicher werden. Eine Fangschaltung der Polizei zeigt, daß die Anrufe von innerhalb des Wohnheims stammen, weshalb die Beamten an einen Studentenulk glauben. Doch schon bald verschwinden die ersten Mädchen … »Jessy« zeigt einen irren Killer, der sich seine Opfer unter einer Gruppe von Teenagern sucht; wenig hilfsbereite, sture Polizisten; eine subjektive Kamera, die die Perspektive des Mörders einnimmt; kreischende Teenies, die in den Keller flüchten; sowie den Tod des Schlitzers, nur, um nach dem gemeinsamen Aufatmen des Publikums und der verbleibenden Darsteller das Grauen erst richtig losbrechen zu lassen. So nahm der von den Filmen Alfred Hitchcocks und Dario Argentos beeinflußte Streifen schon 1974 viele Charakteristika des Slasher-Genres vorweg, das in seiner Reinform erst vier Jahre später von John Carpenter mit »Halloween« offiziell aus der Taufe gehoben wurde. Elemente des einflußreichen Schockers werden noch heute, mehr als 20 Jahre nach seiner Premiere, in Neo-Slashern wie »Scream«, »Ich weiß, was du letzten Sommer getan hast« und »Düstere Legenden« verbraten. Der Slasher-Film brachte dann ein gutes Jahrzehnt nach »Black Christmas« ein perfides Subgenre hervor, das der ›mordenden Weihnachtsmänner‹.

Der kleine Billy wird Zeuge der Bluttat, die ein Mörder im Weihnachtsmannkostüm an seinen Eltern verübt. Jahrzehnte später zwingt ihn sein Chef, Weihnachtsmann in dem Spielzeugladen zu spielen, in dem er arbeitet. Kein Wunder, daß aus dem Christfest eine »Stille Nacht, Horror Nacht« (»Silent Night, Deadly Night«, Charles E. Sellier Jr., USA 1984) wird. Dieser originelle und gemeine Nachzügler der kurzlebigen Slasher-Welle löste Weihnachten 1984 in den USA eine heftige Kontroverse um Zensur aus, welche ausführlich in der Horror-Postille *Fangoria* dokumentiert ist. Eltern- und Lehrerverbände protestierten einstimmig gegen den Film, von dem sie lediglich das Plakat kannten – was zugegebenermaßen furchtbar ist. Die Autoren sind froh darüber, als Kinder nicht mit dem zähnefletschenden Weihnachtsmann konfrontiert worden zu sein, der eine blutige Axt schwingt – definitiv der Stoff, aus dem Kindheitstraumata sind. Und ein solches zwingt in »Teuflische Weihnachten« (»Christmas Evil« bzw. »You Better Watch Out« bzw. »Terror in Toyland«, Lewis Jackson, USA 1983) Harry, den Angestellten einer Spielwarenfabrik (offensichtlich eine schwer gefährdete Berufsgruppe …), einen weißen Bart anzukleben, in einen roten Anzug zu schlüpfen und zu metzeln. Schuld daran ist neben dem in der Heiligen Nacht ausgelösten Trauma der ganze Schund, der sich an Weihnachten in den Spielzeuggeschäften türmt. Schlechte Spezialeffekte, keine Spannung, ein Hauch von (deplaziert wirkendem) schwarzem Humor – verschenkte Idee.

Ach ja, zu »Silent Night, Deadly Night« entstanden übrigens noch 4 (!) Fortsetzungen. In »Silent Night, Deadly Night – Part

II« (Lee Harry, USA 1986) setzt Ricky, der kleine Bruder von Billy aus dem Original, das blutige Treiben seines toten Anverwandten fort. Diesem Sequel fehlt nicht nur der Biß des ersten Teils, es ist auch noch unverschämt unoriginell – eine knappe halbe Stunde besteht aus *flashbacks*, im Klartext: Szenen aus Teil 1.

In »Silent Night, Deadly Night III: You Better Watch Out!« (USA 1989) nimmt das Gehirn des komatösen Ricky telepathischen Kontakt zu einer Blinden auf, die sich vor die undankbare Aufgabe gestellt sieht, die Welt vor einem erneuten weihnachtlichen Amoklauf zu warnen. Der Streifen, der (wie sein Vorgänger) verständlicherweise nie das Licht deutscher Leinwände erblickte, hat neben einer Darstellerin namens Samantha Scully und Richard Beymer (bekannt als Ben Horne in »Twin Peaks«, und der satanische Dr. Jack Franklyn in der »Akte X«-Episode »Hexensabbat«) nur unfreiwilligen Humor zu bieten – davon jedoch reichlich. Schande über Regisseur Monte Hellman, der das nicht geringe und per definitionem eigentlich unmögliche Kunststück fertigbrachte, in seiner Karriere gleich mehrere Meisterwerke abzuliefern, u. a. »Asphaltrennen« (»Two-Lane Blacktop«, USA 1971), das definitive Roadmovie.

Der vierte Eintrag der Serie, »Welcome to Hell« (»Silent Night, Deadly Night 4: Initiation«, Brian Yuzna, USA 1990), hat mit den übrigen Teilen nichts zu tun, sondern ist eine Variation von »Rosemary's Baby«, weshalb wir ihn im Hintergrund zu »Terms of Endearment« (6ABX06) besprechen.

Auch »Toys – Tödliches Spielzeug« (»Silent Night, Deadly Night 5: The Toy Maker«, Martin Kitrosser, USA 1991) hat außer einem Entführer im Santa-Claus-Kostüm wenig Weihnachtliches zu bieten. Bemerkenswert sind allenfalls die Idee eines Spielzeugladens, in dem tödliches Spielzeug ausgestellt wird, sowie die Effekte von Screaming Mad George, der auch schon für den vierten Teil Hand anlegte.

STAR TREK ✭ BABYLON 5 ✭ THE X-FILES ✭ LEXX ✭ ARMAGEDDO

EXCLUSIVE!
SFX REVEALS
CLAUDIA
CHRISTIAN'S
NEW SF
SERIES

SEX

September 1998 **42**
£3.25
**THE JOY
OF LEXX**
EXCLUSIVE! Set
report on SF's
NEXT BIG THING!

THE
AVENGER
"I wanted to wri
a script that coul
never be mad
says mo
write

ARMAGEDDO
The Rock director tack
an even bigger rocl
interview with Michael E

Duchovny
gets Lippy

"I WANT TO KICK ASS!" reveals the star
of *The X-Files* movie, as **SFX** goes behind the scenes…

SEX
APPEAL

Babe pic-packed issue! Jeri Ryan! Gillian Anderson!
Uma Thurman! *Lexx's* new lass! And loads more…

Future
*Your Guarantee
Of Value*

9 771358 595043

09

Von wegen mörderische Weihnacht – die küssenden Akte X-*Hauptdarsteller
wären für so manchen Fan sicher das ultimative Geschenk zum Fest der*

Aus dem gleichen Jahr wie der erste Teil der Serie, 1984, stammt auch »Fröhliche Weihnachten« (»Don't Open Till Christmas«, Edmund Purdom & Al McGoohan, GB), in dem ein Junge beobachtet, wie ein Weihnachtsmann seine Mutter vergewaltigt. Als Erwachsener steigt er nun seinerseits in das rot-weiße Kostüm und richtet unter den Weihnachtsmännern, die sich zur Adventszeit in den Einkaufsstraßen Londons tummeln, ein Blutbad an. Das schäbige Drehbuch und die wenig inspirierte Inszenierung lassen den Film schnell uninteressant werden, obwohl er aufgrund seiner fast schon surrealistischen Idee – Weihnachtsmann tötet Kollegen – durchaus das Zeug zu einem subversiven Schocker gehabt hätte. Szenen wie die, in der ein urinierender Weihnachtsmann in einer öffentlichen Toilette kastriert wird, stellen lediglich sicher, daß dem Film zweifellos ein Platz unter den geschmacklosesten Exemplaren seiner Gattung sicher ist.

Auch in dem ebenso langweiligen wie einfallslosen Direct-to-Video-Produkt »Santa Claws« (USA 1996) legt Wayne aufgrund eines Kindheitstraumas ein Weihnachtsmannkostüm an etc., etc. Die größte Enttäuschung des Films sind weder die geklaute Handlung noch die lustlose Inszenierung, sondern die Tatsache, daß für diese kein anderer als John Russo verantwortlich zeichnet. Von ihm stammt das Drehbuch zu »Die Nacht der lebenden Toten«, einem der innovativsten, einflußreichsten und wohl auch besten Horrorfilme aller Zeiten.

Eines der wenigen, dafür aber um so heller strahlenden Highlights des Subgenres schuf Mathias Dinter mit dem ebenfalls »Santa Claws« (D 1988) betitelten Super-8-Film, in dem niemand Geringeres als der echte Weihnachtsmann auftaucht. In diesem Frühwerk eines der wenigen Hoffnungsträger des deutschen Films läßt ein ungezogener Bursche, sobald die Eltern aus dem Haus sind, eine der wildesten Teenie-Partys der Filmgeschichte steigen. Unmengen von Alkohol und Drogen lassen die schrägen Typen der deutschen Jugend-Subkulturen der End-achtziger zur Musik von Beastie Boys und Sigue Sigue Sputnik völlig ausrasten. Doch haben die Punks und Waver die Rechnung ohne den Nachbarn gemacht, der anscheinend doch nicht am Nordpol wohnt. Er sieht seinen verdienten Feierabend empfindlich gestört und greift zur Rute. Und zur Axt …

Der beste weihnachtliche Horrorfilm ist wohl »Gremlins – Kleine Monster« (»Gremlins«, USA 1983) von Joe Dante, der mit der unverständlicherweise unbekannten Kult-TV-Serie »Eerie, Indiana« eine der beiden besten Fernsehserien um zwei paranormale Ermittler schuf. In »Gremlins« läßt er eine Horde bösartiger Kobolde mit anarchischer Freude das Weihnachtsfest einer Kleinstadt sprengen, die wie der perfekte Mikrokosmos eines Frank-Capra-Films wirkt. Nur zwei Teenies und ein guter Kobold wagen sich den Gremlins in den Weg zu stellen. Wie bei Joe Dante üblich, platzt der Film schier vor Zitaten des Horror- und SF-Genres, während genüßlich-subversiv Weihnachts-Familien-Rituale, wie etwa der traditionelle Besuch eines Disneyfilms, demontiert werden.

Der schönste unheimliche Film zum Fest dürfte Tim Burtons animierter »Nightmare before Christmas« (Henry Selick, USA 1993) sein, ein Grusical im nostalgischen Charles-Addams-Cartoon-Gothic-Look. Jack Skellington, Herrscher des Halloween-Landes, entdeckt zufällig das Weihnachtsfest und läßt Nikolaus entführen, um einmal selbst in dessen Rolle zu schlüpfen. Doch da es nun einmal Jacks Bestimmung ist, Angst zu verbreiten, verwandelt sich trotz guter Absichten Nikolaus in »Nicky Graus« und macht für zahlreiche Knirpse Weihnachten zu einer Fahrt auf der Geisterbahn. Dem romantischen Puppenfilm von ungeheurer visueller Originalität gelingt es trotz seiner durchaus düsteren Elemente spielend, weihnachtlichen Geist zu versprühen, was man von den wenigsten der hier genannten Filme behaupten kann.

Verleger von Comics haben mit der Publikation von Sondernummern zu Feiertagen ein lukratives Zubrot entdeckt, das mitunter bizarre Blüten treibt, vor allem auf dem Horrorsektor, und speziell dann, wenn es auf Weihnachten zugeht. So durften Leser der an Clive Barker angelehnten Serie »Hellraiser« (Epic Comics 1992) auf dem Cover des ›Dark Holiday Special‹ die Splatter-Ikone Pinhead im brennenden Nikolauskostüm bewundern, während die Dark-Horse-Serie »Zombie World« zum Fest 1997 mit »Home for the Holidays« ein blutrünstiges Remake von Romeros »Night of the Living Dead« unter dem Christbaum bot. Sehr originell und liebevoll präsentierte sich das »Christmas Special« 1997 von Mike Mignolas großartiger Serie um »Hellboy« (Dark Horse), den wahrscheinlich ungewöhnlichsten paranormalen Ermittler überhaupt.

»Der Gläubige«, einer der poetischsten Strips von Comic-Legende Richard Corben (Story Budd Lewis; in »Die phantastische Welt des Richard Corben«, Band II), spielt zur Jahrhundertwende in einem düsteren Waisenhaus, das aus der Feder von Charles Dickens stammen könnte. Der kaltherzige Leiter der Institution verbietet seinen Schützlingen, das Weihnachtsfest zu begehen. Doch er hat die Rechnung ohne den letzten Gnom gemacht, der ganz allein die Arbeit seines alten Herren, des Weihnachtsmannes, erledigen muß, seit dieser mitsamt den anderen Gnomen und Elfen des Nordpols verstorben ist. Er sorgt in dem Waisenhaus für einen Baum und prall gefüllte Strümpfe, wird jedoch von dem wütenden Leiter erschossen. Eine der Waisen beobachtet den Vorgang, da sie auf den Weihnachtsmann wartet, und tötet nun ihrerseits den Aufseher. Dann schlüpft sie in das Kostüm und besteigt den Schlitten. Das Fest ist für die Kinder der Welt gerettet, denn solange nur ein Kind an den Weihnachtsmann glaubt, wird es immer ein Weihnachten geben.

Bemerkungen:

● Im Epilog schaut sich der schlaflose Mulder »Eine Weihnachtsgeschichte« mit Alastair Sim (»A Christmas Carol«, GB 1951) an, eine Verfilmung von Charles Dickens' berühmter weihnachtlicher Gespenstergeschichte, die der letztjährigen Weihnachtsfolge »Emily – Teil 1« ihren Originaltitel gab.

● Plötzlich die eigene Leiche zu erblicken kann einem ganz schön an die Nerven gehen. Davon können auch Luke Skywalker in »Das Imperium schlägt zurück« und Sheriff Gillis in »Tot und begraben« ein Lied singen.

● Ob die unheimliche Standuhr in der Eingangshalle tatsächlich von der Firma J. Cameron & Son gebaut wurde, oder ob wir es mit einem – in dieser Episode wohl etwas deplazierten – Verweis auf einen der Titanen Hollywoods zu tun haben, ist unklar.

● In einem Raum gefangen zu sein, der immer wieder in sich selbst zurück führt, erinnert an die Vexierspiele des genialen belgischen Malers Maurits Cornelis Escher. Die beste visuelle Umsetzung von Eschers geometrischer Alptraumarchitektur zeigte der ansonsten wenig erinnerungswürdige Kinofilm zu »Mit Schirm, Charme und Melone«. Dort ist Uma Thurman als Emma Peel in einem Haus gefangen, das ein Architekt im Fieberwahn erbaut zu haben scheint, der den ihrigen perfekt widerspiegelt. Die komisch-absurden Elemente einer solchen Situation kann man zuweilen auch bei den fast schon surrealistischen Verfolgungsjagden in der Zeichentrickserie um Paulchen, den »Rosaroten Panther«, sehen.

● Bei den leicht übertriebenen Einschußwunden, die die Geister den Agenten präsentieren, handelt es sich um Zitate aus dem ebenso absurden wie großartigen Western »Das war Roy Bean« und der schrägen Horrorkomödie »Der Tod steht ihr gut«. Eine naturalistische und äußerst spektakuläre Variante dieser filmgerechten Art von Verletzung zeigt Jim Muros Knaller »Street Trash«. Wenig Eindruck macht ein der Wunde Maurice' ähnlicher glatter Kopfdurchschuß auf das Terminator-Modell T 2000 in »T2 – Judgement Day«, was darauf zurückzuführen ist, daß er aus computeranimiertem Flüssigmetall aus der Zukunft besteht. Wie ein solcher Schuß auf einen Menschen aus Fleisch und Blut wirkt, zeigt das Cover von Frank Millers und Geoff Darrows meisterhaftem SF-Comic »Hard Boiled«.

● Lily Tomlin, die vielbeschäftigte Darstellerin der Lyda, spielte schon unter Regiegrößen wie Robert Altman (»Shortcuts«, USA 1993) und Woody Allen (»Schatten und Nebel«, USA 1992). Einen äußerst denkwürdigen Auftritt, quasi inkognito unter viel Make-up, hatte sie in »Blue in the Face« von Wayne Wang und Paul Auster (USA 1994). Ihren für Fans des phantastischen Films interessantesten Auftritt hatte sie allerdings auch auf der Mattscheibe, in »Die unglaubliche Geschichte der Mrs. K« (USA 1981), einem TV-Film von Joel Schumacher (u. a. »Flatliners«, »Falling Down«, »Batman Forever«). In dieser Parodie auf die Konsumgesellschaft stellt sie eine Hausfrau dar, deren Körperchemie sich durch synthetische Lebensmittel verändert, worauf sie zu schrumpfen beginnt. Daraufhin wird sie von Terroristen entführt, die mit ihrem Blut das Trinkwasser vergiften wollen, kann jedoch von einem Gorilla und seinem Wärter aus dem Labor der Bösewichte befreit werden. Liebhaber des Science-fiction-Films werden spätestens jetzt – wenn nicht schon beim Lesen des Titels – gemerkt haben, daß es sich hierbei um ein nicht ganz ernst gemeintes Remake von Jack Arnolds

Klassiker »Die unglaubliche Geschichte des Mr. C« (USA 1957) handelt.

● Ed Asner, Darsteller des Gespenstes Maurice, ist schon seit über dreißig Jahren regelmäßig auf der Mattscheibe zu sehen. In der Serie »Die Mary Tyler Moore Show«, einem der ganz großen TV-Erfolge der siebziger Jahre, der auch heute noch regelmäßig als Wiederholung zu sehen ist (zuletzt auf RTL im Nachtprogramm), stellte er in einer Nebenrolle den Chefredakteur einer Chicagoer Zeitung dar. Die Figur war bei den Zuschauern so beliebt, daß sie 1977 ihre eigene Serie erhielt, wie etwa auch der Psychologe »Frasier«, ein Stammgast des »Cheers«. Dieses *spin off*, benannt nach Ed Asners Rollenname »Lou Grant«, das den Redakteur in den Mittelpunkt der Serie stellte, schrieb Fernsehgeschichte. Es handelte sich um die erste wöchentlich ausgestrahlte Drama-Serie (deren erste Folgen übrigens noch mit einem *laughtrack* unterlegt waren!), die sehr behutsam begann, folgenübergreifende Handlungen zu erzählen. Dieses Erzählprinzip, das die Strukturen von *weeklies* und *daily soaps* zum ersten Mal verband, wurde von der 1981 gestarteten Serie »Polizeirevier Hill Street« weiterentwickelt und perfektioniert. Die als Quantensprung in der Entwicklung der Seriendramaturgie gesehene Serie um ein Polizeirevier in einer amerikanischen Großstadt verfügte über gut zwanzig Hauptcharaktere, deren Geschichten, welche sich über Monate hinweg entwickelten, in zig Parallelhandlungen erzählt wurden. »Polizeirevier Hill Street« legte den Grundstein zum modernen Ensembledrama à la »Chefarzt Dr. Westphal«, »LA Law« und »NYPD Blue«. Die vorläufigen Höhepunkte dieser mittlerweile für das Fernsehpublikum selbstverständlichen Innovation, die ja auch an »Akte X« nicht spurlos vorüberging, sind TV-Hits wie »Homicide«, »Ally McBeal« und natürlich »Emergency Room«.

● Daß Mulder von Figuren, die ihm bei seinen Ermittlungen über den Weg laufen, analysiert (und dabei hin und wieder kräftig verarscht) wird, ist beinahe schon eine gute, alte Tradition bei »Akte X«. Sowohl Scully und Skinner als auch Mitglieder der Verschwörung ließen sich schon oft über Mulders psychische Befindlichkeit aus, die ihn auf seiner besessenen Suche treibt. In »Der Zirkus« (2X20) schließt Mr. Nutt von Mulders Äußerem auf seinen Beruf und sein Wesen, um zu demonstrieren, daß so etwas nicht geht, trifft dabei jedoch völlig ins Schwarze. Clyde Bruckman plaudert in Scullys Gegenwart Peinlichkeiten über Mulders Ende aus, die vermutlich stimmen, ist er doch immerhin »Der Hellseher« (3X05). »Ein unbedeutender Niemand« (4X20) namens Eddie Van Blundht macht den ›Verlierer‹ Mulder sowohl privat als auch beruflich vernichtend nieder. Eddie wird übrigens gespielt von Darin Morgan, der die Drehbücher zu »Der Hellseher« und »Der Zirkus« schrieb und es sich anscheinend zur Aufgabe gemacht hat, den Mythos Mulder zu dekonstruieren. Zuletzt mußte sich Mulder von Michael McKean in »Dreamland« (6ABX04 + 6ABX05) ungebetene Lebenshilfe erteilen lassen. Für Scully ist das eine eher neue Erfahrung, doch bekommt sie dafür hier ja auch ganz ordentlich ihr Fett weg.

● Bereits im Teaser hören wir in Mulders Autoradio »Have Yourself A Merry Little Christmas«, das dann später in der Folge den ebenso bluttriefenden wie nervenzerfetzenden Showdown untermalt. In der vierten Staffel verfiel das stilprägende »Akte X«-Autorengespann Morgan und Wong bei den Folgen »Blutschande« (4X03) und »Mutterkorn« (4X13) auf die äußerst verstörende Strategie, harte Horrorszenen mit triefenden Oldie-Schnulzen und beschwingten Popsongs zu untermalen. Dieser Kontrast stellte sich als so wirkungsvoll heraus, daß auch die Gastautoren Stephen King und William Gibson bei »Ein Spiel« (5X10) bzw. »Killswitch« (5X11) davon Gebrauch machten.

Carter selbst wandte die Technik schon bei »Der große Mutato« (5X06) an. So wurde aus dem Markenzeichen der Kultautoren Glen Morgan und James Wong eine Tradition der »Akte X«, der Chris Carter bei »The Ghosts Who Stole Christmas« durch die Verwendung eines Weihnachtsliedes noch mal eins draufsetzen konnte.

● Am meisten zerrte der Song wohl an den Nerven der armen Scully, die ja bereits wegen der Dauerberieselung mit festlichen Liedern kurz vor dem Ausrasten stand. Wie sie ihrem Partner im Teaser erklärt, hätte sie Geiseln genommen, wenn sie nur noch einmal bei ihren Weihnachtseinkäufen »Stille Nacht« gehört hätte.

6ABX06
Terms of Endearment

US-Erstausstrahlung:	3. Januar 1999
Regie:	Rob Bowman
Drehbuch:	David Amann

Gaststars: Bruce Campbell (Wayne Weinsider), Lisa Jane Persky (Laura Weinsider), Michael Milhoan (Deputy Arky Stevens), Grace Phillips (Betsy Monroe), Michael Rothhaar (Dr. Couvillion), Lenora May (Ms. Britton), Jimmy Staszkiel (Mr. Ginsberg)

Kurzinhalt:

Fox Mulder stößt in einem kleinen Städtchen auf mehr als bizarre Vorgänge, die vermuten lassen, daß ein babystehlender Dämon direkt aus dem Mittelalter sein Unwesen im Amerika von heute treibt. Schon bald hat er auch einen Verdächtigen ausfindig gemacht. Der Fall entpuppt sich jedoch als weitaus komplexer als angenommen. Denn Täter können auch Opfer sein – und anders herum …

Inhalt:

Deputy Stevens, Gesetzeshüter aus Hollins, einem verschlafenen Städtchen in Virginia, wendet sich an das FBI. Wayne Weinsider, der Mann seiner Schwester Laura, meldete deren Kind als entführt. Aus dem gleichen Grund, aus dem man den Fall beim FBI ignoriert, erregt dieser die Aufmerksamkeit Fox Mulders: Das Kind war zum Zeitpunkt der Entführung noch nicht zur Welt gekommen. Mulder begibt sich nach Hollins und hört sich die Aussage des verstörten Paares an, das von Lauras erschreckend realistischem Alptraum berichtet, welcher die Entführung begleitete.

In diesem halluzinierte sie ein teuflisches Wesen, das ihr das Kind aus dem Leibe riß. Ihr Gatte Wayne erregt sofort den Verdacht Mulders. Der Agent ist davon überzeugt, einem der klassischen Fälle von dämonischem Babydiebstahl auf die Spur gekommen zu sein, wie sie aus dem Mittelalter berichtet werden.

Scully sieht den Fall anders. Bei der Durchsicht von Laura Weinsiders medizinischen Akten stellt sie fest, daß die Wehen künstlich ausgelöst wurden, durch die Einnahme von Alraunwurzel. Für sie haben es die Agenten mit einer illegalen Abtreibung zu tun, die von der Mutter initiiert wurde. Außerdem fand sie heraus, daß bei einer Ultraschalluntersuchung kurz vor der Entführung festgestellt wurde, daß das Baby am Kopf und im oberen Wirbelsäulenbereich seltsame Deformierungen aufweist, eine Nachricht, die Wayne verzweifeln ließ, während Laura sie erstaunlicherweise sehr gelassen hinnahm.

Daraufhin wirft Mulder Laura vor, die Frühgeburt selbst hervorgerufen zu haben, und läßt das Anwesen der Weinsiders durchsuchen. Währenddessen erzählt Wayne seiner Frau, daß er in jener Nacht Zeuge geworden sei, wie sie in Trance das Kind abgetrieben habe. Nachdem die Polizei die verbrannten Überreste des Babys entdeckt hat, verhaften sie die völlig verwirrte Laura. Doch realisiert diese bald, daß Waynes Geschichte nicht stimmen kann. Sie verlangt ihn zu sehen. Er besucht sie im Gefängnis, wo er ihr die Lebensenergie aus dem Leib saugt. Zu Waynes Entsetzen kann sie wiederbelebt werden, liegt jedoch im Koma.

Wayne fährt daraufhin nach Hause, allerdings zu einem anderen Haus und einer anderen Frau, Betsy, die ebenfalls hochschwanger ist. Sie teilt ihm mit, daß eine Ultraschalluntersuchung ihres ungeborenen Babys Deformierungen gezeigt habe, von denen der Arzt jedoch annimmt, daß sie keinen Grund zur Beunruhigung darstellen. Wayne bereitet ihr eine Gute-Nacht-Milch, woraufhin sich die beiden schlafen legen. Kurz darauf beginnt Betsy zu halluzinieren.

An Lauras Krankenbett teilt Mulder Scully mit, was er über Wayne herausfinden konnte: Dieser wurde 1956 unter dem Namen Iwan Veleis in der Tschechoslowakei geboren, war zweimal verheiratet, ist zweimal verwitwet, wurde zweimal des Mordes angeklagt und beide Male aus Mangel an Beweisen freigesprochen. Er lebt seit einigen Jahren unter verschiedenen Namen in den USA. Sein Geburtsname Veleis ist im slawischen ein Synonym für den Teufel.

Bei Grabungen in Waynes und Lauras Garten stoßen die Agenten auf die Überreste eines weiteren deformierten Babys. Mulder realisiert, daß Wayne – ein Dämon, der sich ein normales Kind wünscht – schon des öfteren seinen gehörnten Nachwuchs abgetrieben hat.

Von der Krankenversicherung, für die Wayne als Vertreter arbeitet, erhalten die Agenten die Adresse seines zweiten Wohnsitzes. Sein Job erlaubt es ihm, sowohl unerkannt mehrere Ehen zu führen, da er ständig unterwegs ist, als auch die medizinischen Daten zahlreicher Frauen zu überprüfen. Er kam nach Amerika, da er hoffte, unter der größeren Auswahl von Frauen leichter eine geeignete Mutter für das menschliche Kind zu finden, das er sich so sehnlich wünscht.

Auf dem Weg zu seinem zweiten Wohnsitz begegnen die Agenten der blutbesudelten Betsy, die ihnen völlig aufgelöst mitteilt, daß Wayne ihr Baby weggenommen habe. Mit Verstärkung durch die Polizei rasen Scully und Mulder zu dem Haus, in dessen Garten sie auf den wie besessen grabenden Wayne stoßen. Auch durch vorgehaltene Waffen läßt sich der verzweifelte Wayne nicht von seinem Vorhaben abhalten. Er erklärt den Agenten, daß eine Frau und eine Familie alles seien, was er sich jemals gewünscht habe. Mulder realisiert, daß Wayne nichts ver-, sondern etwas ausgraben möchte, doch in diesem Moment wird er von dem Bruder Laura Weinsiders angeschossen. Man bringt ihn ins Krankenhaus, an Lauras Seite, wo ihn seine Lebensenergie verläßt und in Laura fließt, die erwacht, während er stirbt.

Bei Grabungen im Garten des zweiten Wohnsitzes stoßen die Agenten auf die Skelette von vier normalen Babys, die dort augenscheinlich von Betsy begraben wurden. Als Dämonin wünschte sie sich ein Kind, das zu ihr paßte und das nur Wayne ihr geben konnte. Betsy und das Baby sind verschwunden.

Kommentar:

»Ich möchte doch nur, daß es normal ist.«
Wayne Weinsider über sein ungeborenes Kind

Nachdem der treusorgende Gatte seiner schwangeren Frau eine Gute-Nacht-Milch ans Bett gebracht und ihr süße Träume gewünscht hat, legen sich die beiden schlafen. Man sieht das Gesicht der Frau in kühles blaues Licht getaucht, alles ist friedlich. Nur leise hört man ein hohes Fiepen, das langsam anschwillt und sich in einem donnernden Musikeinsatz entlädt, die Beleuchtung wechselt ebenso plötzlich zu intensivem Rot – das Schlafzimmer steht in Flammen. Die Frau schreckt hoch und schreit entsetzt nach ihrem Mann, der verschwunden ist. Dafür steht in dem Inferno ein gehörnter Dämon mit glühenden Augen, der sie an den Füßen zu sich zieht und ihr brüllend das ungeborene Kind aus dem Leib reißt. Dieses scheint – ebenfalls ein gehörnter Teufel – sein Fleisch und Blut zu sein.

Die Frau erwacht, ihr Mann liegt neben ihr, alles scheint ein schrecklicher Traum gewesen zu sein. Doch das Bett ist voller Blut und der Bauch unter dem besudelten Nachthemd flach – das Baby ist verschwunden.

Der Teaser ist einer der erschreckendsten und – zumindest, was das Potential des schieren Grauens angeht – vielversprechendsten der Serie überhaupt. Allein die plötzlichen Wechsel der Beleuchtung und die harten Kontraste auf der Tonspur – von leisem Piano untermaltes zärtliches Flüstern, abgelöst von unangenehm hohem, elektronisch erzeugtem Oszillieren, plötzlich einsetzendes dröhnendes Orchester, panisches Schreien und viehisches Brüllen – sorgen für eine alarmierende Stimmung und effektive Desorientierung der Zuschauer. Doch neben den filmischen Schock-Strategien sind es auch die unvermuteten Bilder, die einen überraschen. Die blutige dämonische Abtreibung stößt definitiv an die Grenzen des im Prime-Time-TV Zeigbaren. Erstaunlich im Rahmen der Serie ist auch der mittelalterlichen Holzschnitten oder den Höllenvisionen eines Hieronymus Bosch nachempfundene Teufel – den Leibhaftigen leibhaftig zu sehen hat man auch bei »Akte X« nicht erwartet.

»Terms of Endearment« enthält unheimlich starke Sequenzen von großem visuellem und inszenatorischem Einfallsreichtum. Die in dieser Hinsicht neben dem Teaser stärkste Sequenz findet sich in der Mitte des ersten Aktes.
Laura vermißt ihr Nachthemd und möchte ihren Mann nach dessen Verbleib fragen, doch sie kann ihn im Haus nicht finden. Draußen wird die herbstliche Nacht vom Schein eines lodernden Ofens erleuchtet, der durch seine Form an ein Krematorium erinnert. Im Hintergrund sieht man das große, düstere in Nebelschwaden gehüllte Haus. Wayne durchwühlt einen Haufen Herbstlaub. Laura bemerkt das Feuer im Garten und verläßt das Haus, während Wayne findet, was er suchte – ein kleines Bündel, in ein blutiges Nachthemd gehüllt, das er aus den Blättern zieht und es noch einmal streichelt, bevor er hektisch zu dem Ofen läuft. Laura geht in ihrem Morgenmantel zögerlich auf das qualmende Krematorium zu, in dessen Flammen sie das kleine Bündel erblickt. Plötzlich taucht Wayne aus dem Dunkel auf, wodurch Laura erschrickt. Sie wundert sich darüber, daß er mitten in der Nacht Herbstlaub verbrennt, und fordert ihn auf, mit ihr

wieder ins Bett zurückzukehren. Er gibt ihr einen Kuß auf die Stirn und versichert ihr, gleich nachzukommen. Dann sieht er in die prasselnden Flammen, Tränen laufen über seine Wangen. Im Widerschein des brennenden Babys verwandeln sich seine traurigen Augen in die des Teufels, der Lauras Baby nahm.

Leider kann der Rest der Episode weder stimmungsmäßig noch visuell mit dieser wirklich gelungenen und verstörenden Sequenz, die wir gerne auf der großen Leinwand gesehen hätten, mithalten.

Weitere Highlights der Episode sind die Szenen, in denen Mulder Wayne überwacht oder, besser gesagt, ihn dreist belästigt, zu Autorennen nötigt und fremden Bälgern gestattet, im Sportwagen des entnervten Dämons herumzutoben. Diese komödiantischen Sequenzen liefern den nötigen Kontrast zu dem grimmigen Teaser, der die erschreckendste Sequenz der Episode darstellt (was im Klartext leider auch heißt, daß die Folge ihr Pulver – was den Horror angeht – viel zu früh verschießt und das Grauen, das der Teaser verspricht, nicht einlösen kann).

Auch das *shock ending* funktioniert und wirkt nicht so abgeschmackt und angeklatscht wie oft bei »Akte X«, wo man sich bereits in der fünften Episode der ersten Staffel, »Schatten«, über dieses ausgelutschte Horrorklischee lustig machte, jedoch danach inkonsequenterweise Dutzende von Malen verwendete.

Seit seinem Durchbruch mit »Tanz der Teufel« ist Campbell auf die Rolle des tolpatschig-sympathischen Actionheroen festgelegt, den er für gewöhnlich in Komödien, Splattermovies, Horror- und SF-Streifen, Western, Fantasyspektakeln und nicht selten in absurd durchgeknallten Mischungen dieser Genres spielt. In »Terms of Endearment« stellt Campbell unter Beweis, daß er auch jenseits des etwas anderen Helden ein toller Darsteller ist, der weitaus facettenreicher spielen kann, als es seine bisherigen Auftritte vermuten ließen. Bisher forderte aber auch noch keine der zahlreichen Rollen von Campbell (siehe Kurzfilmographie in den Bemerkungen) ein so breites Spektrum von Emotionen, wie er sie Wayne Weinsider verleihen mußte. Obwohl wir noch nicht wissen, was es für ihn bedeutet, wenn Wayne in der Teaser-Sequenz das Ergebnis der Ultraschalluntersuchung seiner Frau Linda erhält (wir können nur mit Schaudern ahnen, die wievielte es für ihn ist …), spüren wir seinen Schmerz von der ersten Szene an.

Wayne, der Dämon mit dem weichen Herzen und einem Vaterschaftskomplex, versucht auf Teufel komm raus eine normale Existenz aufzubauen. Er versucht dem Wunsch nach normalem Nachwuchs und einem normalen Leben auch äußerlich Gestalt zu verleihen, indem er sich mit den Attributen der amerikanischen Mittelklasse umgibt, deren Ideale ›Stars and Stripes, God and Apple Pie‹ sind. Er hat einen respektablen Job, fährt ein schickes Auto, heiratet eine nette Frau, von der er sich Kinder wünscht, und schmückt sein Eigenheim mit einem Bild des Weißen Hauses und einem Erntekranz an der Tür.

Wayne ist eine tragisch zerrissene Figur, ein gespaltener Dämon und ein gespaltener Mensch, der versucht, das Gute durch das Böses zu erreichen und von Anfang an zum Scheitern verurteilt ist. Die Ambivalenz Waynes spiegelt sich auf mehreren Ebenen wider und ist eines der Grundmotive der Episode. Vor einem alten düsteren Haus steht ein knallroter Sportwagen, den getragen hallenden Mönchschören steht der rockige Sound von Garbage gegenüber, der mittelalterliche Teufel aus der Alten Welt arbeitet in der Neuen Welt als Versicherungsvertreter – Kontraste wie diese ziehen sich auf visueller, akustischer und erzählerischer Ebene durch die gesamte Folge und finden ihre sinnbildliche Synthese in dem sympathischen Dämonen Wayne.

Campbell verleiht der Figur des Wayne eine ergreifende Tiefe und meistert die fast unmögliche Aufgabe, beim Publikum Mitleid mit einem kindermordenden Dämon zu wecken. Es bleibt nur zu hoffen, daß ihn viele prospektive Arbeitgeber in dieser Folge gesehen haben. Er ist ein reifer Darsteller, der ohne Zweifel aus dem Ghetto seiner bisherigen Auftritte ausbrechen könnte, dies aber gar nicht unbedingt muß. Wir lieben ihn so, wie wir ihn kennen, und auch die haarsträubendsten Horrorvehikel können durchaus gute Darsteller gebrauchen.

Neben den Schauspielern sind auch die Regie Rob Bowmans, die Beleuchtung (vor allem während der nächtlichen Szenen), die Kameraarbeit und die Musik über dem Durchschnitt und schaffen es gerade so, die schwache Story zu kaschieren.

Wir sind wirklich keine jener erbsenzählenden X-Philes, die nach jeder Folge im Internet über Kleinigkeiten maulen, und wir wollen hier auch nicht fordern, daß sich die neuen Autoren der Serie jede bisher ausgestrahlte Folge anschauen müssen, bevor sie ihr erstes Drehbuch abliefern dürfen. Aber wenigstens die ein oder andere Episode darf man schon gesehen haben, bevor man sich an die Arbeit macht. Dann bleiben den Fans nämlich dreiste Peinlichkeiten wie die Szene erspart, in der Mulder sich nicht zu den Motiven Waynes äußern will, weil er angeblich kein Psychologe ist. Auch eine hilflose Scully, die tatenlos neben dem angeschossenen Wayne steht und nach einem Arzt ruft, während sich Mulder unbeholfen um den Verletzten kümmert, war ein sehr befremdlicher Anblick. Was die beiden Agenten studiert haben, bevor sie zum FBI gingen, erfährt man nämlich schon in der ersten (!!!) Folge der Serie, und daß Mulder ein Meister des psychologischen Täterprofils und Scully eine hervorragende Medizinerin ist, die dieses Fach sogar unterrichtete, wird in Dutzenden von Folgen thematisiert.

Die Handlung ist nicht besonders logisch und die Geschehnisse nur schwer nachvollziehbar, weshalb Mulder sie ständig zusammenfassen, erklären und interpretieren muß, damit wir ihr folgen können – wobei eher unklar bleibt, woher Mulder seine Informationen hat und aufgrund welcher Indizien er zu seinen Verdachts-momenten kommt. Zudem weist die Handlung insgesamt viel zu viele Ungereimtheiten auf (muß erst ein FBI-Agent aus Washington eine Suche anordnen, bevor die örtliche Polizei das große bewaldete Grundstück unter die Lupe nimmt, dessen Besitzer ein Kind vermissen; warum ignoriert der Arzt einer Patientin, deren Baby aus dem Mutterleib verschwand, eine Frühgeburten auslösende Substanz, die er in ihrem Blut findet; fällt niemandem in dem kleinen Örtchen auf, daß anscheinend ständig Frauen schwanger sind, jedoch später keine Kinder großziehen?, etc.). Ein insgesamt eher schwaches Drehbuch, trotz der guten Ansätze. Dem Grundkonflikt der Figuren wohnt eine fast schon bösartige Ironie inne: Wayne der Dämon will normale Kinder, zeugt aber nur die Teufel, die sich Betsy, die Dämonin, die ein normales Kind nach dem anderen gebiert, so sehnlich wünscht. In Verbindung mit den guten Darstellern und den gelungenen Momenten bleibt »Terms of Endearment« unterm Strich trotzdem eine solide »Monster-of-the-Week«-Episode, nicht mehr, aber auch nicht weniger.

Das FBI wird nicht müde, zwei seiner besten, aber eben auch unbequemsten Agenten mit banalen Aufgaben zu unterfordern, um sie von der Arbeit an den X-Akten und der Suche nach der Wahrheit abzuhalten. In »Kontakt« (2X01) mußte Mulder endlose Aufzeichnungen anhören, die beim Anzapfen von Telefongesprächen Krimineller entstanden, und in »Drive« (6ABX02) kontrollieren Scully und Mulder die Düngerbestände von Farmern im Mittelwesten, da man bestimmte Dünger zu Sprengstoff umwandeln kann. Die neueste Schikane ihrer Vorgesetzten besteht nun darin, die Agenten den bisherigen Lebenswandel zukünftiger Beamter des Landwirtschaftsministeriums mit Schwerpunkt auf eventuellen Drogenkonsum überprüfen zu lassen. Ob es sich dabei um einen ironischen Kommentar Chris Carters handelt, der unlängst wegen des Gebrauchs halluzinogener Substanzen in Konflikt mit dem Gesetz geriet, ist nicht bekannt. Mehr von den in »Terms of Endearment« eingeführten idiotischen Routine-Backgroundchecks, zu denen Mulder und Scully verdonnert wurden, werden wir in der Episode »Thitonus« (6ABX09) zu sehen bekommen, wo sie nicht nur humoristisch eingesetzt werden, sondern auch recht geschickt in die Handlung integriert sind.

Die Rolle von Agent Spender ist sehr ambivalent, es ist schwer zu sagen, ob er in höherem Auftrag die Existenz von fötusraubenden Dämonen verheimlichen will oder den Deputy mit seiner phantastischen Geschichte schlicht und ergreifend für einen Spinner hält – was man ihm schlecht verdenken könnte. Dennoch wäre die Szene in einer Mythologiefolge dramaturgisch effektiver zum Einsatz gekommen, analog zu den Cigarette-Smoking-Man-Szenen am Ende der ersten und letzten Episode der Staffel Eins. Die Vorstellung eines Bundesbeamten, der eine beunruhigende Anzeige sofort im Reißwolf verschwinden läßt, hat nämlich etwas durchaus Alarmierendes und wurde hier für einen Witz verbraten – der zugegebenermaßen sehr gut war.

Hintergrund:

Mit Inkubus (von lat. incubus = der Aufliegende) bezeichneten die Römer sowohl einen Alpdruck als auch den diesen verursachenden Dämon. In der italienischen Sprache hat sich bis heute die Bezeichnung ›incubo‹ für Alptraum gehalten. Die Gestalt des Alptraumdämonen Inkubus übernahm der mittelalterliche Dämonenglaube, der darunter ein teuflisches Wesen beziehungsweise Satan selbst verstand, welcher nachts mit einer Frau, speziell einer Hexe, sexuell verkehrt haben soll. Mit Sukkubus (von lat. succubus = darunterliegend) bezeichnete man im Mittelalter einen weiblichen Dämon oder ›Buhlteufel‹, der im Schlaf mit

Menschen, vor allem Männern, verkehrt. Die Herleitung der Namen läßt darauf schließen, daß man in der Hölle erstaunlicherweise die Missionarsstellung zu bevorzugen scheint.

Neben der Feier des Hexensabbats, der Anbetung fremder Gottheiten, dem Flug durch die Luft, dem Schadenszauber und der Tierverwandlung waren der Pakt und die Buhlschaft mit dem Teufel einer der Hauptanklagepunkte bei den Hexenprozessen der Inquisition.

Die Vorstellung von teuflischen Buhlschaften blieb über den Ausgang des Mittelalters hinaus im Volksaberglauben lebendig. Noch bis in die Neuzeit hinein ist der Glaube belegt, daß aus diesen Verbindungen Kinder hervorgehen können.

UFO-Gläubige sehen übrigens in diesen alten Legenden den Beweis dafür, daß schon seit langer Zeit Außerirdische Experimente an Menschen durchführen, denn nicht selten beschreiben Entführte medizinische Prozeduren, bei denen die Reproduktion des Menschen im Mittelpunkt steht. Diese Berichte inspirierten auch die Geschehnisse um Scullys Entführung und Schwangerschaft in der zweiten Staffel. Für Skeptiker des UFO-Phänomens sind diese Geschichten lediglich der Beweis dafür, daß die im Grund abergläubisch gebliebenen Menschen ihre alten Legenden in einem modernen High-Tech-Gewand fortleben lassen.

Dieses Thema – Geschlechtsverkehr mit dämonischen Wesenheiten – beschäftigt seit langer Zeit nicht nur Menschen zahlreicher Kulturen, sondern stellt mit seiner Mischung aus Okkultismus und Sex ein gefundenes Fressen für Horrorautoren und die Filmindustrie dar, die sich dieser Geschichten nach der Lockerung von Zensurgesetzen Ende der sechziger Jahre verstärkt annehmen. Im Gegensatz etwa zu Geistererscheinungen, Telepathie oder UFO-Sichtungen gibt es keine dokumentierten Fälle von Teufelskindern, die über Mythen, Märchen oder die unbewiesenen und zumeist lächerlichen Anklagen in Hexenprozessen hinausgehen. Darum schöpften die »Akte X«-Autoren bei ihrer Variante des Themas in erster Linie aus dem Bereich der Popkultur, speziell aus den filmischen Bearbeitungen der alten Legenden.

Der bekannteste Beitrag zu diesem obskuren Subgenre ist erstaunlicherweise nicht nur einer der besten Horrorfilme überhaupt, sondern auch ein anerkannter Meilenstein der Filmgeschichte. Die Rede ist natürlich von »Rosemaries Baby« (»Rosemary's Baby«, USA 1967), dem zweiten Film aus Roman Polanskis ›Paranoia‹-Trilogie, deren erster Teil »Ekel« (»Repulsion«, GB 1965) war, und deren Abschluß »Der Mieter« (»La Locataire«/«The Tenant«, FR/USA) aus dem Jahre 1976 bildet. Der Film erzählt die Geschichte der schwangeren Rosemary (Mia Farrow), die mit ihrem Mann Guy (John Cassavetes) in ein New Yorker Mietshaus zieht, dessen Bewohner sich auffallend für das Paar interessieren. Die junge Frau muß feststellen, daß sie sich unter modernen Satanisten befindet, denen auch Guy angehört, und die auf die Ankunft ihres dunklen Messias warten – ihrem Baby. Polanski, dem mit verstörendem Realismus die Inszenierung des Alltags einer jungen Frau gelang, in dem Wirklichkeit, Alpträume, Halluzinationen und Verfolgungswahn eine feste Verbindung eingingen, schuf mit »Rosemaries Baby« einen wahren Horrorfilm, der an Intensität nicht nur innerhalb des Genres seinesgleichen sucht und der mit einem echt schockierenden Ende aufwartet. Bemerkenswert ist auch die Tatsache, daß Polanski bei der Adaption von Ira Levins gleichnamigem Roman eine der wenigen Verfilmungen eines Buches gelang, die ihrer literarischen Vorlage nicht nur ebenbürtig, sondern sogar überlegen sind.

Von allen Filmen um die Mythen von Dämonenkindern weist die Episode »Terms of Endearment« die deutlichsten Parallelen zu »Rosemaries Baby« auf. Der Teufel am Bett Laura Weinsiders ist ein direktes Zitat aus dem Polanski-Film, das Design des Babys eine exakte Ausführung der Beschreibung des Teufelskindes aus Ira Levins Romanvorlage. Auch wenn die Satanisten damit einen anderen Zweck verfolgen, so gibt es doch einige Szenen, in denen man der schwangeren Rosemarie Milch einflößt, der ein seltsames Hexenkraut beigemengt ist. Das Ende, bei dem eine zufriedene und stolze Mutter und ihr höllischer Nachwuchs vereint sind, erinnert ebenfalls an das große Vorbild, das schließlich im Dialog auch noch direkt erwähnt wird.

Von den zahlreichen anderen filmischen Bearbeitungen des Themas erreichte keine mehr die Qualität oder Intensität von Polanskis Film, viele driften – wie dies bei einem solchen Thema auch wenig überrascht – in die finstersten Niederungen des spekulativen Schmuddelkinos ab.

Aus der Feder des okkulten Vielschreibers und in der ersten Hälfte des zwanzigsten Jahrhunderts äußerst erfolgreichen – wenn auch aufgrund seiner zweifelhaften ›literarischen‹ Qualität und reaktionären Ideologie umstrittenen – Dennis Wheatley stammt die Vorlage zu »Die Braut des Satans« (»To the Devil … a Daughter«, Peter Sykes, D/GB 1976), die in der Filmversion um Elemente von Aleister Crowleys Roman »Moonchild« angereichert wurde. Erzählt wird die Geschichte des exkommunizierten Paters Michael (Christopher Lee), dessen Sekte den Dämonen Astaroth verehrt und versucht, ihren Meister im Leib einer Jungfrau (Nastassja Kinski) inkarnieren zu lassen. Der Film bemüht sich redlich, das zum Zeitpunkt der Entstehung stagnierende Horrorkino zu beleben, doch geschah dies nicht nur durch überdurchschnittliche Kameraarbeit, Spezialeffekte und darstellerische Leistungen, sondern auch durch den Versuch, die Ekelgrenze des Genres – so bei der Zeugung und der Geburt des Dämonen – nach oben hin auszureizen. In Verbindung mit den von deutschen Co-Produzenten erzwungenen Füllszenen, die ausführlich die Schönheit des Bayernlandes zeigen, sowie plumpe Schleichwerbung für British Airways und Lufthansa, wird daraus ein sehr fragwürdiges Produkt.

In »Die Wiege des Teufels« bzw. »Die Hölle schickt ihren Sohn«

bzw. »Schwarzes Venedig« (»Nero Veneziano«, Ugo Liberatore, I 1977) erwartet Christine, Schwester des von schrecklichen Visionen geplagten Mark, ein Kind von Satan persönlich. Der dünne Plot, wenig überzeugender Aufhänger für allerlei Blut- und Ekelszenen, erzählt eher unoriginell, wie der blinde Mark gegen das Böse zu Felde zieht.

In dem kanadischen »Incubus« (John Hough, 1981) wird ein kleines Städtchen von einer Serie bestialischer Morde und Vergewaltigungen heimgesucht. Zuerst verdächtigt man eine blutrünstige Gang, doch das an den Tatorten gefundene Sperma ist nicht menschlichen Ursprungs … Der Film verbindet gängige Muster aus Okkulthorror mit Splatterelementen, bietet ein unerwartet hartes Ende und präsentiert als Hauptdarsteller erstaunlicherweise John Cassavetes, einen der Lieblingsregisseure der intellektuellen amerikanischen Kunstfilmszene (»Shadows«, »Der Tod eines chinesischen Buchmachers«). Cassavetes spielte vierzehn Jahre zuvor in »Rosemaries Baby«, der seinem Können deutlich angemessener war.

Die handlungsmäßig sehr komplexe »Urotsukidoji«-Serie (Hideki Tokayama, JAP 1988–90) erzählt von dem ›Overfiend‹, der versucht, drei parallel nebeneinader her existierende Welten zu einer von ihm regierten Hölle zu verwandeln. Der für die Videovermarktung hergestellte Zeichentrickfilm erspart dem Publikum kein Detail der gewaltsamen Vereinigung von Mensch und Dämon. Dies ist ein überaus fragwürdiges Charakteristikum der japanischen Bearbeitungen des Themas, die fast alle im Bereich der Gewaltpornographie angesiedelt sind, so auch die unbeschreiblich sexistische »Guts-of-a-Virgin«-Reihe.

In dem deutschen Streifen »Babylon – Im Bett mit dem Teufel« (1992) zieht selbiger als Lothar, der schmierige Vertreter, los und schwängert Frauen, die daraufhin explodieren. Das Ganze ist tatsächlich noch viel, viel dümmer, als es diese kurze Beschreibung vermuten läßt. Regisseur Ralf Huettner verspielte mit diesem peinlichen Machwerk (Werbeslogan auf dem Filmplakat: »Der Film, der Frauen platzen läßt«) jeden Kredit, den er durch sein durchaus stimmungsvolles, in den Alpen angesiedeltes Gruseldrama »Der Fluch« (1988) erlangt hatte.

»La Plus Longue Nuit du Diable« bzw. »Au Service du Diable« (BELG/I 1971) bzw. »Notte Piu Lunga del Diavolo«[I], »Succubus« bzw. »Castle of Death« [US]), das Regiedebüt des Belgiers Jean Brismée, erzählt von sieben Busreisenden, die es auf das Schloß des alten Nazigenerals Baron von Rhuneberg verschlägt. Die von Rhunebergs sind mit einem Familienfluch belegt, zufolge dem die älteste Tochter jeder Generation (in einer sehr freien Interpretation des Mythos) als ›Sukkubus‹ dem Teufel dienen muß, der jedoch die Rechnung ohne den Priester gemacht hat, welcher sich unter den Reisenden befindet. Diese stimmungsvolle Bearbeitung des Zehn-kleine-Negerlein-Motivs, die leider nie einen deutschen Verleih fand, sticht aufgrund ihrer irrealen Atmosphäre und der Wendung zum Schluß aus der Masse des Siebziger-Eurotrash-Horrors hervor.

Der nihilistische Schocker »Baby Blood« (Alain Robak, FR 1989) zeigt die blutigen Exzesse, zu der eine Frau getrieben wird, die den Nachwuchs einer dämonischen Wesenheit – oder sogar den Leibhaftigen selbst – in sich trägt. Ein kleiner, origineller Horrorfilm, der sich auf erfrischende Weise nicht ganz ernst nimmt.

Der Titel-›Held‹ aus »Warlock – Satans Sohn« wird in der Fortsetzung »Warlock – The Armageddon« bzw. »Warlock – Satans Sohn kehrt zurück« (»Warlock – The Armageddon«, Anthony Hickox, USA 1993) wiedergeboren und versucht nun die Apokalypse heraufzubeschwören. Die Teenager Kenny und Samantha, zwei ›Druidenkrieger‹, versuchen dies zu verhindern. Dieses Sequel – besser als der erste Teil – bietet handfeste Splatterunterhaltung in unkonventioneller Inszenierung, jedoch nach einem mäßigen Drehbuch.

Ebenfalls eine Fortsetzung ist »Welcome to Hell«, der im Original »Silent Night, Deadly Night 4: Initiation« (USA 1990) heißt, mit der Serie um meuchelnde Weihnachtsmänner (siehe Hintergrund zu »The Ghosts Who Stole Christmas«) jedoch nichts zu tun hat. Bei der Recherche zu einem bizarren Fall von Selbstmord macht die Reporterin Kim die Bekanntschaft einer Sektenführerin, die mit ihren Anhängern die Reinkarnation einer heidnischen Gottheit plant. Kim muß entdecken, daß man ihr die Rolle der Mutter zugedacht hat. Zu Beginn ein *rip off* von »Rosemary's Baby«, gewinnt der Film zusehends an Eigenständigkeit. Solide Unterhaltung von Regisseur Brian Yuzna, der u. a. den Klassiker »Re-Animator« produzierte.

Eine komödiantische Version des Themas zeigt »Die Hexen von Eastwick« (»The Witches of Eastwick«, George Miller, USA 1986), in dem Jack Nicholson als der grinsende, versoffene und sexbesessene Teufel Daryl Van Horne drei von Cher, Susan Sarandon und Michelle Pfeiffer gespielte Freundinnen schwängert. Unvorsichtigerweise stattet er sie mit übernatürlichen Fähigkeiten aus, worauf sie ihn für sein Machogehabe zur Hölle jagen. »Die Hexen von Eastwick« ist nicht nur der komischste, sondern auch einer der originellsten Filme zum Thema Teufelskinder.

Das Gegenteil, die Schwängerung einer Frau durch einen Engel, zeigt der Anfang von »The Prophecy II«, Fortsetzung des unterschätzten Meisterwerkes »God's Army«. Im weiteren Verlauf des Filmes wird die werdende Mutter von dem großartigen Christopher Walken gejagt, der in dem phantastischen Film vor dem Hintergrund biblischer Mythologie wieder in seiner Rolle als Erzengel Gabriel auftritt. Trotz seiner übernatürlichen Macht gelingt es ihm nicht, die Geburt des neuen Heilsbringers zu verhindern.

In den zwanziger Jahren verband Howard Phillips Lovecraft die Themen einiger Geschichten seiner Vorbilder Arthur Machen, Pat Chambers und Lord Dunsany mit seinen seltsamen Ideen und seinem nicht minder eigenwilligen Stil zu einem neuen Genre, das er *cosmic horror* nannte. Es war dies die erste Verbindung von Science-fiction- und Horror-Elementen, einer damals wie heute publikumswirksamen Mischung, wie unter anderem der Erfolg von »Akte X« beweist. Seine Geschichten des ›Cthulhu-Mythos‹, benannt nach einem entsetzlichen Gott des von Lovecraft entwickelten Pantheons, spielen vor dem Hintergrund der Übernahme der Erde durch finstere außerirdische Gottheiten. In einer seiner besten Erzählungen, »Schatten über Innsmouth« (»The Shadow over Innsmouth«, 1936), beschreibt er den Niedergang eines neuenglischen Küstenstädtchens, dessen Bewohner sich mit Dämonen aus dem Meer – Boten des Fischgottes Dagon – paaren.

Ein beunruhigendes Gerücht in der okkulten Szene besagt, daß eine magische Geheimgesellschaft, die in Chicago ansässige *Couleuvre Noire*, Experimente in dieser Richtung unternimmt. Die Mitglieder der in Voodoo-Tradition arbeitenden *Couleuvre Noire* versuchen sich angeblich mit von ihnen beschworenen Dämonen zu vereinigen, um eine neue, überlegene Rasse zu schaffen.

Bemerkungen:

● Es bleibt leider unklar, ob Fox Mulder Agent Spenders Reißwolf aus Langeweile wegen der stupiden Beschäftigungstherapie durchsucht oder ob er dies routinemäßig erledigt. Ist am Ende gar kein Mülleimer und Papierkorb des FBI-Hauptquartiers vor ihm sicher?

● Vermutlich ist es nicht nur der Habitus des Altfreaks, dessen Vergangenheit Dana Scully im Hinblick auf den Konsum von Marihuana überprüft, der ihr die zweifelnden Blicke abringt, sondern auch der Name des prospektiven FBI-Mitarbeiters, ›Ginsberg‹. Allan Ginsberg ist neben Jack Kerouac und William S. Burroughs einer der bekanntesten Vertreter der Beat-Generation. Waren die Beat-Poeten sowieso dem Konsum von allerlei Rauschmitteln nicht abgeneigt, so machte Ginsberg Drogen sogar zu einem zentralen Thema seiner Dichtungen und seiner literarischen Theorie. Er schrieb oft unter dem Einfluß von Drogen und beschrieb seine Trips, die er Visionen nannte und in ihnen eine Art höherer Wahrheit zu erkennen glaubte. Auf Ginsberg wurde auch schon verdeckt in der Folge »Der Golem« verwiesen.

● Sicherlich kann jeder Zuschauer den üblen Verdacht nachvollziehen, der sich in Scullys Miene abzeichnet, wenn Mulder seine Partnerin bittet, für alles offen zu sein, bevor er ihr von einem neuen Fall erzählt …

● Als er sie dann von seinem Verdacht unterrichtet, er habe es mit einem klassischen Fall von dämonischem Babydiebstahl zu tun, erklärt ihm Scully, daß auch sie in der Nacht zuvor »Rosemaries Baby« im Kabelfernsehen angeschaut habe. Damit zeigt die Agentin, daß sie mit einer soliden Kenntnis des klassischen Horrorfilms aufwarten kann. Doch dies wissen wir ja schon seit der Episode »Schatten«, in der sie die Verdachtsmomente ihres Kollegen sehr ironisch auf Motive aus »Poltergeist« und »Carrie« zurückführte.

● Bruce Campbell, der Darsteller des traurigen Dämonen Wayne, ist seit Ende der siebziger Jahre im Filmgeschäft tätig. Die erste ›größere‹ Rolle hatte Campbell als ›Cleveland Smith‹ in dem gleichnamigen Super-8-Frühwerk von Sam Raimi, einer – abgesehen von dem großartigen Titel – nicht sooo gelungenen Parodie auf »Indiana Jones«. »Within the Woods« war ein selbstproduzierter Kurzfilm von Campbell, Rob Tapert und Sam Raimi, mit dem sie Investoren für eine Langversion suchten und fanden. Daraus wurde nämlich das legendäre Splattermovie

»Tanz der Teufel«, das mittlerweile zu einem Klassiker des Horrorkinos avancierte. Seine Rolle als Ash machte Campbell zum Kultstar. Er spielte danach in beinahe jedem Film Raimis, so in den beiden Fortsetzungen von »Tanz der Teufel«, der schrägen Komödie »Die Killer-Akademie«, dem düsterem Superheldenepos »Darkman« (allerdings nur für ungefähr eine Sekunde lang in der letzten Einstellung – gut aufpassen!), sein Auftritt in »Schneller als der Tod« wurde leider geschnitten. Ferner sah man ihn in den Horrorstreifen »Thou Shalt Not Kill ... Except« an der Seite Raimis, in dem harten »Intruder«, William Lustigs »Maniac Cop I & II«, in »Sundown« als Robert Van Helsing, in »Waxwork II« und dem unterbewerteten SF-Streifen »Moontrap«. Bei den Coen-Brüdern spielte er in »Hudsucker – Der große Sprung« und war in einer winzigen Rolle in »Fargo« als Seifenoperndarsteller auf einem Fernsehschirm im Hintergrund zu sehen. In John Carpenters eher mittelmäßigem »Escape From L. A.« bildete Campbell in der Rolle des irren Schönheitschirurgen von Beverly Hills einen der wenigen Lichtblicke. Nächstes Jahr werden ihn wohl die meisten Leser dieses Buches in »Texas Blood Money« sehen, der Fortsetzung von »From Dusk Till Dawn«.

Auch passionierten *couch potatoes* ist Campbell kein Unbekannter, sieht man ihn doch oft auf der Mattscheibe in Serien wie »Timecop«, »Lois and Clark«, »Ellen«, »Homicide«, »American Gothic« und »Weird Science«. Außerdem konnte er in der Rolle des tolldreisten Diebes Autolycos in »Hercules« und »Xena« seinen Kultstatus bei Fans des phantastischen Home Entertainments weiter festigen.

Seine beste Rolle im Fernsehen war leider auch eine der am wenigsten erfolgreichen. Er spielte die Titelrolle in der genialen und äußerst actionreichen Comedy-SF-Western-Serie »Die Abenteuer des Brisco County Jr.«. Einer der Regisseure der Serie war übrigens Rob Bowman, der nicht nur an die 30 Episoden von »Akte

X« inklusive »Terms of Endearment« drehte, sondern auch den Spielfilm. Zudem war »Brisco County« die Serie, die auf Fox direkt vor der ersten Staffel von »The X-Files« lief, bis sie – viel zu früh – abgesetzt wurde.

Eine komplette Filmographie des extrem aktiven Campbells würde Seiten füllen, zumal er nicht nur als Schauspieler, sondern auch als Produzent, Regisseur, Drehbuchautor, Tontechniker, Cutter und in zig anderen Funktionen arbeitet, manchmal auch unter seinem ultracoolen Pseudonym Roc Sandstorm – ein Leben für den Film. Weiter so!

● Am Ende des Hitchcock-Thrillers »Verdacht« (»Suspicion«, USA 1941) steigt Cary Grant eine Treppe empor, um seiner Frau, die ihn für einen Mörder hält, ein Glas Milch ans Bett zu bringen. Wie hypnotisiert starrt man als Zuschauer auf die Milch, unfähig, die Augen von ihr abzuwenden.

Diese enorm starke Wirkung erzielte Hitch mit einer extrem simplen Methode: Er versenkte einfach ein Lämpchen in dem Glas. Die Szenen, in denen Wayne seinen Frauen Milch bringt, sind vom Aufbau her ein direktes Zitat aus »Verdacht«, vermutlich brachte man die Milch sogar mit dem gleichen Trick zum Leuchten. Das Problem mit diesem Zitat ist, daß es hier zweimal verwendet wird, und das erste Mal bereits in der zweiten Minute der Folge. Bei Hitchcock funktioniert die Szene als der späte, subtile Höhepunkt des Films, der über eine Stunde lang vorbereitet wird.

● Der Originaltitel der Episode, »Terms of Endearment«, ist kein cineastischer Verweis auf das Melodram gleichen Titels von 1983, das in Deutschland unter dem Namen »Zeit der Zärtlichkeit« in die Kinos kam. Die oscarprämierte Familiensaga von James L. Brooks mit Shirley MacLaine, Debra Winger, Danny DeVito und Jack Nicholson weist keine Parallelen zu der vorliegenden X-Akte auf. »Terms of Endearment« ist vielmehr ein Ausdruck des Englischen, der ›Kosenamen‹ oder ›Zärtlichkeitsworte‹ bedeutet, mit denen Wayne Weinsider und seine Frauen ja nicht gerade sparsam umgehen.

● Bislang verwendete man bei der musikalischen Untermalung der Folgen keine Superstars und deren Hits, sondern eher unbekannte Bands aus dem Alternativ-Lager oder zumeist schräge Oldies. Insofern mag die Wahl von Garbages »Only Happy When It Rains« etwas seltsam anmuten. Doch obwohl Garbage eine der poppigsten unter den Independent-Grunge-Electro-Bands ist, strahlen die Songs der Gruppe oft eine sehr stimmungsvolle oder gar unheimliche Atmosphäre aus, wofür »Milk«, »Vow«, »Queer« oder »My Lover's Box« gute Beispiele sind.

Als eine Art Thema, das immer in den Autoszenen der beiden Dämonen verwendet wird, hat man »Only Happy When It Rains« übrigens ähnlich gelungen eingesetzt wie »Red Right Hand« von Nick Cave and the Bad Seeds. Dies war der erste neuere Song, der in der Serie zu hören war, als Thema von Duane Barry, das ständig in seinem Wagen lief, als er Scully in dem Fan-Favoriten »Seilbahn zu den Sternen« (2X06) entführte. Im Kino waren Garbage schon auf den Soundtracks zu Baz Luhrmanns großartiger 90s-Version von »Romeo und Julia« mit »#1 Crush« zu hören, in dem Rodriguez-Williamson-Teenie-Horror-SF-Streifen »The Faculty« lief ihr »Medication«. Und wem Garbage nicht düster genug ist, der kann sich ja Shirley Mansons erste Band, die Gothic-Rocker Angelfish, zu Gemüte führen. Tracks wie »Suffocate Me« oder »Mummy Can't Drive« sollten diesbezüglich keine Wünsche offenlassen. Und wer weiß, vielleicht können wir ja bei der nächsten CD zur Serie mit einem exklusiven und richtig finsteren Track der Mannen um Frontfrau Shirley Manson rechnen.

● Mit dem Text des Songs »Only Happy When It Rains« können sich allerdings nur wenige Mitarbeiter der Serie identifizieren, handelte es sich doch bei Vancouver, wo die ersten fünf Jahre der Serie entstanden, um eine der Städte mit dem höchsten Niederschlag auf unserem Planeten. Und daß das trübe Wetter den meisten Angehörigen von Cast und Crew gewaltig aufs Gemüt schlug, ist durch zahlreiche Interviews verbürgt.

● Auf dem Fernseher, den man kurzzeitig im Bild sieht, macht sich ein kleines Mädchen Sorgen, sie könnte Pocken haben – eine kleine Anspielung auf die Methode der Verschwörung, die Weltbevölkerung bei der Schutzimpfung gegen Pocken zu katalogisieren.

6ABX07
Rain King

US-Erstausstrahlung: 10. Januar 1999
Regie: Kim Manners
Drehbuch: Jeffrey Bell

Gaststars: Victoria Jackson (Sheyla Fontaine), Clayton Rohner (Daryl Mootz), Davis Manis (Holman Hardt), Dirk Blocker (Bürgermeister Jim Gilmore), Francesca Ingrassia (Cindy Culpepper) Thom McFadden (Arzt), Dan Gifford (Nachrichtensprecher), Sharron Madden (Motel-Managerin), Sally Stevens (Radiosängerin), Brian D. Johnson

Kurzinhalt:

Mulder und Scully verschlägt es in ein unter einer Dürre leidendes Städtchen, wo ein Regenmacher vortrefflich seine Gabe in klingende Münze verwandelt. Doch das Liebesleben der Einwohner ist ebenso unberechenbar wie ihr Wetter, und bald stehen die Agenten einem ganzen Rudel unglücklich Verliebter gegenüber, ohne zu wissen, wem nun eigentlich der begehrte Regen gehorcht …

Inhalt:

Fox Mulder schleppt seine Partnerin Dana Scully in das staubige Kaff Kroner in Kansas. Kroner hat eine lange während Geschichte von Wetteranomalien. Keine andere Stadt wurde binnen der letzten dreißig Jahre von derart vielen Tornados und anderen Stürmen, Hitzewellen und Hagelschauern heimgesucht. Zusätzlich wird das ohnehin schon bizarre Klima Kroners seit einem halben Jahr von einem gewissen Daryl Mootz durcheinandergebracht, der über eine erstaunliche Gabe zu verfügen scheint: Angeblich kann er das Wetter beeinflussen. Er ist der Grund des Besuches der Agenten, was Mulder vor Scully wohlweislich bis zu ihrem Eintreffen geheimhält.

Mootz betreibt mittlerweile ein lukratives Geschäft als Regenmacher. Der selbsternannte ›Regenkönig von Kansas‹ fährt von Farm zu Farm und führt ein bizarres Ritual auf, worauf es stets zu regnen beginnt. Mootz läßt sich anschließend selbstherrlich feiern und bezahlen, und beides nicht zu knapp. Mulders und Scullys Unterstützung erbat sich Jim Gilmore, der Bürgermeister von Kroner. Für ihn steht die Fähigkeit Daryls, das Wetter zu beeinflussen, außer Frage. Er möchte, daß die Agenten einer möglicherweise kriminellen Komponente dieser Fähigkeit nachgehen. Gilmore glaubt nämlich nicht, daß Daryl in erster Linie für Regen sorgt, sondern für die Dürre verantwortlich ist, die Kroner in den ökonomischen Ruin stürzt, um so von den Farmern Geld für Regen zu erzwingen.

Die Agenten besuchen den lokalen Fernsehsender KPJK 5, um sich mit dem Wettermann Holman Hardt zu unterhalten. Er erklärt ihnen, daß Kroner zwar klein und unbedeutend wirke, aber aus der Sicht eines Meteorologen aufgrund der Möglichkeit, sich plötzlich aufbauende Tiefdruckgebiete, Tornados und Sturmfronten zu beobachten, der aufregendste Platz der Welt sei. Die Theorie des Bürgermeisters, Daryl Mootz könnte für die Dürre verantwortlich sein, hält Holman für falsch. Er ist jedoch der Meinung, daß Daryl tatsächlich ein echter Regenmacher ist. Aus unbegreiflichen Gründen scheint ihm der Regen überallhin zu folgen.

Auf der Farm der Monroes bekommen die Agenten Gelegenheit, sich selbst von Mootz' erstaunlicher Fähigkeit zu überzeugen. Dort herrscht gespannte Stimmung und die Atmosphäre einer Familienfeier. Als Mootz auftaucht, heißt man ihn ehrfurchtsvoll willkommen und reicht ihm einen großen Eimer voll gekühlter Bierflaschen. Während er den Agenten erklärt, daß er um seine Gabe so wenig gebeten hat, wie er sie erklären kann, legt er eine in einem roten Schlangenlederstiefel steckende Unterschenkel-prothese an, die ihm seine Assistentin Cindy reicht. Er behauptet, er sei ein spiritueller Mann und in seinen Adern fließe Indianer-blut, und er könne seine Vorfahren anrufen und um Regen bitten. Daraufhin beginnt er zu den rockigen Klängen aus seinem Ghet-toblaster schon reichlich angeschlagen herumzutaumeln, wor-aufhin es umgehend wie aus Eimern schüttet.

Sheyla, Exverlobte von Mootz und Kollegin von Holman, fragt diesen, was das FBI von Daryl will. Obwohl Daryl sich nur we-gen ihres Geldes mit Sheyla verlobte und sie sofort verließ, als er selbst reich wurde, liebt sie ihn immer noch und hofft, daß die Agenten bald ihre Ermittlungen einstellen. Holman deutet an, es gebe bestimmt Männer, die Sheylas Liebe mehr verdienten als Mootz, doch diese will davon nichts hören.
Direkt nach dem Gespräch braut sich über Kroner einer der spon-tanen Stürme zusammen und raubt Scully in dem Motel der Agenten den Schlaf. Auch Mulder wird bei dem Studium alter Zeitungen Kroners, durch die er mehr über das bizarre Wetter er-fahren möchte, von dem Getöse gestört. Er beobachtet von sei-nem Fenster aus, wie eine Windhose eine Kuh in den Himmel reißt, die Sekunden später durch das Dach seines Zimmers bricht. Bei den Aufräumarbeiten des nächsten Morgens taucht der geknickte Holman auf und erkundigt sich nach Mulders Be-finden, der jedoch nur einen Kratzer abbekommen hat. Auch die völlig aufgelöste Sheyla erscheint in dem Motel und gesteht, für den Tornado verantwortlich gewesen zu sein, die arme Kuh und beinahe Fox Mulder getötet zu haben. Sie behauptet, das Wetter beeinflussen zu können, darüber jedoch keine Kontrolle zu ha-

ben. Sie berichtet, bei ihrem Highschoolabschluß einen Tornado und an ihrer Hochzeit einen Schneesturm ausgelöst zu haben. Außerdem habe sie es an dem Tag, an dem Daryl die Verlobung aufhob, hageln lassen, woraufhin ihr Ex bei einem Unfall sein Bein verlor. Seither folge ihm Regen, wohin er auch gehe. Zu ihrem Erstaunen nimmt Mulder sie jedoch nicht fest, sondern versichert ihr, an den Wetteranomalien unschuldig zu sein.

Nachdem sie gegangen ist, erzählt der Sheriff den Agenten, daß nicht der Hagel, sondern Daryls Trunkenheit für den Verlust seines Beines verantwortlich sei. Diese Aussage scheint Holman Hardt deutlich zu erleichtern. Im gleichen Moment verziehen sich die Wolken über dem entsetzten Daryl, der ewige Regen um ihn hat ein Ende.

Scully möchte nun Kroner verlassen, doch Mulder hat inzwischen herausgefunden, daß Holman fünfmal wegen einer nervlichen Erschöpfung im Krankenhaus behandelt wurde und es jedesmal zeitgleich zu einer meteorologischen Anomalie kam. Außerdem stieß er auf eine Zeitungsmeldung, die davon berichtet, daß es am Tage des Todes von Holmans Mutter eine Stunde lang Rosenblätter regnete. Mulder nimmt nun an, daß Holmans Gefühle beziehungsweise seine unterdrückten Gefühle das Wetter beeinflussen.

Sheyla ruft derweil Holman an und erklärt, er habe recht gehabt, sie habe auf den falschen Mann gesetzt. Sie möchte von ihm wissen, was er von Fox Mulder hält. Sofort beginnt ein entsetzliches Gewitter über Kroner zu wüten.

Auf dem Weg zurück nach Washington schaut Mulder noch einmal bei Holman vorbei und konfrontiert ihn mit seinem Verdacht. Dieser gibt zu, seit ihrer gemeinsamen Highschoolzeit Sheyla im geheimen zu lieben. Mulder spricht ihm Mut zu und überredet ihn, seine Gefühle für sie zu offenbaren, bevor er jemandem unabsichtlich durch das von ihm heraufbeschworene Wetter ernsthaft schadet. Holman möchte, daß Mulder ihm zur Seite steht, doch dieser muß sein Flugzeug erwischen. In diesem Moment erhält er einen Anruf von Scully, die ihn davon unterrichtet, daß der Flieger aufgrund des plötzlich aufgetauchten Nebels nicht starten kann. Mit Mulders Unterstützung wagt es Holman schließlich, Sheyla gegenüberzutreten, um dem Spuk ein Ende zu machen. Doch die Begegnung verläuft anders als geplant, da Sheyla Holman erklärt, daß sie ihn ja auch liebhabe, aber verliebt sei sie in Agent Mulder. Dann taucht auch Mootz im Studio auf. Da sein Regen versiegte, sieht er sich nun einer Menge gerichtlicher Klagen seiner plötzlich unzufriedenen Kunden gegenüber. Um seine Schulden und die Strafe zahlen zu können, machte er mit seiner Assistentin Cindy Schluß und plant nun Sheyla zurückzugewinnen. Doch Sheyla erklärt ihm, daß es nun einen anderen gibt: Fox Mulder. Als Daryl daraufhin handgreiflich zu werden droht, überwältigt ihn der Agent. Sheyla ›belohnt‹ ihn dafür mit einem ungebetenen Kuß, bei dem die beiden von Holman und Scully überrascht werden. Der Aufbruch der Agenten verzögert sich abermals, da sich nun über Kroner ein stürmischer Regen zusammenbraut, welcher schon bald das Wüstenstädtchen wegzuspülen droht.

Die Agenten suchen Holman und finden ihn bei dem zwanzigjährigen Jubiläum seines Highschooljahrgangs. Auch Sheyla erscheint dort und fordert Fox auf, doch den Agenten gelingt es, sie mit Holman auf die Tanzfläche zu schicken. Sie weisen ihn an, ihr unmißverständlich seine Gefühle zu gestehen. Verwirrt von Holmans Worten, bricht Sheyla den Tanz ab und geht in den Waschraum. Scully folgt ihr und erklärt ihr Mulders Theorie, daß Holmans Gefühle für sie sich im Wetter Kroners manifestieren. Nachdem die Agentin Sheyla überzeugen kann, daß sie dies nicht aus Eifersucht erzählt hat, um von Fox Mulder abzulenken, fragt

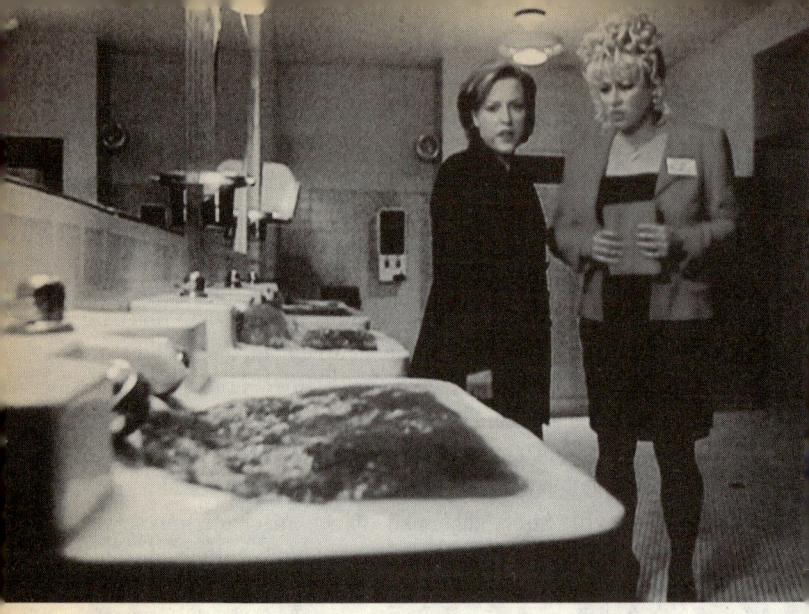

Bei einem derartig verstopften Waschbecken hilft noch nicht einmal eine ganze Flasche Rohrreiniger …

Sheyla Holman, ob er wirklich das Wetter beeinflusse, weil er sie liebt. Als er dies bejaht, sagt ihm Sheyla, das dies das Romantischste sei, was sie jemals gehört habe. Die beiden fallen sich in die Arme, und der Sturm verzieht sich.

Ein Jahr später sitzt Sheyla mit dem Nachwuchs im Arm vor dem Fernseher und sieht sich den stolzen Vater an, der auch heute wieder die besten Aussichten für das mittlerweile idyllisch grüne Kroner ankündigt. Und wenn sie nicht gestorben sind, dann leben sie noch heute.

Kommentar:

»We wanna see the King!«
Elvis-Fan Mulder zu Cindy, der Empfangsdame von Rainking Inc.

Regisseur Kim Manners ist bei »Akte X« in erster Linie für die »Monster-of-the-Week«-Folgen härterer Gangart zuständig, so inszenierte er zum Beispiel die Horrorepisoden »Satan« (2X14), »Hexensabbat« (4X06) und »Groteske« (3X14), welche oft deutlich an die Grenzen des im Fernsehen Zeigbaren stießen oder – im Falle der umstrittenen Folge »Blutschande« (4X03) – noch einige Schritte darüber hinaus gingen. Auf der anderen Seite ist Hausregisseur Manners aber auch, neben seinem Kollegen Rob Bowman, der Spezialist für Mythologiefolgen, so war er auch bislang an beinahe jedem Mehrteiler der Serie beteiligt. Als Regisseur von »Der Zirkus« (2X20) inszenierte Manners die erste Komödie der »X-Files« und war somit neben Autor Darin Morgan maßgeblich an dieser wichtigsten und einflußreichsten Neuerung beteiligt, die das Gesicht der gesamten Serie verändert hat. Zu diesem Subgenre der Serie kehrt er nun mit »Rain King« zurück. Doch bietet die Episode neben dem surrealistischen Slapstick einer typischen X-Files-Comedy nach Darin-Morgan-Vorbild noch einige Innovationen. So ist »Rain King« durch das Gewicht, das auf die Verwicklungen im Liebesleben der Einwohner Kroners gelegt wird, die erste romantische Komödie der Serie, die auch vor triefendem Kitsch nicht zurückschreckt, der sich bislang bei »Akte X« nur auf der Tonspur fand (z. B. ›Wonderful, Wonderful‹ in »Blutschande«).

Mindestens ebenso erstaunlich wie die Kitschelemente ist die Tatsache, daß es in »Rain King« bis auf eine unglückliche Wiederkäuerin keine Toten gibt. So stellt »Rain King« innerhalb der Serie, in der zu unserer Unterhaltung schon Hunderte von Menschen auf grausigste Weise ihr Leben lassen mußten, eine echte Seltenheit dar – was absolut nicht heißen soll, daß uns der Tod von Vierbeinern kalt läßt. Durch seine Arbeit an dieser außergewöhnlichen Folge stellt Manners endgültig seine erstaunliche Vielseitigkeit unter Beweis.

»Rain King« entstand nach dem ersten Skript von Jeffrey Bell, einem der zahlreichen neuen Autoren der Serie. Auch wenn Hardcore-Fans X-Files-Comedys überhaupt nicht lustig finden und Folgen wie »Rain King« als »Akte X«-*light* bezeichnen, hat Bell mit seinem Drehbuch einen weitaus gelungeneren Einstand gegeben als so manch anderer seiner Kollegen. Bell hat eine X-Akte voll komischer Bilder, Situationen und Dialoge abgeliefert, die es vor allen Dingen den Hauptdarstellern erlauben, einmal mehr ihr mittlerweile perfektes komödiantisches Timing unter Beweis zu stellen. Anderson und Duchovny laufen bei den Dialogen zu ihrer Bestform auf. Schon der Schlagabtausch zu Beginn, wenn sich das Unschuldslamm Mulder, das Scully die Natur ihrer Mission in Kansas verschwieg, echauffiert: »Scully, Sie tun ja geradewegs so, als ob ich Sie absichtlich getäuscht hätte!«, worauf Scully ihr bedeutungsschwangeres Schweigen nur bröckchenweise unterbricht: »Ein Mann … der das Wetter … kontrolliert …« ist eine der klassischen *sceptic-believer*-Szenen, die wir seit der ersten Folge lieben.

Apropos Liebe: Schier unglaublich ist die Szene, in der Mulder einer Scully, die sich zu verhören glaubt, erzählt, daß er Holman Hardt in Herzensangelegenheiten zur Seite stehen muß, da ihn dieser um Tips gebeten hat, wie man sich bei einem Rendezvous zu verhalten hat.
Vor Ironie trieft auch die gesamte Situation unserer Helden, die, um Kroner vor dem Untergang zu bewahren, in die Rolle pärchenverkuppelnder Heiratsvermittler schlüpfen müssen, wobei sie jedoch gegenüber einer besonders aussichtsreichen Beziehung direkt vor ihrer Nase blind bleiben, die jedoch jeder der Bewohner Kroners sieht und für gegeben hält. Insgesamt sind die Charaktere Mulders und Scullys in dem Skript hervorragend getroffen, was längst nicht jedem neuen Schreiber der Serie gelang.

Ebenfalls großartig sind die visuellen Einfälle Bells. Sein Drehbuch ist voll von überaus starken Bildern, die das Medium Fernsehen auf eine Weise ausschöpfen, die häufig über das hinausgeht, was man inzwischen ohnehin von »Akte X«, einer der filmischsten TV-Serien überhaupt, erwartet.

Durch die Verwendung verschiedener immer wieder auftauchender Motive wie Regenbögen oder Herzen verleiht er der Episode auf der Bildebene einen starken Zusammenhalt und bereitet Szenen vor, in denen diese Symbole eine wichtige Rolle spielen. Das erste Bild ist Sheylas Valentintagskarte für Daryl, auf der ein Mädchen von einem Jungen träumt, der von einem Herzen eingerahmt ist. Auf Sheylas Tisch liegen daneben eine herzförmige Pralinenschachtel und mit Herzchen bedrucktes Geschenkpapier. Kurz darauf geht auf Daryl der ungewöhnlichste Hagel nieder, handtellergroße Herzen aus Eis, die ihn dafür bestraften, Sheylas Liebe ausgerechnet an einem Valentinstag kaltherzig verschmäht zu haben. In einem Akt poetischer Gerechtigkeit sorgen die Herzen für einen Unfall, bei dem er sein Bein verliert.

Das niedliche Motiv der Glückwunschkarte aus der ersten Einstellung bildet auch mit dem letzten Bild des idyllischen Paradieses, in das Sheylas erwiderte Liebe zu Holman Kroner verwandelt hat, einen zuckersüßen kitschigen Rahmen, in den die Folge eingebettet ist.

Die Verwendung offensichtlich erkennbarer Spezialeffekte wie dem abschließenden Bild Kroners verleiht der Folge eine irreale, fast schon surrealistische Atmosphäre, die durch die Bilder fliegender Menschen und Tiere und lachender Wolkengesichter zusätzlich unterstützt wird.

Zu Beginn des ersten Aktes landen die Agenten mit einer kleinen Propellermaschine auf dem ›Flughafen‹ Kroners, einer holprigen Piste mitten im Nirgendwo, an der ein Wohnwagen steht, neben dem ein Windsack baumelt. Das Empfangskomitee besteht aus dem Bürgermeister, der in einen altmodischen Anzug, Westernkrawatte und eine Baseballkappe gewandet ist, letztere offensichtlich das Werbegeschenk eines Viehfutter- und Saatgut-Herstellers. Des weiteren führt eine Tambourmajorette in den Farben der amerikanischen Flagge ein Tänzchen zu Marschmusik auf, die aus einem tragbaren Kassettenrekorder scheppert. Vor allem die zweifelnd dreinblickende Scully scheint ob der bizarren Begrüßungszeremonie von einer dumpfen Vorahnung befallen zu werden, was die Ernsthaftigkeit ihres Auftrages in Kroner angeht. Auch die Slapstickszenen, wie etwa Daryl Mootz' ›Regentanz‹, oder die Szene, in der Holman und Scully Sheyla und Mulder bei ihrem Kuß überraschen, zeugen von Jeffrey Bells visuellem Einfallsreichtum.

»Rain King« hat jedoch nicht nur was ungewöhnliche Bilder anbelangt viel fürs Auge zu bieten, sondern überzeugt auch, was deren technische Umsetzung anbelangt. Vor allem die Kameraarbeit ist bemerkenswert. Kim Manners' ohnehin schon dynamischer Kameraeinsatz ist bei »Rain King« noch quirliger und verspielter als sonst. Großartig sind die zahlreichen ungeschnittenen Szenen, bei denen die Kamera auf Schienen oder an Kränen bewegt die Szenerie durchfährt oder elegant die Darsteller umkreist, wie bei Mulders und Scullys Weg zu Rainking Inc., ihrer kleinen Unterhaltung, während Daryl im Hintergrund tanzt oder bei der Jubiläumsfeier am Ende der Episode.

Das Drehbuch ist außerdem perfekt auf die neue Heimat der Serie zugeschnitten, und Manners versteht es ebensogut, diese geschickt in Szene zu setzen. Man machte aus der von vielen X-Philes befürchteten Not eine Tugend und produzierte eine Folge, die unter der prallen Sonne in einem staubigen Städtchen spielt, durch dessen in der Hitze verwaiste Straßen nur einige wenige Gestalten schlurfen, vorbei an leeren vernagelten Hausfronten mit Graffiti wie der Aufforderung »Pray for Rain!« (Betet um Regen). Die Geschichte um das von einer Dürre gebeutelte Kroner hätte in Vancouver nur unter ebenso großen Schwierigkeiten gedreht werden können wie damals die in Florida spielende Episode »Der Zirkus«, wo vor den Außenaufnahmen der Schnee mit Flammenwerfern entfernt werden mußte, der in Florida ebenso fehl am Platz ist wie in einem ausgetrockneten Landstrich in Kansas. So ist »Rain King« zusammen mit »Dreamland« (6ABX04 und 05) eine der Episoden, die am besten den neuen Drehort Kalifornien zu nutzen versteht.

Was die Musik anbelangt, lieferte Komponist Mark Snow in der sechsten Staffel seine bisher abwechslungsreichsten Soundtracks ab. So wie sich der visuelle Stil der Serie durch den Umzug nach Los Angeles, die Möglichkeiten durch immer höhere Budgets und das größere Spektrum von Geschichten über die klassischen Horror- und Verschwörungsplots hinaus vervielfältigte, erweiterte auch Snow die akustische Bandbreite der Serie. Die vollsynthetischen, monoton-bedrohlichen und größtenteils unmelodiösen Scores der frühen Jahre – einstiges Markenzeichen der Serie – wechseln sich nun häufiger mit für Snow und »Akte X« untypischer Musik ab, wie zum Beispiel dem klassisch-traditionellen ›Gruselsoundtrack‹ für »How the Ghosts Stole Christmas« oder den Chören in »Terms of Endearment«. Kein Wunder, hat der Komponist doch mehr Zeit zum Komponieren durch die erhebliche Arbeitsersparnis des in der sechsten Staffel häufig recycelten Scores des »Akte X«-Kinofilms, der zum Beispiel in »Two Fathers« und »One Son« verwendet wurde. Das fröhliche, baßlastige Thema von »Rain King« mit seiner beschwingten Klavierbegleitung hätte man so in den frühen Staffeln sicherlich nicht gehört.

Der sogenannte ›objective correlative‹, bei dem innere Stimmungen von Figuren eine Entsprechung in der äußeren Welt erfahren, war ein beliebtes Stilmittel Shakespeares, der es zum Beispiel in »Macbeth« meisterhaft zum Einsatz brachte. Dieser dramatische Kniff verkam mittlerweile zum Klischee. Unzählig sind die Filme, in denen an handlungsentscheidenden Stellen sich auch das Wetter entsprechend verhält, zum Beispiel pünktlich zum Schlußduell ein fotogener Sturm losbricht. Jeffrey Bell gelang hier das nicht eben geringe Kunststück, diese angestaubte Konvention neu zu beleben, indem er sie ganz wörtlich nahm.

»Rain King« ist bislang wahrscheinlich die Folge, die sich formal und inhaltlich am weitesten von den paranoiden Taschenlampenorgien der ersten beiden Staffeln entfernt hat. Darum wird erst die Zukunft zeigen, ob Bell auch in der Lage ist, eine ›klassische‹ X-Akte zu verfassen, oder ob er, wie Darin Morgan, bei den Comedys bleiben wird. So oder so sind wir sicher, daß er uns nicht enttäuschen wird.

Hintergrund:

Das Wetter und die Jahreszeiten beeinflussen die Stimmungen und Gefühle aller Menschen, einige mehr, andere weniger. Mulder und Scully unterhalten sich in der Episode über eine seltene Krankheit, SED (Seasonal Effective Disorder). Dies ist eine extreme Form von Wetterfühligkeit, bei der die darunter leidenden Menschen je nach Wetterlage massiven Stimmungsschwankungen mit zum Teil körperlichen Auswirkungen unterworfen sind, die weit über Kopfschmerzen und Gereiztheit bei starkem Föhn hinausgehen. Der in »Rain King« gezeigte umgekehrte Fall, bei dem die Gefühle und Stimmungen eines Menschen unbewußt Einfluß auf das Wetter in seiner Umgebung ausüben, ist nicht bekannt.

Doch seit der Mensch die Stufe des Jägers und Sammlers verlassen hat und Ackerbau betreibt, gibt es Versuche, das Wetter, und

THE X FILES

OFFICIAL MAGAZINE

Duchovny Speaks

n exclusive chat with
he man behind Mulder

Monster Squad

he X-Files' new FX team

Close Encounters

n the set of the next mythology episodes

AN BMF MEDIA GROUP PERIODICAL

$5.95 U.S. $6.95 Canada

Spring 1999

PHOTO © 20TH CENTURY FOX FILM CORP

natürlich vor allem den Regen, bewußt zu beeinflussen. Am bekanntesten sind die Regentänze der nord- und mittelamerikanischen Indianer, bei denen teilweise einzelne Tänzer, oft die Medizinmänner eines Stammes, aber auch größere Gruppen von Tänzern, versuchen, die zuständigen Mächte dazu zu veranlassen, die Ernte ausreichend mit Regen zu versorgen. Diese Tanzrituale sind oft in jahreszeitliche Feste eingebunden und können bis zu mehreren Tagen dauern.

Auch afrikanische Regenmacher führen magische Rituale aus, bei denen jedoch im Gegensatz zu den Handlungen ihrer amerikanischen Kollegen nur selten getanzt wird. Sie bringen meist Hühner- und andere Tieropfer vor Schreinen dar, die Göttern geweiht sind, die für die Fruchtbarkeit von Mensch und Feld zuständig sind oder direkt Naturgewalten symbolisieren. Die Regenmacher sind gutbezahlte Spezialisten, die in der Zeit zwischen Aussaat und Ernte von Ort zu Ort ziehen.

In dem deutschen Dokumentarfilm »PSI – Eine Reise ins Jenseits« von 1972 zeichnet der Regisseur Rolf Olsen (»Wenn es Nacht wird auf der Reeperbahn«, »Das Stundenhotel von St. Pauli«, »Ekstase – Horrortrip der Satanssekte«), dessen unterschätztes Werk gerade wiederentdeckt wird, ein reichhaltiges Porträt des Übernatürlichen. Selbst ein *believer*, machte sich Olsen auf, in Europa und den entferntesten Winkeln der Welt Spuren des Okkulten mit der Kamera zu verfolgen und einzufangen. Im Ashantiland im Westen Afrikas traf er auf einen legendären Regenmacher, den ›Famous Professor Issah‹, dessen bizarres Regenritual er mit seinem Objektiv einfing. Der Unternehmer fährt auf Bestellung Farmersiedlungen an, um die Wassergeister zu beschwören. Dabei macht er sich auch psychologische Tricks zunutze. Bei dem gefilmten Ritual behandelt er nämlich zunächst eine am grauen Star leidende Frau auf dem Dorfplatz. Er behauptet, er müsse zuerst durch seine magischen Fähigkeiten die Regenspirits beeindrucken und gewogen stimmen. Der eigentliche

Zweck ist es jedoch eher, die Dorfbewohner ergeben und hilfsbereit zu machen, deren gebündelte psychische Energien für das Gelingen seines Rituals nötig sind. Es ist eher die Gedankenkraft seines Publikums, die auf die Naturkräfte einwirkt, als sein ›Zauberspruch‹. In einer überaus blutigen Operation, bei der angeblich ein Geist seine Handgriffe leitet, befreit er die junge Frau, die in tiefem Hypnoseschlaf schmerzunempfindlich ist, von ihrem Augenleiden. Dann wird sie in ein vorbereitetes Grab gelegt, in dem sie mehrere Stunden verbringen muß. Das Filmteam und die Dorfbewohner warten mehrere Stunden unter der strahlenden Sonne, bis die Frau aus dem Grab geholt und aus der Hypnose geweckt wird. Der ›Professor‹ zeigt den Ashanti die gesundeten Augen der Frau, woraufhin er mit ihr unter dem Jubel des Dorfes auf dem Platz zu tanzen beginnt, um ihr Wohlbefinden zu beweisen. Dabei zeigen sich noch immer keine Regenwolken. Dann beschwört der unerschütterlich lächelnde Issah mit ein paar Gesten die ihm verbündeten Regenspirits, worauf sich der Himmel verdunkelt und sofort ein Wolkenbruch im Umkreis von zwei Kilometern niedergeht. Wer selbst einmal unter einer Dürre leidet, erreicht den berühmten Professor auf schriftlichem Wege über Postfach 1448 in Kumasi – Parkoso, Afrika.

Weniger aufgeschlossen gegenüber Fremden zeigen sich die Regenhäuptlinge Kameruns, die im bergigen Hinterland des Golfs von Biafra für das begehrte Naß sorgen. Den beharrlichen Ethnologen Nigel Barley kostete es ein halbes Jahr, bis er durch Schmeicheleien, Geldgeschenke und Manipulation – indem er die Regenhäuptlinge von Mango und Kpan gegeneinander ausspielte – an Informationen über deren spezielle Regenrituale kam.
Bei diesen spielen verschiedene Berge und Steine eine wichtige Rolle. Die Regenmacher der Dowayos müssen in den Besitz eigentümlicher Steine gelangen, vergleichbar denjenigen, die in

ihrem Glauben für die Fruchtbarkeit von Rindern und Pflanzen sorgen. Bestimmte Sorten von Steinen sind für bestimmte Sorten von Regen verantwortlich. Die Steine des Regenhäuptlings von Kpan, dessen Vertauen Barley erlangen konnte, befinden sich in ihrem Versteck unterhalb des Wasserfalls auf einem Berg, der als »Krone des Jungenkopfes« bekannt ist. Die Dowayos sehen Berge als »Schädel der Erde«, und Schädel sind auch Bestandteil der Regenmagie, da sie genau wie Wasserkrüge die magischen Steine symbolisieren und bei Riten ersetzt werden können. In den rituellen Handlungen der Regenhäuptlinge treffen typischerweise Symbolbereiche zusammen, die alle um Sexualität und Tod kreisen.

Es stellte sich als ungeheuer schwierig heraus, die Steine zu Gesicht zu bekommen, da ihre Besichtigung zur Trockenzeit Überschwemmungen auslösen kann, wenn man sie zur Regenzeit anschaut, kann man vom Blitz erschlagen werden. Unter großen Strapazen gelang es Barley trotzdem, Zeuge des Rituals zu werden, das die Regenzeit auslöst. Zuerst mußte er sich im Tal nackt ausziehen und mit dem Saft zerkauter *ggelyo*-Pflanzen bespucken lassen. Dann machte man sich an die Besteigung des 2000 m hohen Berges, auf dem es bitterkalt war. Der Ethnologe hatte einen Penisbeutel anzulegen und durfte ansonsten nur seine Stiefel tragen. Hinter dem Wasserfall, von dem man ihm schon berichtete, befand sich eine Höhle mit großen, unförmigen Tonkrügen, in denen sich verschiedenfarbige Steine für männlichen und weiblichen Regen befanden. Auch diese wurden mit dem *ggelyo*-Saft besprüht. Der Regenhäuptling zeigte ihm auch in dem Becken unter dem Fall einen großen weißen Stein, den »innersten Schutzwall der Dowayos«. Wenn man diesen wegräumt, überschwemmt Wasser die ganze Welt und alle kommen um. Schließlich stellte der Zauberer noch durch das Auftragen von rotem Ocker auf eine Sichel das Erscheinen von Regenbögen sicher. Anschließend beschreibt der Ethnologe einen stürmischen

Wolkenbruch, der über die beiden bei ihrem Rückweg hereinbrach und den Abstieg für den Weißen fast unmöglich machte.

Hat der Regenhäuptling erst einmal mit den Steinen am Berg die Regenzeit in Gang gesetzt, so kann er dann mit seinem ›Werkzeugkasten‹, einem mit Utensilien gefüllten Ziegenhorn, örtliche Regengüsse hervorrufen. In dem Horn befinden sich der Wollbausch eines Widders für die Wolken, ein Eisenring, mit dem man das Gebiet eingrenzt, in dem es regnen soll, sowie der wirksamste Teil, eine blaue Glasmurmel, die den eigentlichen Regen verursacht, indem man sie mit Widdertalg einschmiert.

Im Glauben der Dowayos herrscht eine enge Beziehung zwischen menschlicher Fruchtbarkeit und natürlichem Niederschlag, weshalb die Regenhäuptlinge auch für beide Bereiche zuständig sind. Die Magie beschränkt sich jedoch nicht auf Fruchtbarkeitsrituale und gutartigen Wetterzauber, ein Dowayo berichtete Barley im geheimen, daß der Regenhäuptling auch schon Leute mit dem Blitz erschlagen habe und in der Lage ist, eine Dürre heraufzubeschwören, wenn ihm die Menschen nicht zu Willen sind oder es zu einem Machtkampf mit einem anderen Zauberer kommt. Auch über groben Schabernack sind die mächtigen Männer nicht erhaben. Der Regenhäuptling von Kpan erzählte Barley verschmitzt, daß er auch ab und an Feste besucht und es so lange mitten im Dorf regnen läßt, bis ihm die Leute Bier bringen.

Die künstlerischen Bearbeitungen der Themen Regentanz oder Wetterzauber sind beinahe ebenso dünn gesät wie wissenschaftliche Untersuchungen des Phänomens, das weitestgehend belächelt wird. Nicht zuletzt handelt es sich ja auch bei »Rain King« um eine ›X-Files-Comedy‹. Dem ›kindischen‹ Charakter des Regentanzes entsprechend finden sich noch am ehesten (wenig ernsthafte) Behandlungen in Disney-Comics, bei »Lucky Luke« und in der italienischen Zeichentrickserie »Herr Rossi sucht das

Glück« von Bruno Bozzetto (»VIP – Mein Bruder der Superman«), die gerade dabei ist, längst verdienten Kultstatus zu erlangen. Auch in Western ist der Regentanz ein eher selten gebrauchtes Motiv, das meist dazu dient, sich über ›primitive‹ Wilde lustig zu machen.

Einer der wenigen (Horror-)Filme, welcher das Thema der Wetterbeeinflussung thematisiert, ist »Die schwarze Dreizehn« (»The Eye of the Devil«, GB 1965) von J. Lee Thompson. Dieses heute fast vergessene Meisterwerk wurde bereits zur Zeit seines Kinostarts – wohl, weil es Thompson in anachronistischem Schwarzweiß inszenierte – von Kritik und Publikum weitgehend ignoriert. Der Film schafft es bereits durch seine furiose Anfangssequenz, den Zuschauer in seinen Bann zu schlagen. Das Grauen steigert sich subtil bis zu dem wirklich verstörenden Ende, welches den Film auch noch in seiner Fernsehausstrahlung zu einem der wenigen wahren Horrorfilme werden läßt. In dem sowohl formal als auch inhaltlich überzeugenden Werk greifen französische Weinbauern während einer Dürre zu einer von ihren Vätern überlieferten drastischen Methode, um Petrus' heidnische Kollegen gnädig zu stimmen. Neben David Niven, Deborah Kerr und David Hemmings spielt in »Die schwarze Dreizehn« auch Sharon Tate eine ihrer wenigen Rollen. Angeblich erhielt sie während der Dreharbeiten von Alex Sanders, dem damaligen König der Hexen Englands, der als okkulter Berater fungierte, ihre Hexenweihe. Kurz darauf wurde sie das berühmteste Opfer von Charles Mansons Family.

Ein weiterer Film, der ein heidnisches Wetter- und Fruchtbarkeitsritual zum Inhalt hat, ist der nicht weniger brillante »The Wicker Man« von Robin Hardy (GB 1973) mit den großen Stars der Hammer-Filme, Christopher Lee und Ingrid Pitt. Ein Polizist kommt vom Festland auf eine der kleinen Inseln vor der Westküste Schottlands, wo er das Verschwinden einiger Mädchen untersuchen soll. Dieses scheint mit alten Kultgebräuchen der Inselbewohner in Zusammenhang zu stehen. Als er schließlich die wahren Zusammenhänge erkennt, ist es zu spät, dem Netz der Sekte zu entrinnen. Die Ermittlungen stellen sich als eine raffinierte Falle heraus, und sowohl der Gesetzeshüter als auch der Film steuern auf ein bitterböses Ende zu, das man so leicht nicht vergißt. Auch »The Wicker Man« ist intelligentes und formal überragendes Horrorkino, dessen Drehbuch des Theaterautoren Anthony Shaffer Katholizismus und Heidentum auf genreuntypische Weise kontrastiert.

Im Jahre 1988 entstand unter dem Namen »Spellbinder – ein teuflischer Plan« (»Spellbinder«/Janet Greek, USA) ein im Ansatz interessantes, aber leider im Endeffekt wenig überzeugendes Remake von »The Wicker Man«, welches die Handlung von der schottischen Insel nach Hollywood verlagert und den ›meteorologischen‹ Aspekt völlig ausklammert.

In Roland Emmerichs Regiedebüt, »Das Arche Noah Prinzip« (D 1983), geht es um die Raumstation »Florida Arklab«, von der aus exakte Wettervorhersagen getroffen werden sollen. Doch beschränkt man sich an Bord nicht nur darauf, das Wetter zu prognostizieren, sondern mittels experimenteller Mikrowellentechnologie zu verändern. Als diese Möglichkeit dazu genutzt werden soll, in einen kriegerischen Konflikt in Nahost einzugreifen, rebellieren die Forscher des Projektes. Die Behandlung des Themas der Klimamanipulation im Genre der Science-fiction ist für X-Philes auch aus dem Grund interessant, weil die Bösewichter einer finsteren Verschwörung angehören.

Bemerkungen:

● Einige der Motive aus »Rain King« sind dem klassischen Hollywood-Kino, genauer gesagt dem Musical »The Wizard of Oz« entnommen. Zu Beginn des Musicals wird Dorothy von der Farm, auf der sie lebt, von einem Wirbelsturm emporgehoben und in das Märchenland Oz getragen. Auch in Kroner sind Tornados, die Mensch und Tier durch die Lüfte wirbeln, an der Tagesordnung. Ein weiteres Motiv aus »Oz« sind die zahlreichen Regenbögen. Kurz bevor der ewige Regen über Daryl für immer versiegt, sehen wir einen solchen hinter seinem Zelt. Die Abschlußfeier wird dominiert von einer Regenbogenkulisse, und als letztes Lied läuft »Somewhere over the Rainbow«, Judy Garlands berühmter Song aus dem Musical. Den Saal, in dem die Jubiläumsfeierlichkeit stattfindet, schmückt ein Ballon mit der Aufschrift »There's no Place like Kroner«. »There's no Place like Home« ist der Zauberspruch, der Dorothy in »Oz« zurück nach Kansas transportiert, wo ja auch »Rain King« spielt. Des weiteren sehen wir bei der Abschlußfeier die Statue einer Vogelscheuche, in »Oz« einer der Weggefährten Dorothys. Ein weiterer ihrer Weggefährten ist ein feiger Löwe, der sich nichts sehnlicher wünscht als Courage. Dieser wiederum ist natürlich das Vorbild von Wettermann Holman Hardt, der sich zwanzig Jahre lang nicht traut, Sheyla seine Liebe zu gestehen. Auch andere Figuren aus »Oz« tauchen leicht verändert in »Rain King« auf. Der ›große und schreckliche Oz‹, ein falscher Zauberer, findet seine Entsprechung in dem falschen Regenkönig Mootz.

Auch die ›schlechten Spezialeffekte‹, die der Episode von Fans angekreidet wurden, so zum Beispiel die lächerlich wirkende fliegende Kuh, sind ein Verweis auf die Filmversion des Musicals, das absichtlich in wenig naturalistischen Kulissen gedreht wurde, um die irreale Atmosphäre einer Theaterinszenierung einzufangen. Auch der Schnee, der bei Sheylas Hochzeit fällt, hat seinen Ursprung offensichtlich nicht in einer Wolke, sondern im Hollywood vergangener Tage und trägt zu dem surrealistischen Grundton von »Rain King« bei, den er sich mit »Oz« teilt. Die Kulissen in »Oz« sind jedoch nicht nur unrealistisch, sondern auch noch ziemlich kitschig. Die letzte Einstellung der Episode, der Blick aus dem Fenster der Behausung von Sheyla, Holman und ihres Babys, bei dem wir sehen, daß sich das staubtrockene Kroner in ein üppiges, paradiesisches Idyll verwandelt hat, könnte direkt aus dem Musical stammen.

● Es ist mittlerweile fast unmöglich, »The Wizard of Oz« zu zitieren, ohne nicht auch Assoziationen an das Werk David Lynchs zu wecken. Der Musicalklassiker ist einer der Lieblingsfilme des zitierfreudigen Filmemachers, dessen Streifen dementsprechend deutlich auch den Geist von »Oz« atmen. Besonders deutlich ist dies in »Wild at Heart«, in dem die böse Hexe aus »Oz« einen Gastauftritt absolviert, und dem »Twin-Peaks«-Kinofilm »Fire Walk with Me«, in dem ihr guter Counterpart zu sehen ist. Besonders angetan haben es Lynch die offensichtlich künstlichen Vögel aus dem Musical, die in seinem »Blue Velvet« auftauchen und auch in »Rain King« durch die letzte Szene flattern.

● Die fliegende Kuh erinnert nicht nur an das Musical, sondern ist auch ein ironischer Verweis auf den Katastrophenfilm »Twister«.

● Ein ähnliches Problem wie Daryl Mootz in »Rain King« hat auch der Trucker Rob McKenna in Douglas Adams' SF-Roman »Macht's gut, und danke für den Fisch«, dem 4.Teil des nichts weniger als genialen »Per-Anhalter-durch-die-Galaxis«-Zyklus. Der Regen folgt McKenna einfach überall hin. Er kennt sich schließlich so gut mit Niederschlag aus, daß er ihn in 231 verschiedene Typen eingeteilt hat, von denen er keinen mag (Nr. 33: leichter, prickelnder Nieselregen, der die Straßen glitschig macht; Nr.17: ein gemeines Klatschen, das so heftig gegen die Windschutzscheibe schlägt, daß es zienmlich egal ist, ob man seine Scheibenwischer an- oder abgeschaltet hat). Auch er schlägt aus seinem Los Kapital. Er bekommt jedoch nicht wie

Daryl Geld, weil er spezielle Orte besucht, sondern weil er sich von ihnen fernhält: Er erpresst Reiseveranstalter.

● Eigentlich ist »Rain King« eine nette, wenn nicht sogar die bisher netteste Episode der gesamten Serie, aber der Witz mit der Kettensäge ist echt krank. Seit Tobe Hoopers Terrorklassiker »Kettensägenmassaker« bzw. »Blutgericht in Texas« (»The Texas Chainsaw Massacre«, USA 1974) wurde dieses Werkzeug von Gärtnern und Holzfällern zu einem der beliebtesten Accessoires des modernen Horrorfilms (wovon »Motel Hell – Hotel zur Hölle«, »Das Böse II«, sowie sämtliche Teile von »Tanz der Teufel« beredt Zeugnis ablegen). »Akte X« zitierte den einflußreichen Streifen bereits in der umstrittenen Folge »Blutschande«.

● Der Rückblick auf Sheylas katastrophale Highschoolabschlußfeier erinnerte uns stark an den Videoclip zu Soundgardens »Black Hole Sun«.

● Dana Scully und Fox Mulder ermitteln hier in Kroner, dem ›Epizentrum extremen Wetters‹. Mit Orten, an denen sich erstaunliche Energien und Naturgewalten konzentrieren, haben sie aber schon ihre Erfahrungen gesammelt, zum Beispiel in Comity, dem ›kosmischen G-Punkt‹, in der Folge »Energie«.

● Dirk Blocker, Darsteller des Bürgermeisters Jim Gilmore, der die Agenten auf so erstaunliche Weise in Kroner willkommen heißt, ist niemand anders als der Sohn des Schauspielers Dan Blocker, unvergessen als der liebenswerte Hoss von der Ponderosa-Ranch aus »Bonanza«.

● Wir haben nicht die leiseste Ahnung, ob Autor und Produzent Vince Gilligan einmal in einem Diner arbeitete bevor er den Job fand, den wir gerne hätten, oder diese Art von Etablissement einfach nur gerne aufsucht. Wir sind uns jedoch sicher, daß es kein Zufall ist, daß Scully und Mulder auf dem Weg zu Rainking Inc. an ›Vince's Diner‹ vorbeikommen!

● Daryl Mootz raucht Morleys, die Lieblingsmarke des Cigarette-Smoking Man. Da er aber nur ein kleiner Bösewicht ist, bevorzugt er die Lights.

● Bevor er in der Cool View Motor Lodge beinahe von einer fliegenden Kuh getötet wird, auf der sein Name steht, sieht man Fox Mulder wieder einmal Sonnenblumenkerne knacken. Während er in den ersten Staffeln kaum von seiner Lieblingsknabberei ablassen konnte, scheint er ja in den letzten Jahren nicht mehr so davon begeistert zu sein. Eine mögliche Erklärung wäre, daß sich nicht alle neuen Autoren so gut in den Feinheiten der frühen Jahre auskennen wie Jeffrey Bell. Eine andere wäre, daß es ja in Wirklichkeit Chris Carter ist, der Sonnenblumenkerne liebt, während David Duchovny sie haßt …

6ABX10
S.R. 819

US-Erstausstrahlung: 17. Januar 1999
Regie: Daniel Sackheim
Drehbuch: John Shiban

Gaststars: Mitch Pileggi (Assistant Director Walter S. Skinner), Raymond J. Barry (Senator Richard Matheson), Nicholas Lea (langhaariger Mann / Alex Krycek), Kenneth Tigar (Dr. Plant), Jenny Cago (Dr. Kathrina Cabrera), John Towey (Dr. Kenneth Orgel), Arlene Pileggi (Skinners Sekretärin), Al Faris (Silk-Shirt Man), Julie Hubert (Krankenschwester im Untersuchungsraum), Jonathan Fraser (uniformierter Polizist), Mickey Knox (Boxtrainer), Donna Marie Moore (Krankenschwester), Greta Fadness (Krankenschwester), Dan Klass (Forensiktechniker), Susana Mercedes (Fahrerin), Tim van Pelt (junger Chirurg), Keith Coulouris (Praktikant)

Kurzinhalt:

Assistant Director Skinner wird auf ungewöhnliche Weise vergiftet und hat noch genau 24 Stunden zu leben. Seine einzige Überlebenschance besteht darin, seinen Mörder zu finden. Ohne jeden Anhaltspunkt allerdings ein Ding der Unmöglichkeit …

Inhalt:

Assistant Director Skinner liegt in kritischer Verfassung auf der Intensivstation des St. Katherine's Hospital. Überall auf seinem Körper treten aus einem unbekannten Grund die Adern dunkel hervor. Mit einem Mal setzt sein Herz aus. Die leitende Ärztin

170

sieht aufgrund seines Zustandes keinen Sinn mehr darin, ihn wiederzubeleben, und stellt seinen Tod um 21:33 Uhr fest.

24 Stunden zuvor. Beim Boxtrainig in seinem Fitneßcenter hat Skinner plötzlich Schwierigkeiten, klar zu sehen. Er muß eine harte Rechte einstecken und geht zu Boden. Obwohl bei der darauffolgenden Untersuchung im Krankenhaus keine ernsthaften Verletzungen festgestellt werden, gibt es für Skinner trotzdem Grund zur Beunruhigung. Eine computergenerierte Stimme informiert ihn per Telefon, daß er nur noch 24 Stunden zu leben hat.

Mulder und Scully vermuten, daß Skinner vergiftet worden ist. Tatsächlich erinnert sich Skinner an eine merkwürdige Begegnung mit einem spitzbärtigen Mann. Dieser hatte ihn am Morgen in der FBI-Zentrale nach der Uhrzeit gefragt und ihn dabei am Handgelenk berührt. Scully glaubt, daß Skinner bei dieser Gelegenheit mit einem hochkonzentrierten Kontaktgift in Berührung gekommen ist.

Anhand von Aufzeichnungen der Überwachungskamera kann der Mann als Dr. Kenneth Orgel identifiziert werden. Orgel ist Berater für einen Senatsausschuß, der sich mit ethischen Fragen in Verbindung mit neuen Technologien auseinandersetzt. Skinner und Mulder beschließen, Orgel einen Besuch abzustatten. Scully will in der Zwischenzeit zum Krankenhaus fahren und die Ergebnisse von Skinners Untersuchung überprüfen.

Am Haus von Orgel angekommen, überraschen Mulder und Skinner zwei bewaffnete Männer, die Dr. Orgel entführen. Obwohl Mulder einen von ihnen nach einer Verfolgungsjagd stellen kann, muß er den Mann wieder laufen lassen, denn er besitzt einen Diplomatenpaß. Ihr Besuch bei Dr. Orgel war jedoch nicht

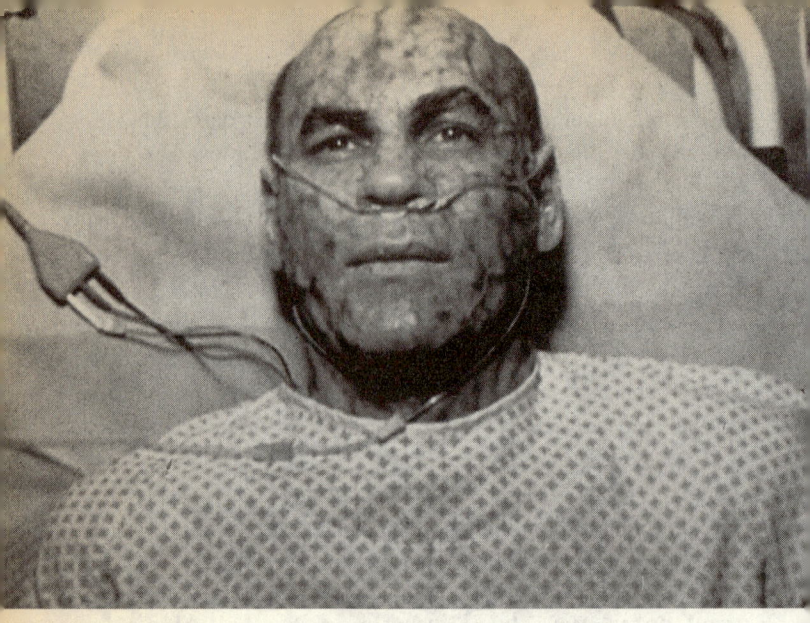

… das sieht gar nicht gut aus für Skinner …

völlig umsonst. Bei der Durchsuchung seines Büros entdeckt Mulder ein Foto, das den Doktor mit einem alten Bekannten Mulders zeigt: mit Senator Richard Matheson.

Der Senator zeigt sich von Mulders nächtlichem Besuch alles andere als begeistert. Nachdem dieser den Senator mit dem Foto und seiner Vermutung, daß Skinner wegen der auf dem Foto abgebildeten Senatsresolution 819 sterben soll, konfrontiert hat, komplimentiert Matheson ihn wieder hinaus. Die einzige Information, die er Mulder gibt, ist die, daß die Resolution den Export von neuen Technologien an Dritte-Welt-Länder betrifft.

Zur gleichen Zeit macht Scully bei einer Analyse von Skinners Blut eine unglaubliche Entdeckung. Unter dem Mikroskop sind auf Kohlenstoff basierende Elemente zu sehen, die sich rasend schnell ausbreiten. Sie verstopfen nach und nach Skinners Herz-gefäße, was unweigerlich zu einem Herzinfarkt führen wird. Skinner ist tatsächlich in höchster Lebensgefahr.

Im Moment gilt dessen größte Sorge jedoch dem Mann mit dem Diplomatenpaß. Skinner hat ihn bis ins Parkhaus des Botschafts-viertels verfolgt, verliert ihn jedoch nach einer kurzen Schieße-rei aus den Augen. Skinners sich weiter verschlechternder Zu-stand verschafft seinem Gegner die Gelegenheit, sich an ihn her-anzuschleichen. Bevor er jedoch den tödlichen Schuß auf den Assistant Director abgeben kann, wird er von einem plötzlich herannahenden Fahrzeug erfaßt und getötet. Skinner kann den Fahrer des Wagens nicht mehr erkennen und bricht kraftlos zu-sammen.

Er wird ins Krankenhaus gebracht, wo Scully gerade noch ver-hindern kann, daß ihm bei einer Notoperation die Arme ampu-tiert werden. Sie schlägt statt dessen vor, sein Blut einmal kom-plett auszutauschen. Scully kann zwar nicht garantieren, daß die-se riskante Behandlungsmethode ihn retten wird, doch ist es die einzige Möglichkeit, die ihr im Moment bleibt.

Mulder durchsucht derweil Skinners Büro nach Hinweisen auf dessen Verbindung zur S.R. 819. In Skinners Post wird Mulder schließlich fündig. Aus einem Brief erfährt Mulder, daß Skinner einen Sicherheitscheck der Leute durchgeführt hat, die mit der Technologie in Verbindung stehen, um die es in der Senatsresolu-tion geht. Der Senat wollte Skinners Untersuchungsergebnisse abwarten, bevor er der Resolution zustimmen würde. Dr. Orgel wiederum hatte herausgefunden, daß die Technologie zu militäri-schen Zwecken mißbraucht werden sollte und wollte Skinner darüber informieren. Nun wollen die Hintermänner des illegalen Rüstungsexportes Orgel und Skinner zum Schweigen bringen, um ihre schmutzigen Geschäfte auf legalem Wege durchführen zu können.

Als Mulder Scully im Krankenhaus darüber in Kenntnis setzt, erhalten sie einen Anruf von der Computerstimme, die sie auffordert, aufzugeben. Mulder vermutet, daß der Anrufer in der Nähe sein muß. Tatsächlich entdeckt er einen langhaarigen Mann mit einem Palmtop-Computer. Es kommt zu einer Verfolgungsjagd, bei der Mulder den Mann zwar nicht stellen, aber wenigstens dessen Wagen beschlagnahmen kann.

Darin findet die Spurensicherung des FBI einen Hinweis auf ein altes Kraftwerk. Mulder eilt dorthin und trifft vor Ort den Senator. Dieser wurde kurz zuvor Zeuge, wie dem gefangenen Dr. Orgel, der mit denselben Symptomen wie A. D. Skinner auf einem Tisch gefesselt lag, per Fernsteuerung ein Herzinfarkt zugefügt wurde. Von Matheson erfährt Mulder, daß es sich bei der Technologie, um die es in S.R. 819 geht, um Nanotechnologie handelt. Roboter von der Größe eines Atoms, die nun als Waffe eingesetzt werden können. Die gleichen Nanobots befinden sich auch im Körper von Assistant Director Skinner und werden ihn in Kürze töten.

Mulder eilt in der Hoffnung, Skinner mit den neugewonnenen Erkenntnissen vielleicht doch noch retten zu können, ins Krankenhaus zurück. Aber er wird zu spät kommen, denn zur gleichen Zeit setzt Skinners Herz aus und er stirbt. Der langhaarige Mann hat Skinners Tod beobachtet. Plötzlich gibt er einen Befehl in seinen Palmtop ein und deaktiviert die Nanobots in Skinners Blutkreislauf. Skinner erwacht zu neuem Leben.

Drei Wochen später. Skinner ist wieder kerngesund. Die Nanobots zeigen keinerlei Aktivität. Er informiert Mulder und Scully, daß S.R. 819 ohne weitere Erklärung zurückgezogen wurde. Jede weitere Nachforschung bezüglich des Falles lehnt er jedoch ab. Mulder und Scully reagieren verwundert, vor allem deshalb, weil Skinner Scully auf dem Krankenbett versichert hatte, er werde die beiden in Zukunft mit all seiner Macht bei ihren Ermittlungen unterstützen.

Skinners merkwürdiges Verhalten erklärt sich kurz darauf aber zumindest den Zuschauern. Als dieser nach Feierabend in seinen Wagen steigt, ist er nicht sehr überrascht, den langhaarigen Mann auf dem Rücksitz anzutreffen. Es stellt sich heraus, daß der Mann die Nanobots jederzeit wieder aktivieren kann. Skinners Schicksal liegt allein in seiner Hand, und der langhaarige Mann ist niemand anderes als Alex Krycek …

Kommentar:
Skinner: »Mulder, Sie sind so was von paranoid!«

Unter den X-Philes genießt Autor John Shiban in etwa den gleichen Stellenwert wie eine Episode, in der Mulder und Scully nur eine Nebenrolle spielen – auf beides könnten sie gut und gerne verzichten. Um so erschreckender muß es für die Fans gewesen sein, als sich mit »S.R. 819« eine Episode ankündigte, die diese beiden verhaßten Elemente miteinander kombinieren sollte. Dabei ist der schlechte Ruf sowohl von John-Shiban-Folgen als auch von X-Akten, in der Mulder und Scully nur am Rande vorkommen, eigentlich unbegründet. Zugegeben, Shibans Erstlingswerk »Der Fluch« (3X18) kann man nur als mißglückt bezeichnen, und auch eine der ersten »Akte X«-Folgen, die sich mit einem der Nebencharaktere beschäftigte (»Avatar«, 3X21), gehört nicht unbedingt zu den Sternstunden der Serie. Doch bereits »Gedanken des geheimnisvollen Rauchers« (4X07) oder »Der Pakt mit dem Teufel« (4X21) und natürlich die Lone-Gunmen-Episode »Die unüblichen Verdächtigen« (5X01) bewiesen, daß auch Geschichten über den Cigarette-Smoking Man, Assistant Director Skinner oder die drei Verschwörungstheoretiker Byers, Langly und Frohike durchaus unterhaltsam sein können. Ebenso hat sich die Qualität der John-Shiban-Episoden im Laufe der Zeit verbessert. »Der Chupacabra« (4X11) löste zwar immer noch Kontroversen unter den Fans aus (uns gefiel die Folge), doch spätestens mit seiner Mitarbeit an zahlreichen Mythologie-folgen (z. B. »Leonard Betts« (4X14) oder »Memento Mori« (4X15)) und seiner Solofolge »Die Pine-Bluff-Variante« (5X18) hat Shiban gezeigt, daß er keineswegs ein hoffnungsloser Fall ist.

Wie schon »Die Pine-Bluff-Variante«, so handelt es sich auch bei »S.R. 819« um eine für sich stehende Verschwörungsfolge. Zwar entpuppt sich der langhaarige Mann am Ende als Alex Krycek und es gibt ein Wiedersehen mit dem zwielichtigen Senator Matheson, doch darüber hinaus steht die Folge eher außerhalb der Mythologie. Es geht weder um Außerirdische, noch tauchen der Cigarette-Smoking Man, die Lone Gunmen oder die Männer des Konsortiums auf. Trotzdem fungiert »S.R. 819« aber auch als Einstimmung für den bevorstehenden Zweiteiler »Two Fathers« / »One Son«, der nicht weniger als die Enthüllung der großen Verschwörung verspricht.

Eine der Stärken von »S.R. 819« ist die Rückbesinnung auf die düstere Atmosphäre, für die »Akte X« bekannt ist und die in den letzten Folgen vielleicht ein wenig zu kurz kam.

Von dubiosen Männern in Trenchcoats, über Verfolgungsjagden durch dunkle Gassen und nächtlichen Besuchen bei hohen Regierungsmitgliedern bis hin zu verlassenen Fabrikhallen und Schießereien in Parkhäusern (dazu später mehr), darf in Shibans

Ein Blick sagt mehr als tausend Worte …

Drehbuch daher auch keines der Elemente fehlen, die »Akte X«
so wunderbar paranoid machen. Zusammen mit der stimmungs-
vollen Regie von »Akte X«-Veteran Daniel Sackheim (u. a. inszenierte er mit »Die Warnung« [1X01] die erste reguläre Folge
nach dem Piloten) ist so schon fast ein kleiner *film noir* entstanden. Dies ist nicht weiter verwunderlich, wenn man bedenkt, daß
die Story an einen der Klassiker der schwarzen Serie angelehnt
ist. »Opfer der Unterwelt« entstand 1950 in den USA und wurde
1988 von Rocky Morton und Annabel Jankel mit Dennis Quaid
und Meg Ryan unter seinem Originaltitel »D.O.A.« noch einmal
verfilmt. Der Film beginnt mit einer Szene, in der ein Mann eine
Polizeiwache betritt und einen Mord meldet. Das Opfer ist er selber. In einer großen Rückblende erzählt der Mann einem Polizisten dann seine ungewöhnliche Geschichte. Vor knapp 24 Stunden hat er erfahren, daß er vergiftet wurde und in 24 Stunden

sterben werde. In dieser Zeit hat er verzweifelt nach seinem Mörder gesucht und ihn schließlich gefunden.

Die Parallelen zu dieser Episode sind nicht zu übersehen. Trotzdem darf man »S.R. 819« nicht den Vorwurf des Plagiats machen. Shiban hat sich zwar der Prämisse von »D.O.A.« bedient, daraus aber eine vollkommen eigenständige und vor allem spannende X-Akte entwickelt.

Daß diese Episode auch inszenatorisch an einen *film noir* angelehnt ist, dürfte wohl ebenfalls kein Zufall sein. Wie die Filme der schwarzen Serie beschreibt auch »S.R. 819« eine Reise in die Nacht oder besser in eine mysteriöse (Alp-)Traum-Welt. So spielt ein Großteil der Episode bei Nacht und die Erkenntnis, nur noch 24 Stunden zu leben zu haben, kann man mit Fug und Recht als Alptraum bezeichnen. Am wirkungsvollsten hat Regisseur Daniel Sackheim die seltsam-surreale Atmosphäre eines *film noir* aber in der Szene eingefangen, in der Skinner sich an seine erste Begegnung mit Dr. Orgel erinnert. Bill Roes schwebende Zeitlupenkamera und die Spieluhrmusik von Mark Snow verleihen der Sequenz eine wunderbar traumwandlerische Qualität, die die Stimmung für den Rest der Episode entscheidend prägt.

Auch die Tatsache, daß Skinner seinen auf dem Sterbebett gefaßten Vorsatz, Mulder und Scully fortan mit all seinen Möglichkeiten zu unterstützen, nicht wahr machen kann, besitzt eine Tragik, die perfekt in einen *film noir* paßt. Krycek hat Skinner also dank der Nanobots in dessen Körper in der Hand. Ob wir allerdings jemals erfahren werden, für welche perfiden Zwecke Krycek seinen Einfluß auf Skinner nutzen wird, ist fraglich.

Hier liegt auch das einzige echte Manko der Folge. Wieder einmal stehen wir vor einem ganzen Berg offener Fragen. Wie wurden Skinner und Dr. Orgel vergiftet? Hat die Tatsache, daß tunesische Diplomaten in den Fall verwickelt sind, etwas mit den Kornfeldern und Bienenzuchtanlagen in Tunesien (»Akte X – Der Film«) zu tun? Für wen arbeitet Krycek diesmal? Welche Rolle spielt Senator Matheson? Vor ein paar Jahren hätte uns ein solcher Fragenkatalog noch nicht viel ausgemacht, aber damals haben wir auch noch geglaubt, daß Chris Carter die Fragen, die er stellt, auch eines Tages beantworten wird. Inzwischen wissen wir aber, daß dies nicht zwangsläufig so sein muß, und es beschleicht uns das unangenehme Gefühl, daß die Autoren sich gar nicht mehr darum scheren, ob sie ihre Geschichte im nachhinein logisch erklären können. Sollte auch John Shiban sich diese Unsitte noch abgewöhnen, könnte er eines Tages mal zu den ganz Großen gehören.

Hintergrund:

Nanotechnologie ist laut Senator Matheson eine Technologie, von der die Menschheit glaubt, sie existiere nur in der Theorie. In der Welt von »Akte X« wird dies natürlich im gleichen Atemzug als Irrglaube entlarvt, doch wie sieht es in der Realität aus?

Natürlich ist nicht völlig auszuschließen, daß eine geheime Regierungsstelle schon im Besitz einer funktionierenden Nanotechnologie ist, doch nach allem, was heute über diesen noch verhältnismäßig jungen Forschungszweig bekannt ist, hat die Menschheit recht. Es gibt zwar eine ganze Reihe von theoretischen Ansätzen, doch eine praktische Nutzung der Nanotechnologie liegt wohl noch ein paar Jahrzehnte in der Zukunft.

Der Begriff Nanotechnologie stammt von dem amerikanischen Wissenschaftler Dr. Eric Drexler und wurde erstmals in dessen Buch »Engines of Creation« verwendet. ›Nano‹ bedeutet 1 Milliardstel und meint im Zusammenhang mit Nanotechnologie die

Entwicklung von Maschinen von der Größe eines Moleküls oder Atoms. Mit Hilfe dieser ›Nanobots‹ soll es eines Tages möglich sein, jedes beliebige Material zu schaffen und es in jede beliebige Form zu bringen. Die Idee, die dahintersteckt, ist denkbar einfach. Da alle Gegenstände – ob Bananen, Autos oder Actionfiguren – von Dana Scully im Endeffekt aus unzähligen Molekülen und diese wiederum aus einer bestimmten Anordnung von Atomen zusammengesetzt sind, müßte es eigentlich möglich sein, sie auf atomarer Ebene zu konstruieren. Dazu benötigte man als Basismaterial nicht mehr als etwas Wasser und Kohlenstoff. Die Wasser- und Kohlenstoffatome dienen dann als Bausteine, die von den Nanobots so lange verschoben werden, bis sie das gewünschte Molekül, z. B. ein Dana-Scully-Action-Figuren-Molekül, gebildet haben. Danach müssen die Nanobots nur noch die Moleküle an die richtige Stelle befördern, und schon haben wir eine Agentin Scully zum Spielen.

Natürlich läßt sich Nanotechnologie auch für ernsthaftere Zwecke verwenden. In der Medizin wären die kleinen Helfer jedenfalls höchst willkommen, wären sie doch in der Lage, im Körper spezielle Krankheitserreger wie beispielsweise das Aids-Virus gezielt zu vernichten, Fettzellen abzubauen oder defekte Organe zu reparieren. Wie wir in »S.R. 819« gesehen haben, könnte man sie aber auch für weniger noble Ziele einsetzen und z. B. in den Adern Barrieren bauen lassen, die zu einem Herzinfarkt führen würden.

Hier zeigt sich wieder einmal, daß jede Technologie sowohl für positive als auch für negative Zwecke eingesetzt werden kann. Bei kaum einer anderen Technologie liegen Ge- und Mißbrauch aber so nahe beieinander wie hier. Auf der einen Seite könnte eine funktionierende Nanotechnologie die großen Menschheitsprobleme einfach und dauerhaft lösen. Hunger in Afrika? Kein Problem. Die Nanobots basteln aus Sand und Matsch ein paar saftige Steaks. Sie wünschen sich ein neues Haus? Die Nanobots bauen es aus Ihrem Abfall (womit auch noch das Müllentsorgungsproblem gelöst wäre), und jetzt wollen Sie auch noch einen Agent Mulder aus Plastik? Alles klar, Sie verstehen, was wir meinen.

Auf der anderen Seite können die Nanobots aber auch Häuser zu Abfall, Steaks zu Sand und Actionfiguren von Fox Mulder in welche vom Cigarette-Smoking Man umwandeln. Zukunftsforscher der Rutgers-Universität stellen sich die perfektionierten Nanobots dabei als eine Art Bienenschwarm vor, der sich auf den Gegenstand stürzt, den er verändern soll, und dann seine Arbeit aufnimmt. Man stelle sich vor, dieser Schwarm würde auf einen Menschen losgehen und ihn in einen Haufen leerer Coladosen oder in eine Schaufensterpuppe verwandeln. Hört sich nach einer weiteren interessanten X-Akte an, oder?

Inzwischen haben es einige Wissenschaftler zwar geschafft, mit Hilfe hochkomplizierter Geräte ein paar Atome so zu verschieben, daß sie z. B. das Wort ›Atom‹ auf japanisch oder eine Gitarre formen können, doch bis es so weit ist, daß Nanobots uns das Spielzeug unserer Wahl zusammenbasteln, müssen wir wohl noch ein paar hunderttausend Mark im nächsten Toys ’R’ Us ausgeben.

Wer sich bei der Funktionsweise der Nanobots an die Replikatoren aus dem Star-Trek-Universum erinnert fühlt, der liegt genauso richtig wie falsch. Während die Replikatoren laut Scottys praktischem Technik-Handbuch nicht mit Nanotechnologie, sondern mit der gleichen Methode wie die Materie-Transmitter funktionieren, existieren in der Welt des Raumschiffs Enterprise doch Nanobots. Sie hören auf den Spitznamen ›Naniten‹ und haben unter anderem in der Episode »Die Macht der Naniten«

(»Evolution«) der Serie »Star Trek – Das nächste Jahrhundert«
für Unruhe auf der Enterprise gesorgt.

Wir sehen der Entwicklung der Nanotechnologie übrigens relativ
gelassen entgegen. Denn während Handwerker und Fabrikarbei-
ter fürchten müssen, ihre Jobs an die modernen Micro-Machines
zu verlieren, brauchen wir uns keine Sorgen zu machen. Man
kann zwar aus Müll einen ganzen Stapel Papier machen, doch
den Müll, der da drauf gedruckt wird, müssen sich immer noch
Menschen ausdenken.

Bemerkungen:

● Trotz anderslautender Behauptungen ist Dr. Orgel kein Pseudonym für einen Bontempi-Maestro. Der Name des unglückseli-
gen Doktors wird Or-*gell* ausgesprochen.

● Mulder kann einem wirklich leid tun. Statt seine Freizeit zu
genießen und auszugehen, verbringt er den Abend damit, in seinem neuen Büro Stifte an die Decke zu werfen. Und dann bleiben sie nicht einmal stecken.

● Mulders Frage, ob Skinner allein war, als er am Morgen aufge-
wacht ist, war durchaus berechtigt. Als er das letzte Mal in
Schwierigkeiten steckte, war Skinner neben einer Toten aufge-
wacht und konnte sich nicht mehr erinnern, wie sie in sein Bett
gekommen war (»Avatar«, 3X21).

● Entweder war der Wagen in der Tiefgarage, gegen den Skinner
fällt, als er bewußtlos zusammenbricht, aus Alufolie, oder Skinner IST der Terminator. Die Beule wird jedenfalls teuer.

● Tiefgaragen gelten seit jeher als Archetypen menschenfeindli-
cher Architektur. Spätestens seit der echte »Deep Throat« den

Journalisten Bob Woodward und Carl Bernstein im Parkhaus des Watergate-Hotels die belastenden Informationen über den damaligen Präsidenten Richard Nixon zuspielte, dienen die düsteren Betonkatakomben zahllosen Krimis und vor allem Verschwörungsthrillern als Schauplatz für Morde, Überfälle und konspirative Treffen. Auch in »Akte X« haben Tiefgaragen ihren festen Platz. So kommt kaum eine Mythologiefolge ohne Parkhausszene aus, und in »Kontakt« (2X01) treffen sich Mulder und Scully sogar heimlich in der Tiefgarage des Watergate-Hotels. »S.R. 819« treibt die Verwendung dieses Schauplatzes nun auf die Spitze. Gleich drei Szenen – darunter zwei Action-Sequenzen – spielen in einem Parkhaus. Parodiert wurde die düstere Atmosphäre der Tiefgaragen übrigens in John Landis grandioser Komödie »Die Glücksritter« (»Trading Places«, USA 1983). Eddie Murphy und Dan Akroyd erhalten in einem Parkhaus von einem Informanten geheime Informationen. Landis inszenierte die Szene fast exakt wie Alan J. Pakula in der Verfilmung des Watergate-Skandals »Die Unbestechlichen« (»All the President's Men« mit Robert Redford und Dustin Hoffman, USA 1976).

● Arlene Pileggi, die Ehefrau von Mitch Pileggi, hat in dieser Folge wieder einen Gastauftritt als Skinners Sekretärin.

6ABX09
Thitonus

US-Erstausstrahlung:	24. Januar 1999
Regie:	Michael Watkins
Drehbuch:	Vince Gilligan

Gaststars: Richard Ruccolo (Agent Peyton Ritter), Geoffrey Lewis (Alfred Fellig), James Pickens, Jr. (Assistant Director Kersh)

Kurzinhalt:

Scully wird von Mulder getrennt und muß mit dem jungen Agenten Peyton Ritter zusammenarbeiten. Ein Fotograf von Mordschauplätzen taucht offenbar immer wieder schon vor der Polizei am Tatort auf. Hat er etwas mit den Verbrechen zu tun? Oder hat er eine ganz besondere Affinität zum Tod?

Inhalt:

In einem Hochhaus folgt ein rätselhafter alter Mann einer jungen Bürobotin, die er in Schwarzweiß wahrnimmt. Sie wird nervös, und rettet sich in einen Fahrstuhl, aber er kommt ihr nach. Als er alle anderen Passagiere des Fahrstuhls ebenfalls in Schwarzweiß sieht, verläßt er die Kabine und rennt die Treppen hinab in den Keller. Inzwischen stürzt der Fahrstuhl ab. Der alte Mann wartet bereits unten auf ihn und bereitet seine Kamera vor. Als der Fahrstuhl aufschlägt, fotografiert er die Toten.

Im FBI-Hauptquartier gehen Mulder und Scully ihrer Strafarbeit nach und führen Hintergrundrecherchen durch, als Scully in Kershs Büro gerufen wird, um einen Auftrag zu erhalten. Mulder wird übergangen. Der New Yorker Agent Peyton Ritter hat ein paar verstörende Unstimmigkeiten bei Verbrechensfotos entdeckt, die ein Alfred Fellig gemacht hat. Es scheint, als sei der Mann schon mehrmals mindestens eine Stunde vor der Polizei am Tatort gewesen. Kersh gibt Scully den Auftrag, Agent Ritter in New York bei seinen Nachforschungen zu unterstützen. In Brooklyn entdeckt Alfred Fellig derweil einen Mann, den er in Schwarzweiß wahrnimmt. Er folgt ihm, bis der Mann in seinem Apartment einen Herzanfall erleidet. Anstatt ihm zu helfen, macht er nur kalt seine Fotos von dem Toten.

In Washington vermutet Mulder eine X-Akte und spult seiner Kollegin einen Haufen möglicher Erklärungen für die Verbindung zwischen Tod und Fotografie ab, aber Scully bleibt davon unbeeindruckt, und er muß sie mit Agent Ritter ziehen lassen. In New York besuchen die Agenten das 15. Revier, wo Fellig die meisten seiner Fotos verkauft. Als sie die jährlichen Neuanträge des Mannes nachprüfen, die bis zum Jahre 1964 zurückreichen, stellen sie fest, daß er auf allen Fotos gleich aussieht. Er ist bereits seit 35 Jahren ein alter Mann und in dieser Zeit offenbar nicht weiter gealtert! In derselben Nacht wird in der Bronx ein Junge wegen seiner Leuchtturnschuhe getötet. Fellig macht Fotos von dem Mord und wird dabei von dem Killer bemerkt, der sich nun auch auf Fellig stürzt und ihn ersticht. Er läßt den scheinbar toten Fotografen zurück, aber dieser rappelt sich bald auf und zieht das Messer aus seinem Rücken.

Als die Polizei am nächsten Tag den Tatort untersucht, findet man Felligs Fingerabdrücke am Messer. Ritter benutzt die Indizien, um Fellig zum Verhör festzunehmen. Während der junge Agent den Mann ausfragt und dieser erklärt, er habe nur seinen Job getan und Bilder gemacht, bemerkt Scully, daß er Schmerzen zu haben scheint. Als sie fragt, ob er verletzt sei, zeigt er ihr die Stichwunden, die bereits fast verheilt sind. Später ruft Mulder Scully an und besitzt detaillierte Informationen über den Fall, da er Ritters Berichte an Kersh abgefangen hat. Er ist der Meinung, daß es sich um eine X-Akte handelt, und bietet seiner Partnerin an, Hintergrundrecherchen über Fellig durchzuführen.

In dieser Nacht wird Felligs Wohnung beobachtet. Scully löst Ritter ab und muß bald erkennen, daß Fellig die Überwachung bemerkt hat und Fotos von ihr macht. Sie konfrontiert ihn in seiner Wohnung und will wissen, wie er dazu kommt, die Toten zu fotografieren, noch bevor man sie entdeckt hat. Er nimmt Scully mit auf eine seiner Fahrten und erklärt, er suche nach einer Aufnahme. Nach einer Stunde sieht er eine Prostituierte in Schwarzweiß und erklärt Scully, die junge Frau werde bald sterben. Als ein Mann das Mädchen bedroht und Fellig seine Kamera vorbereitet, kommt Scully der Prostituierten zu Hilfe und nimmt den Mann fest, der eine Waffe bei sich hat. Die Prostituierte jedoch will nur verschwinden und rennt vor einen Lastwagen, der sie augenblicklich tötet. Fellig fährt davon.

Am nächsten Morgen auf dem Revier gerät Scully in Streit mit Ritter, der ihr vorwirft, bei der Überwachung versagt zu haben. Als sie ihm von Felligs seltsamen prophetischen Fähigkeiten erzählt, kann Ritter kontern: Der Mann, der im Verdacht stand, den Tennisschuh-Jungen ermordet zu haben, wurde verhaftet und behauptet, Fellig habe den Jungen umgebracht und danach auch ihn angegriffen. Scully glaubt dem Mörder kein Wort, aber Ritter will diesen Mann benutzen, um Fellig verhaften zu lassen und wegen Mordes anzuklagen. Er erzählt Scully, Kersh habe ihn vor ihr gewarnt, und er droht ihr mit Konsequenzen, falls sie ihm in die Quere kommt. Dann erhält sie einen Anruf von Mulder, der herausgefunden hat, daß Fellig offenbar bereits 149 Jahre alt ist! Er wurde 1849 als L. H. Rice geboren und hat mehrmals seinen Namen geändert, um diese Tatsache zu verbergen. Es besteht die Gefahr, daß er wieder verschwindet.

Scully besucht Fellig in seiner Wohnung und erzählt ihm, man werde ihn in zwei Stunden verhaften. Als sie ihn mit seiner Teilnahmslosigkeit gegenüber den Todesopfern konfrontiert, hat er nur Verachtung und Neid für diese übrig. Er sagt, er versuche den personifizierten Tod zu fotografieren, um ihm ins Gesicht sehen und ebenfalls sterben zu können. Er habe alle möglichen Selbstmordarten versucht, aber keinen Erfolg gehabt. Er weiß, wann Leute sterben werden, weil er mit der Zeit einen Blick dafür entwickelt hat. Scully erscheint das alles sehr seltsam. Sie geht in einen Nebenraum und ruft Mulder an. Sie bittet ihn, einen weiteren Namen des Fotografen nachzuprüfen, den sie auf einem der Fotos entdeckt hat: Louis Brady. Inzwischen will sie Fellig im Auge behalten. Doch der Fotograf hat das Gespräch mitgehört und kann Scully unbemerkt das Handy stehlen und dieses abschalten. Inzwischen findet Mulder heraus, daß ein Louis Brady 1929 wegen Doppelmordes verurteilt wurde, als er versuchte, den Tod abzufangen. Er konnte später entkommen. Da er Scully nicht erreichen kann, nimmt Mulder mit Ritter Kontakt auf, dem er erzählt, daß Scully wahrscheinlich bei Fellig zu finden ist. Während Scully in Felligs Apartment das Leben gegen den Zynismus des Fotografen verteidigt, sieht dieser die Agentin plötzlich in Schwarzweiß und bereitet seine Kamera vor. Er erzählt Scully, wie er vor vielen Jahrzehnten an Gelbfieber litt und den Tod sah, als dieser kam, um ihn zu holen. Aber er sah weg, und der Tod nahm statt dessen die Krankenschwester, die ihn pflegte. Seitdem kann er nicht sterben, weil er seine Verabredung verpaßt hat. Darauf verkündet er Scully, daß auch sie bald sterben wird. Sie glaubt ihm nicht, aber dann erscheint eine dunkle Gestalt und schießt auf Fellig. Die Kugel zerstört die Kamera, geht durch Fellig hindurch und trifft Scully, die tödlich getroffen zusammenbricht. Die Gestalt ist ein entsetzter Agent Ritter, der Scullys Blutung nicht stoppen kann und nach Hilfe suchend fortläuft. Der bewußtlose Fellig kommt wieder zu sich und will Scully mit einer anderen Kamera fotografieren, aber dann läßt er davon ab und bittet sie, die Augen zu schließen. Als Scully vom Tod fort sieht, geht dieser auf den ebenfalls tödlich verwundeten Fellig

Hauptsache die Haare liegen: Dana Scully verblutet, aber die Frisur sitzt weiterhin perfekt!

über. Der Fotograf stirbt. Eine Woche später besucht Mulder seine Partnerin im Krankenhaus, wo sie sich erstaunlich schnell erholt.

Kommentar:

»Hi, mein Name ist Fox Mulder. Ich habe früher beim FBI neben Ihnen gesessen.«
Mulder ruft sich seiner Partnerin Scully in Erinnerung

Eine alte Legende erzählt von einem Mann, der versucht, dem Tod zu entkommen. Er sieht den Tod auf dem Marktplatz und erkennt mit Schrecken, daß er gekommen ist, um ihn zu holen. Der Mann schwingt sich auf sein Pferd und reitet so schnell er kann zu einer weit entfernten Stadt, wo der Tod ihn nicht finden wird.

Der Tod, der auf dem Marktplatz ist, um jemand ganz anderen zu holen, bemerkt den Mann auf dem Pferd und wundert sich, ihn hier zu sehen. Schließlich haben sie morgen eine Verabredung in einer weit entfernten Stadt …

Alfred Fellig ist das genaue Gegenteil dieses Mannes: Im Gegensatz zu den meisten Menschen läuft er nicht vor dem Tod davon, sondern er sucht ihn verzweifelt. Aber der Tod scheint ihre Verabredung vergessen zu haben. Scully erklärt dem alten Mann, man könne nie genug Leben besitzen. Hier spricht eine Frau, die vor kurzem davor stand, an Krebs zu sterben, die eine Tochter verloren hat und die im Rahmen ihrer Arbeit immer wieder Menschen sterben sieht. Auch Fellig sieht die Menschen sterben, aber er hat nur Bitterkeit und Neid für sie übrig, weil er selbst nicht sterben kann und begonnen hat, seine Unsterblichkeit zu hassen. Er kann dem Leben nichts abgewinnen, da nichts ewig ist, auch nicht die Liebe: Er mußte in staatlichen Archiven nach Unterlagen über seine Frau suchen, denn er hatte ihren Namen vergessen. Für Fellig ist seine Unsterblichkeit ein Fluch, der ihn zu einer verbitterten, mitleidlosen Gestalt gemacht hat. Auf allen Fotos seiner Polizeiunterlagen trägt er den gleichen hoffnungs- und leblosen Blick. Die Menschen, deren Tod er fotografiert, berühren ihn nicht. Vor langer Zeit floh er aus egoistischen Gründen vor dem Tod, und jetzt sucht er ihn aus egoistischen Gründen. Sein Verhältnis zu den Menschen ist nur noch eines der Distanz aus dem Blickwinkel seiner Kamera, die zu seinem wichtigsten Organ geworden ist. Als Agent Ritter auf ihn schießt, nachdem er die Kamera offenbar für eine Waffe gehalten hat, geht seine Kugel durch den Fotoapparat, und Felligs Blut fließt aus der Linse. Die Kamera wirkt wie ein lebendes Wesen, das getötet wurde.

Alfred Fellig erweckt Erinnerungen an Clyde Bruckman aus Darin Morgans Episode »Der Hellseher« (»Clyde Bruckman's Final Repose«, 3X04). Auch der Versicherungsvertreter Bruckman konnte den Tod von Menschen vorhersehen, und auch seine Fähigkeit war ein Fluch für ihn, vor dem er resignierte. Aber ihm fehlte die Kälte und Unmenschlichkeit von Alfred Fellig (vielleicht deshalb, weil er noch nicht 149 Jahre alt war). Fellig ist längst ein lebender Toter, der alle Beziehungen zu Menschen und zum Leben verloren hat. Fellig gehört nicht zu den sympathischeren Monstern der Serie. Dafür hat er zuviel von seiner Menschlichkeit verloren, aber seine tragische Situation weckt Verständnis, und er gehört zu den komplexen Figuren, die man nicht so schnell vergißt.

Mit Scully steht ihm ein Mensch gegenüber, der ebenfalls schon mehrmals den Tod gesehen hat, ihn aber immer noch nicht akzeptiert; weder bei sich selbst noch bei anderen. Und damit scheint sie ein Gefühl bei Fellig zu wecken. Zum ersten Mal seit langer Zeit hat ihn ein Mensch berührt, und er findet den langersehnten Tod, als er diesen Menschen rettet. Scullys ›Sterbeszene‹ ist großartig. Sowohl Gillian Andersons Spiel als auch die Inszenierung wirken erstaunlich verstörend. Dies ist keiner der üblichen edlen und handzahmen Tode, deren Protagonisten noch eine letzte Botschaft zu verkünden haben, bevor sie friedlich die Augen schließen – hier geht ein Leben realistisch zu Ende. Und wird im letzten Augenblick gerettet.

In dieser auf Scully konzentrierten Episode spielt Mulder nur eine Nebenrolle. Er recherchiert für seine Partnerin, versorgt sie mit Informationen, während sie gegenüber ihrem neuen Partner Peyton Ritter den ›Mulder‹ herauskehren muß. Die Situation erinnert auf seltsame Weise an die erste Begegnung von Mulder und Scully. Damals war er der erfahrene FBI-Agent, und sie hatte ihre Karriere gerade erst begonnen. Jetzt steht ihr in Ritter ein unerfahrenes Küken gegenüber, das genauso skeptisch auf die Möglichkeit einer übernatürlichen Erklärung reagiert, wie sie es damals bei Mulder tat (und weiterhin tut). Aber während Scully stets an der Wahrheit interessiert blieb, will Ritter lediglich seine eigene oberflächliche Erklärung bestätigt wissen und seinen Fall durchpauken. Er will nur recht behalten und seine eigene Karriere fördern.

Alles in allem ist »Thitonus« eine starke Episode. Geoffrey Lewis gibt als Alfred Fellig eine verstörende und unheimliche Präsenz ab, und Gillian Anderson kann die Geschichte hervorragend ohne ihren Partner tragen. Das Thema von Leben und Tod berührt innerste menschliche Wünsche und Ängste. Die Unsterblichkeit bleibt weiter ein Menschheitswunsch, aber das von Fellig repräsentierte ewige Leben hinterläßt einen bitteren Nachgeschmack …

Hintergrund:

Die griechische Mythologie erzählt die Geschichte von Tithonos, dem jugendlichen Geliebten von Eos, der Göttin der Morgenröte. Um ihn ewig um sich haben zu können, bat sie Zeus, Tithonos die Unsterblichkeit zu gewähren, aber leider hatte sie vergessen, um ewige Jugend zu bitten. So wurde Tithonos mit jedem Tag älter, ohne sterben zu können. Schließlich war er ein alter gebrechlicher Mann, und Eos mußte ihn pflegen. Als sie seiner müde wurde, sperrte sie ihn in ihr Schlafgemach …

Der Tod wird oft und gerne personifiziert dargestellt, meist als grimmiges Skelett in schwarzem Umhang, das eine Sense schwingt und die Menschen erntet und einsammelt, vornehmlich die Pestkranken. Hier bekommt eine allgemeine Menschheitserfahrung ein Gesicht, und der Film hat diesen Gevatter Tod immer wieder gerne aufgegriffen. In Ingmar Bergmans »Das siebente Siegel« (»Det sjunde Inseglet«) spielt der Tod mit dem Ritter Max von Sydow Schach um sein Leben. »Der müde Tod« von Fritz Lang erzählt von einem Mädchen, das den melancholischen Gevatter Tod um das Leben seines verstorbenen Geliebten bittet. Schließlich opfert sie sich für ihn. Und in »Rendezvous mit Joe

Black« (»Meet Joe Black«) nahm der Tod erst kürzlich die Gestalt von Brad Pitt an, um das Leben, das zu nehmen seine tägliche Aufgabe ist, besser kennenzulernen.

Zu den berühmtesten Auftritten des Todes im deutschen Raum zählt sein alljährlicher Besuch der Salzburger Festspiele. Seit 1920 wird dort der »Jedermann« von Hugo von Hofmannsthal aufgeführt. Nach der Vorlage des englischen Mysterienspiels »Everyman« aus dem 15. Jahrhundert komponierte der Dichter die moralische Allegorie über den reichen und geizigen Prasser Jedermann, der nur im Diesseits lebt und sich nicht um das Wohl seiner Seele kümmert, bis ihn der Tod mitten in einem Fest besucht und mit sich nehmen will. Er gibt ihm eine Stunde, um nach einer Begleitung zu suchen, die ihm vor den Schranken von Gottes Gericht beistehen wird. Plötzlich stellt er fest, daß er keine wahren Freunde hat und daß er sein Geld nicht mitnehmen kann. Seine guten Taten erscheinen in der Gestalt einer gebrechlichen Frau, die ihm wenig helfen kann, aber ihre Schwester, der Glaube, rät ihm, die Gnade des Herrn anzurufen, und so entgeht dem Teufel schließlich die Seele, die er schon sicher geglaubt hatte. »*Jedermann* ist ein menschliches Märchen im christlichen Gewande«, sagte Hugo von Hofmannsthal selbst, und er strickt aus dem mittelalterlichen Mysterium ein Moralstück, das seiner materialistischen Gegenwart den Spiegel vorhalten soll und dies seit mehr als 70 Jahren erfolgreich in Salzburg tut. In der Uraufführung von Regielegende Max Reinhardt inszeniert, konnte das Stück im Laufe der Jahrzehnte viele namhafte Schauspieler für die Rolle des Jedermann gewinnen, darunter Alexander Moissi, Attila Hörbiger, Ewald Balser, Will Quadflieg, Curd Jürgens, Maximilian Schell und Klaus Maria Brandauer.

Eine interessante Variante des personifizierten Todes präsentiert der britische Comic-Autor Neil Gaiman in seiner Serie »Sandman«. In diesem Comic über den Traumkönig Morpheus taucht auch dessen ältere Schwester auf, Death, der Tod. Death ist ein junges Goth-Mädchen, das ein Ankh um den Hals trägt, jenes schlüsselförmige ägyptische Henkelkreuz, ein Symbol des Lebens. Death zeichnet sich eher durch eine weise Lebensfreude aus als durch die gallige Melancholie ihrer männlichen Inkarnationsgenossen. Als Personifizierung des Todes ist sie auch gleichzeitig die Personifizierung des Lebens. Die Figur gewann sehr schnell an Beliebtheit und bekam auch zwei eigene Miniserien, kurze Comic-Serien von drei Ausgaben Länge, die eine in sich geschlossene Geschichte erzählen. In »Der Preis des Lebens« (»The High Cost Of Living«) kommt Death für einen Tag auf die Erde, um als Mensch unter Menschen zu leben. Dies geschieht einmal alle hundert Jahre, und dieses Mal kreuzt sie den Weg von Sexton Furnival, einem Sechzehnjährigen, der nicht nur mit einem seltsamen Namen und einer launischen Mutter geschlagen ist, sondern auch mit tödlicher Langeweile, die ihn den Selbstmord als einzigen Ausweg aus seiner mittelmäßigen Existenz erwägen läßt. Als er auf die sehr lebendige Dame Tod trifft, wird er in ihren Tag hineingerissen und trifft auf 250 Jahre alte Stadtstreicherinnen und verrückte blinde Zauberer. Es erübrigt sich zu sagen, daß er im Verlauf der Geschichte seine Selbstmordgedanken völlig aus den Augen verliert. In »Die Zeit deines Lebens« (»The Time Of Your Life«) geht es um die Geschichte des lesbischen Paares Hazel und Foxglove (die bereits in der ersten Miniserie und in der »Sandman«-Serie Auftritte hatten). Als ihr kleiner Sohn Alvie stirbt, versucht Hazel mit Death einen Deal auszuhandeln. Jemand anderes wird anstelle ihres Kindes sterben. Death geht darauf ein und kommt einige Monate später zurück, um die Ersatzperson einzufordern. Die Ereignisse werden für Hazel und ihre Rockstarpartnerin Foxglove zu einer Bestandsaufnahme ihres eigenen Lebens und ihrer Lebensentscheidungen.

In einer Episode der »Sandman«-Serie gewähren Morpheus und seine Schwester im 14. Jahrhundert dem Soldaten Hob Gadling den Wunsch, niemals zu sterben, und einmal alle hundert Jahre trifft sich Morpheus mit dem Mann in ebenjener Taverne, in der ihm der Wunsch gewährt wurde. Trotz einiger Tiefen neben den Höhen hält Gadling im Unterschied zu Fellig an seiner Unsterblichkeit fest.

Bemerkungen:
● Richard Ruccolo, der Darsteller von Agent Ritter, spielt regelmäßig in der amerikanischen TV-Serie »Two Guys, a Girl and a Pizza Place« und durfte auch schon in »Beverly Hills 90210« einen Gastauftritt absolvieren.

● Ist Scully jetzt unsterblich? Schon Clyde Bruckman in »Der Hellseher« prophezeite ihr, daß sie nicht sterben werde, und das Ende dieser Episode scheint zu suggerieren, daß Fellig seine Unsterblichkeit mit Scullys Sterblichkeit getauscht hat. Fans diskutieren diese Frage heiß im Internet …

● Der untote Geoffrey Lewis ist seit Jahrzehnten präsent im amerikanischen Fernsehen und spielte in Serien wie »Kobra, übernehmen Sie« (»Mission Impossible«), »Kung Fu«, »Unsere kleine Farm« (»Little House on The Prairie«), »Bonanza«, »Cannon«, »Die Straßen von San Francisco« (»The Streets of San Francisco«), »Starsky und Hutch« (»Starsky and Hutch«), »Magnum« (»Magnum, P.I.«), »Das A-Team« (»The A-Team«) sowie in vielen anderen Produktionen. Im Kino ist er ebenfalls kein Unbekannter, man konnte ihn in »Mitternacht im Garten von Gut und Böse« (»Midnight in The Garden of Good And Evil«), »Maverick«, »Heaven's Gate«, »Der Rasenmäher-Mann« (»The Lawnmower Man«), »Pink Cadillac«, »Tango & Cash«, »Der Wind und der Löwe« (»The Wind and The Lion«) sehen, um nur ein paar Einträge seines langen Lebenslaufs zu nennen.

● Agent Peyton Ritter hat die nervtötende Angewohnheit, jeden Menschen sofort mit seinem Vornamen anzusprechen. In der englischen Sprache, die nicht zwischen einer formellen Anrede (›Sie‹) und einer informellen (›Du‹) unterscheidet, sondern nur das ›You‹ kennt, bedeutet das, daß er jeden ungefragt duzt. Als er »Dana« droht, sie bei Kersh anzuschwärzen, besteht diese darauf, daß sie für ihn ab jetzt ›Scully‹ ist.

● Mulder und Scully haben jetzt offenbar einen geheimen Händedruck. Als Mulder in der letzten Szene seine Partnerin im Krankenhaus besucht, vollführen sie ein kompliziertes und offenbar vertrautes Händedruckritual. Wenn wieder einmal ein Außerirdischer oder ein Mutant die Gestalt von Mulder oder Scully annimmt, wird er sich leicht verraten, da er diesen Händedruck nicht kennt.

● In-Joke oder Zufall? Die medizinischen Geräte, die in dieser Episode zu sehen sind, stammen von der Firma ›Coherent‹. Das bedeutet auf deutsch ›Verständlich‹ und könnte eine Anspielung auf den Zweck dieser Folge sein, die verworrene Mythologie endlich verständlich zu machen. Allerdings heißt der Hersteller dieser Instrumente tatsächlich ›Coherent‹, deshalb könnte es sich auch einfach um einen (bedeutungsvollen) Zufall handeln.

● Die arme Scully – da rackert sie sich fünf Jahre als Agentin in der undankbarsten Abteilung des FBI ab – riskiert unzählige Male ihr Leben im Kampf gegen Chupacabras, Golems oder Killerpuppen und bekommt dann weder ein eigenes Büro noch ein Namensschildchen an der Tür zu Mulders Katakomben. Und Diana Fowley? Sie läßt sich gleich bei ihrem ersten Einsatz anschießen, und sofort prangt ihr (und Jeffrey Spenders) Name an der Tür zu den X-Files.

● Namen sind Schall und Rauch? Von wegen. Wir erfahren nicht nur, daß Jeffrey Spender mit zweitem Namen Frank heißt, sondern auch, daß sein Vater neben seinem Spitznamen ›Cigarette-Smoking Man‹ seit mindestens 25 Jahren als C.G.B. Spender bekannt ist.

● Jetzt wissen wir auch endlich, warum das Projekt zur Entwicklung eines Hybriden ›Purity Control‹ heißt. Purity ist der Name, den die Aliens dem schwarzen Öl, ihrem Lebenselixier, gegeben haben. Es wäre schön, wenn die Continuity auch an anderer Stelle so genau eingehalten würde.

6ABX11
Two Fathers

US-Erstausstrahlung:	7. Februar 1999
Regie:	Kim Manners
Drehbuch:	Chris Carter & Frank Spotnitz

Gaststars: Mitch Pileggi (Assistant Director Walter S. Skinner), Veronica Cartwright (Cassandra Spender), Chris Owens (Agent Jeffrey Spender), William B. Davis (Cigarette-Smoking Man), Nicholas Lea (Alex Krycek), Mimi Rogers (Agent Diana Fowley), Nick Tate (Dr. Oppenshaw), Don S. Williams (1st Elder), George Murdock (2nd Elder), Al Ruscio (3rd Elder), Frank Ertl (4th Elder), Damon P. Saleem (Basketballspieler), Valerie Pattiford (FBI Agent), James Newman

Kurzinhalt:

Die überraschende Rückkehr Cassandra Spenders droht die große Verschwörung um die Existenz außerirdischer Besucher auffliegen zu lassen. Sind Mulder und Scully damit kurz davor, ihr Ziel zu erreichen, oder wird es dem Cigarette-Smoking Man wieder einmal gelingen, ihnen die Wahrheit vorzuenthalten?

Inhalt:

Ein als Eisenbahnwagen getarntes Versuchslabor in Arlington, Virginia. Die Ärzte des Konsortiums haben endlich ihr Ziel erreicht. Nach 25 Jahren haben sie den ersten Hybriden aus Mensch und Außerirdischen geschaffen. Damit ist für die Verschwörer ihr Teil der Abmachung mit den Aliens erfüllt, sie sind jetzt in der Lage, den Besuchern aus dem All eine Frau zu übergeben, aus deren Genen Millionen von Hybriden geklont werden

Dana Scully und Cassandra Spender alias Gillian Anderson und Veronica Cartwright.

können. Damit wären die ETs im Besitz einer Sklavenrasse und könnten mit der Kolonisation – und der damit verbundenen Ausrottung der gesamten Menschheit mit Hilfe eines tödlichen Virus – beginnen. Der Hybrid ist niemand anderes als Cassandra Spender, die Mutter von Jeffrey Spender, die vor einem Jahr von Außerirdischen entführt worden war. Dr. Oppenshaw, der Leiter des Projektes, trifft kurze Zeit später in Arlington ein. Nachdem er allein mit Cassandra ist, will er sie mit einer Giftspritze töten, doch die außerirdischen Rebellen kommen ihm zuvor. Sie verletzen ihn schwer und töten die anderen Ärzte. Cassandra bleibt unversehrt.

Die folgenden Ereignisse werden von Szenen eingerahmt, in denen der Cigarette-Smoking Man einer bis kurz vor Schluß der

Folge unbekannten Person erklärt, warum seine Lebensaufgabe beendet ist und wie es dazu kommen konnte.

Einen Tag nach dem Massaker an den Ärzten informiert Skinner Agent Spender darüber, daß dessen Mutter wieder aufgetaucht ist. In Arlington inspizieren sie den Tatort des mysteriösen Verbrechens und treffen auf Cassandra. Diese verlangt – sehr zum Ärger ihres Sohnes – nach Fox Mulder.

Spenders halbherziges Hilfegesuch wird von Mulder jedoch abgelehnt, da er vermutet, daß es nur eine Falle ist, um ihn endgültig fertigzumachen. Erst Scully kann ihn überreden, sich heimlich mit Cassandra zu treffen. Diese kann zwar dank der Aliens wieder laufen, doch ihre ehemals positive Meinung über die Außerirdischen hat sich ins Gegenteil verkehrt, nachdem sie erfahren hat, daß diese die ganze Menschheit vernichten wollen. Cassandra erzählt weiter, daß die Aliens im ganzen Universum andere Lebensformen mit dem schwarzen Öl, genannt Purity, anstecken und somit Macht über sie erhalten. Cassandras größte Sorge gilt aber ihrem Sohn Jeffrey, der jetzt für ihren Exehemann, den Cigarette-Smoking Man, arbeitet.

Der Kettenraucher hat in der Zwischenzeit von dem schwer verletzten Dr. Oppenshaw erfahren, daß niemand anderes als Cassandra der Schlüssel zu allem ist. Wird sie den Aliens übergeben, wird die Kolonisation beginnen. Er habe noch versucht, sie zu töten, doch die außerirdischen Rebellen seien ihm zuvorgekommen. Der Kettenraucher weiß, daß es nun an ihm liegt, Cassandra zu töten und somit die Invasion zu verhindern – aber er weiß auch, daß er dazu nicht fähig ist, und schaltet statt dessen kurzerhand Dr. Oppenshaws Lebenserhaltungssysteme ab. Nun weiß nur noch der Kettenraucher über die Bedeutung Cassandras Bescheid.

Mit Hilfe der Information, daß Cassandra Spender und der Cigarette-Smoking Man einmal verheiratet waren, können Mulder und Scully mehr über ihren Erzfeind herausfinden, z. B. den Namen, den er in den letzten Jahren benutzt hat, C.G.B. Spender. Dabei werden sie jedoch von Jeffrey Spender in dessen Büro gestellt und vom Dienst suspendiert. Trotzdem setzen die beiden ihre Nachforschungen fort. Ein Foto, das Scully zwischen den vielen zum Großteil gefälschten Akten über den Kettenraucher findet, zeigt Mulders Vater Bill und C.G.B. Spender im Jahre 1973. Außerdem stellt sich heraus, daß Cassandra Spenders erste Entführung am gleichen Tag stattfand wie die von Mulders Schwester, am 27. November 1973.

Der Kettenraucher, der Jeffrey Spender zuvor der Unfähigkeit beschuldigt hat, will derweil seinem Sohn noch eine Chance geben, sich ihm zu beweisen. Jeffrey soll einen Spion in den Reihen des Konsortiums ausschalten. Dabei handelt es sich um einen der außerirdischen Rebellen, der als Konsortiumsmitglied getarnt versucht hat, die Verschwörer auf die Seite der Rebellen zu ziehen. Natürlich schafft Jeffrey es nicht, den Mann zu überwältigen, und nur Alex Kryceks Eingreifen hat Jeffrey es zu verdanken, daß nicht er getötet wird. Von Krycek erfährt Jeffrey auch, daß sein eigener Vater für die Experimente, die an seiner Mutter durchgeführt worden sind, verantwortlich ist.

Der Cigarette-Smoking Man hat seine Erzählung nun beendet. Erst jetzt sehen wir, daß es sich bei seinem mysteriösen Zuhörer um Diana Fowley handelt, die verspricht, ihm zu helfen.

Der doppelte Schock, den die Wahrheit über die Existenz von Außerirdischen und die Skrupellosigkeit seines Vaters in ihm ausgelöst hat, veranlaßt Jeffrey dazu, endlich gegen den Kettenraucher Initiative zu ergreifen. Er eilt zu seiner Mutter ins Krankenhaus, wo er jedoch nur auf AD Skinner trifft, der ebenfalls zu Cassandra wollte. Diese aber ist verschwunden.

Mulder und Scully sind überrascht, als Cassandra kurz darauf in Mulders Apartment auftaucht. Sie ist völlig außer sich und fleht Mulder an, sie zu töten. Wenn er es nicht tue, würde die Kolonisation und damit das Ende der Menschheit beginnen. Mulder zögert einen Moment, als aber plötzlich von außen heftig gegen die Tür gehämmert wird und es sich sogar so anhört, als wolle jemand die Tür aufbrechen, richtet er seine Waffe auf Cassandra. Scully will ihn entsetzt zurückhalten, doch Mulders Blick verrät seine Entschlossenheit.

FORTSETZUNG FOLGT …

Kommentar:
6 Seasons. 125 Episodes. Countless Lies.
Tonight, the Conspiracy is Exposed!

Mit diesem Werbespruch wurde auf Anzeigen in der amerikanischen Programmzeitschrift *TV Guide* und in den großen Tageszeitungen auf DAS Fernsehereignis des Monats hingewiesen: die vollständige Enthüllung der großen Verschwörung, auf deren Spur Mulder und Scully sich seit ihrem ersten gemeinsam Abenteuer im Herbst 1993 befinden. Nach über fünf Jahren der Lügen, Täuschungsmanöver und Desinformationen wollten Chris Carter & Co in einem epischen Zweiteiler nun endlich die Wahrheit, die all die Jahre irgendwo da draußen verborgen lag, direkt in die Wohnzimmer der gespannten X-Philes senden, sollte die komplizierteste Backstory die es jemals bei einer Fernsehserie gegeben hat, ein für allemal entwirrt werden. Daß wir das noch erleben durften!

Hätten wir allerdings gewußt, daß es zumindest im ersten Teil der Doppelfolge einer Reihe langwieriger und vor allem langweiliger Monolge des Cigarette-Smoking Man oder Cassandra Spenders bedurfte, um zumindest halbwegs Licht ins Dunkel zu bringen, hätten wir auf diese Wahrheit wohl lieber verzichtet.

Aber nachdem wir uns nun schon mal durch dieses unspektakulär bebilderte TV-Hörspiel gequält haben, können wir genausogut überprüfen, ob die Versprechen der Werbung erfüllt wurden oder ob die PR-Abteilung von Fox Television mal wieder den Mund zu voll genommen hat. Gleich vorweg gesagt, in diesem Mund hätte wohl nicht einmal mehr einer von Skinners Nanobots Platz gehabt. Aber eins nach dem anderen.

Fangen wir mit dem positivsten Aspekt dieser Episode an. Chris Carter und Frank Spotnitz haben inzwischen wirklich die Absicht, die unzähligen Bausteine, die sie in den letzten Jahren in die große Mythologiekiste geworfen haben, zu einem halbwegs sinnvollen Konstrukt zu verbinden. Das sei ihnen zugute gehalten. Noch in »The Beginning« (6X01) sah es so aus, als würde ihnen ihr Vorhaben gelingen und die Mythologie auf spannende Art und Weise in ihre Endphase eintreten. Leider offenbart diese Episode jedoch den schon lang gehegten Verdacht, daß Carter die einzelnen Elemente ausgewählt hat, ohne sich Gedanken darüber zu machen, wie das fertige Mythologiegerüst aussehen soll. Das führt natürlich zwangsläufig dazu, daß einige Bauteile mit Gewalt zurechtgezimmert werden müssen, damit sie sich in das Gesamtgebilde einfügen. Dabei bleibt es nicht aus, daß an vielen Stellen des Konstrukts störende Ungereimtheiten hervorstechen. Sie hier alle aufzuzeigen würde dazu führen, daß das Buch ein paar hundert Seiten dicker und entsprechend teurer würde. Trotzdem soll stellvertretend auf ein paar besonders widersprüchliche Informationen eingegangen werden.

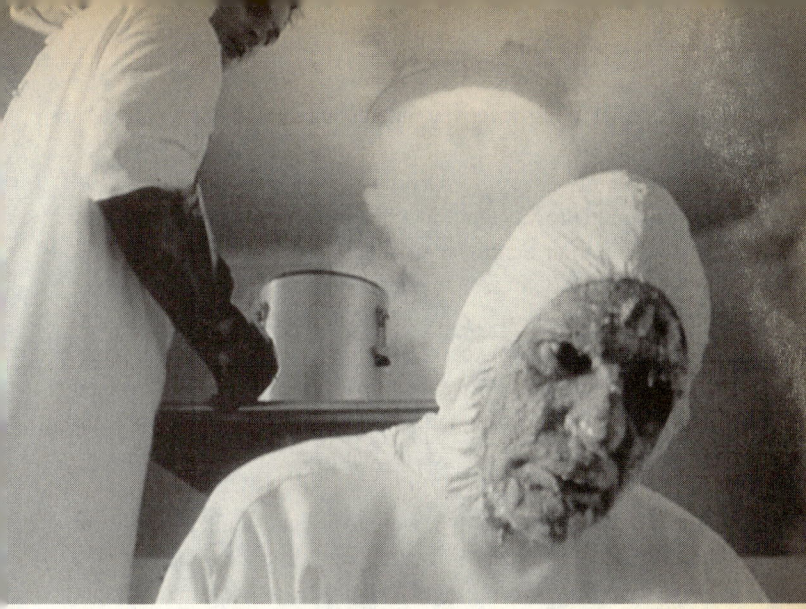

Auch Alex Krycek hat mal einen schlechten Tag …

Was hat es, bitte schön, mit dem schwarzen Öl auf sich? In »Tunguska Teil 1 und 2« (4X09 und 4X10) und im Kinofilm gelangt es noch durch Schuhe und Haut in den Körper seiner Opfer, bei den außerirdischen Rebellen reicht es plötzlich, sich Augen, Nase und Mund zuzunähen, und schon sind sie vor dem Zeug gefeit. Außerdem überlegt sich das Öl wohl je nach Lust und Laune, ob es seinen Wirt einfach nur kontrolliert oder sich gleich in ihm zu einem ausgewachsenen Alien entwickelt.

Was will Alex Krycek? Entweder gibt es von ihm bereits mehrere Klone oder er leidet unter multipler Persönlichkeitsspaltung. Mal arbeitet er gegen, mal wieder für das Konsortium, mal will er den Kettenraucher umbringen, mal nennt er ihn einen großen Mann. Es ist der schaupielerischen Leistung von Nicholas Lea zu verdanken, daß Krycek trotz seiner widersprüchlichen Verhaltensweise immer noch einer der interessantesten Nebencharaktere bleibt.

In »Das Ende« (5X20) und in »The Beginning« (6ABX01) war Gibson Praise der Schlüssel zu allem, jetzt ist plötzlich Cassandra Spender der Schlüssel zu allem. Wird auch Zeit, daß Mulder und Scully mit diesem Schlüsselbund in der Hand die Tür öffnen, hinter der sich die Antworten auf ihre Fragen verbergen. Übrigens wäre es auch interessant zu erfahren, was an den diversen Hybriden wie den Kurts und vor allem an Gibson so schlecht war, daß sie nicht als Vorlagen für die Klone dienen konnten.

Aber wie schon gesagt, wir wollen uns nicht allzu lange mit überflüssiger Erbsenzählerei aufhalten. Entweder behält sich Chris Carter vor, diese Fragen erst in der siebten und voraussichtlich letzten Staffel zu beantworten (mit dem epischen absolutely-all-and-every-secret-you-can-imagine-revealed Fünfzehnteiler), vertröstet uns am Ende der siebten Staffel auf den zweiten Kinofilm (die Wahrheit ist irgendwo da draußen – für den Preis einer Kinokarte), oder er ignoriert sie komplett (Deny Everything!).

Aber was ist nun mit den Geheimnissen? Was erfahren wir Neues von der Verschwörung und ihren Hintermännern? Außer der Tatsache, daß Cassandra Spender der erste perfekte Hybrid zwischen Menschen und Außerirdischen ist, die Kolonisation kurz bevorsteht und Diana Fowley mit dem Kettenraucher unter einer Decke steckt, eigentlich nichts.

Zugegeben, das eine oder andere, was man sich in früheren Episoden und im Kinofilm vielleicht noch selber zusammenreimen mußte, wird zum ersten Mal direkt ausgesprochen, doch essentiell neue Erkenntnisse liefert »Two Fathers« kaum. Aber es gibt ja noch einen zweiten Teil, und es wäre unfair, Chris Carters großspurige Ankündigung allein aufgrund von »Two Fathers« als heiße Luft zu werten. Lust auf mehr verspürt man aber nach einer Folge, deren Höhepunkt die Ohrfeigen waren, die der Cigarette-Smoking Man seinem Sohn verpaßt hat, nicht unbedingt.

Denn allein die Tatsache, daß in der Folge nicht viel Neues gesagt wurde, macht sie noch nicht zwangsläufig zu einer schlechten X-Akte, immerhin sind die Macher der Serie wahre Meister darin, das Auf-der-Stelle-Treten der Handlung unterhaltsam zu präsentieren. Wie es scheint, wurde diese Episode aber von der Firma Valium gesponsert, und alle Beteiligten konnten sich nicht beherrschen und haben ihre Probepackung bei der Arbeit geleert. Anders ist es kaum zu erklären, daß diese laut Ankündigung vor Spannung und Dramatik nur so strotzende Folge so mitreißend ist wie ein ausgetrockneter Gebirgsbach. Vor allem Agent Mulder strahlt die Dynamik eines toten Elefanten aus. Während es ja noch verständlich ist, daß er zunächst nicht auf das Hilfegesuch Spenders eingeht, da er befürchtet, es würde sich um eine Falle seiner Gegner handeln, ist es schwer nachzuvollziehen, daß Agent Mulder lieber Basketball spielt, statt der zum Greifen nahen Wahrheit nachzujagen. Wenn Scully nicht wäre, hätte Mulder nicht die Beweise gehabt, die er später Skinner vorlegen konnte, um ihn davon zu überzeugen, daß Cassandra Spender in größter Gefahr ist. Kurzum, ohne Scully würde Mulder wohl so lange Körbe werfen, bis ihn die Aliens aus der Halle tragen.

Wenn überhaupt jemand verhindert, daß die Zuschauer ins Koma fallen, sind es die Nebencharaktere. Wiliam B. Davis gelingt es tatsächlich, dem Cigarette-Smoking Man – oder sollen wir ihn lieber C.G.B. nennen? – einen Hauch von Menschlichkeit zu verleihen. Wenn er Dr. Oppenshaw die Sauerstoffversorgung abdreht und sich dafür entschuldigt, schwingt sogar so etwas wie

Mitleid in der Stimme des sonst so skrupellosen Schurken. Und auch wenn er Diana Fowley beichtet, daß er die Mutter seines Sohnes nicht umbringen konnte, wird deutlich, daß er nicht nur ein Monster ist. Glücklicherweise hat der Kettenraucher seine sentimentale Phase bald überwunden und läuft in »One Son« wieder zu gewohnter Bösewichtform auf.

Sein Sohn Jeffrey hat es bei einem solchen Vater nicht leicht und beweist zudem am Ende der Episode, daß der Apfel manchmal doch weit vom Stamm fällt. Wie Spender handeln wird, nachdem er von den Verwicklungen seines Vaters in die Entführungen seiner Mutter Cassandra erfahren hat, ist eine der wenigen Fragen, deren Antwort wir im zweiten Teil mit Spannung erwarten können.

Dieser wurde in den USA mit den Worten »Next Week The X-Files: Full Disclosure Will Continue« (Nächste Woche geht die vollständige Enthüllung in Akte X weiter.) angekündigt. Wie wäre es, wenn die Enthüllungen nächste Woche endlich beginnen würden?

Bemerkungen:
● »Zuvor in Akte X«: Noch weiter kann man in der Zusammenfassung der vorhergehenden Ereignisse wohl kaum noch zurückblicken. Langjährige X-Philes erinnern sich vielleicht: Die Szene, in der Scully den außerirdischen Fötus aus dem Trockeneisbehälter hervorzieht, stammt aus der letzten Folge der allerersten Staffel, »Das Labor« (1X23).

6ABX12
One Son

US-Erstausstrahlung: 14. Februar 1999
Regie: Rob Bowman
Drehbuch: Chris Carter & Frank Spotnitz

Gaststars: Mitch Pileggi (Assistant Director Walter S. Skinner), Veronica Cartwright (Cassandra Spender), Chris Owens (Agent Jeffrey Spender), William B. Davis (Cigarette-Smoking Man), Nicholas Lea (Alex Krycek), Mimi Rogers (Agent Diana Fowley), Bruce Harwood (Byers), Dean Haglund (Langly), Tom Braidwood (Frohike), Peter Donat (Bill Mulder), James Pickens Jr. (Assistant Director Kersh), Laurie Holden (Marita Covarrubias), Don S. Williams (1st Elder), Al Ruscio (3rd Elder), Frank Ertl (4th Elder), Scott Williamson (CDC-Chef), Jo Black Jakob (Krankenschwester), Mark Bramhall (Mitglied des chirurgischen Teams), Roger Lipton

Kurzinhalt:
Nach fünf Jahren erfährt Mulder endlich die Wahrheit über die Verschwörung, die der ganzen Welt die Existenz außerirdischer Wesen verheimlicht hat. Doch nun ergibt sich für ihn ein noch größeres Problem. Was kann und wird er mit seinem neuen Wissen anfangen?

Inhalt
13. Oktober 1973, 22:56 Uhr. In einem riesigen Flugzeughangar übergeben der Cigarette-Smoking Man und die Männer des Konsortiums einer Delegation der Außerirdischen eine amerikanische Flagge. Darüber hinaus werden die Männer den Aliens in

derselben Nacht noch eine ungleich bedeutsamere Geste ihrer Ergebenheit offerieren. Sie händigen ihnen jeweils ein Familienmitglied als Pfand aus. Diese werden erst dann wieder zurückkehren, wenn die Kolonisation beginnt.

1999. In seinem Apartment wird Mulder noch immer von Cassandra Spender angefleht, sie endlich zu erschießen. Mulder kann dies aber nicht tun und läßt die Waffe sinken. Im selben Augenblick stürmt eine Einheit des Centre for Desease Control (Zentrum für Seuchenschutz) unter der Leitung von Diana Fowley die Wohnung. Mulder, Scully und Cassandra werden in einem militärischen Seuchenschutzzentrum unter Quarantäne gestellt, da Cassandra laut Fowley angeblich mit einem Virus infiziert ist, der zu einer Art spontaner Selbstentzündung führt. Scully glaubt Fowley kein Wort. Sie ist sicher, daß alles nur inszeniert wurde, um Cassandra auf halblegalem Weg wieder in die Hände der Verschwörer zu bringen. Mulder hingegen glaubt Fowleys Erklärung. Er kann sich nicht vorstellen, daß Fowley für das Konsortium arbeiten soll.

Derweil sind die Drahtzieher der Verschwörung anhand von medizinischen Unterlagen hinter das Geheimnis von Cassandra Spender gekommen. Sie wissen jetzt, daß sie der erste perfekte Hybrid zwischen Mensch und Außerirdischem ist. Ein paar der Männer wollen sie töten lassen, um somit die Kolonisation weiter hinauszuzögern. Der Cigarette-Smoking Man, der von den besonderen Eigenschaften seiner Exfrau bereits in der letzten Folge erfahren und sie vor seinen Kollegen geheimgehalten hat, macht jedoch einen anderen Vorschlag. Er will Cassandra den Außerirdischen übergeben. Dann würde zwar die Kolonisation beginnen, aber wenigstens würden sie sich und ihre Familien retten können.

Im Seuchenschutzzentrum trifft Mulder zur gleichen Zeit auf eine alte Bekannte. Marita Covarrubias, die ehemalige Mitarbeiterin der UNO, wird in dem Gebäude festgehalten und erzählt Mulder von den Experimenten, die mit dem Impfstoff gegen den außerirdischen Virus an ihr durchgeführt worden sind. Sie informiert ihn auch über die drohende Kolonisation, verschwindet dann aber wieder, bevor entdeckt wird, daß sie mit Mulder gesprochen hat.

Nach ihrer Entlassung aus der Quarantäne versucht Scully mit Hilfe der Lone Gunmen mehr über Diana Fowley herauszufinden. Dabei stößt sie auf eine Reihe von Ungereimtheiten, die sie schließlich Mulder präsentiert. Sie will ihn endlich davon überzeugen, daß seine ehemalige Freundin nichts Gutes im Schilde führt. Die von Scully gesammelten Informationen beeindrucken Mulder jedoch nicht, obwohl sie u. a. belegen, daß Fowley während ihrer Zeit in Europa ein besonderes Interesse an Selbsthilfegruppen von Frauen hatte, die behaupten, von Außerirdischen entführt worden zu sein. Mulder wirft Scully vielmehr vor, sich persönlich in den Fall zu verstricken. Scully bestätigt dies wütend, denn nachdem sie von den X-Akten suspendiert wurden, bleibe ihr nur noch ihr persönliches Interesse, herauszufinden, wer sie vor vier Jahren entführt und Experimente an ihr durchgeführt hat.

Scullys Entdeckungen über Fowleys Vergangenheit haben Mulder aber wohl doch ein wenig stutzig gemacht, denn schon kurz nach dem Streit mit Scully verschafft er sich Zugang zu Fowleys Wohnung und durchsucht sie nach Indizien, die Scullys Behauptungen belegen könnten. Just in diesem Moment betritt der Cigarette-Smoking Man die Wohnung. Mulder stellt ihn und will wissen, was er hier zu suchen hat. Der Kettenraucher behauptet, auf der Suche nach seinem Sohn Jeffrey zu sein. Mulder konfrontiert ihn mit seinem neuen Wissen über ihn, worauf der Kettenraucher ihm die Hintergründe der Verschwörung erklärt und ihm mitteilt, daß die Kolonisation kurz bevorsteht. Er gibt Mulder einen Zettel, auf dem der Ort vermerkt ist, an dem die Außerirdischen die Familien der Konsortiumsmitglieder aufnehmen, bevor der Alien-Virus ausbrechen und den Rest der Menschheit vernichten wird. Dann läßt er den durch diese Informationen sichtlich erschütterten Mulder sitzen und geht.

Während Cassandra im Seuchenschutzzentrum für die Übergabe an die Aliens vorbereitet wird, trifft Fowley in ihrer Wohnung auf Mulder. Dieser erklärt ihr, daß er nichts mehr tun kann, um die Pläne der Verschwörer zu stoppen. Fowley gibt ihm einen sanften Kuß und nimmt ihn in den Arm. Ist nun wirklich alles vorbei?

Natürlich nicht. Scully hat von Spender erfahren, daß Cassandra mit einem Zug zu ihrem Bestimmungsort gebracht werden soll, und bittet Mulder, sich mit ihr am Abfahrtsort – einer abgelegenen Gleisanlage – zu treffen. Dort angekommen, versuchen die beiden den Zug zu stoppen, doch dies gelingt ihnen nicht. Cassandra fährt dem Ende der Welt entgegen.

Jeffrey Spender befindet sich noch immer im Seuchenschutzzentrum, wo er vergeblich versucht hat, seine Mutter zu befreien. Dabei hat er Marita Covarrubias aufgegriffen und versucht, mit ihr aus dem Gebäude zu fliehen. Aufgrund seiner niedrigen Sicherheitsstufe kommt er aber nicht an den Wachen vorbei. Alex Krycek, der soeben feststellen mußte, daß der Alien-Fötus, der dem Konsortium zur Entwicklung der Hybriden, aber auch des Impfstoffes gedient hat, von einem der außerirdischen Rebellen gestohlen wurde, ist ihnen auch keine große Hilfe. Wenigstens ist er noch so freundlich, sie über das nahende Ende der Welt zu informieren, bevor er sie stehenläßt.

Bingo – und wieder einmal machen unsere Helden eine für sie offensichtlich erstaunliche Entdeckung …

In der El Rico Air Force Base haben sich die Männer des Konsortiums nun mit ihren Familien versammelt. Als Cassandra Spender eintrifft, wollen sie das Signal an die Aliens senden. Die außerirdischen Rebellen kommen ihnen jedoch zuvor. Entsetzt müssen die Verschwörer mit ansehen, wie sie von den gesichtslosen E.T.s umzingelt und angezündet werden. Der Cigarette-Smoking Man und Diana Fowley sind die einzigen, die diesem Inferno noch entkommen können.

Einige Tage später gesteht Jeffrey Spender Assistant Director Kersh gegenüber seine Verantwortung für die Suspendierung Mulders und Scullys von den X-Akten. Er bittet ihn, die beiden wieder mit der Bearbeitung der X-Akten zu betrauen, bevor noch Schlimmeres passiert als das schreckliche Massaker auf der Air Force Base. Dann geht Spender, um seine Sachen zu packen.

In seinem Büro erwartet ihn aber bereits sein Vater. Der Kettenraucher ist schwer enttäuscht über den Verrat seines Sohnes und erschießt ihn.

Kommentar:
Mulder: »Hier muß es sich um ein Mißverständnis handeln. Ich habe mich für die Aromatherapie angemeldet.«

Chris Carter und seine Kollegen müssen bei der letzten Episode wohl selber vom Schlaf übermannt worden sein. Anders läßt es sich jedenfalls kaum erklären, warum sie im zweiten Teil der ›Full-Disclosure‹-Doppelfolge plötzlich das Gaspedal bis zum Anschlag durchdrücken. Im Gegensatz zur ermüdenden Monolog-Orgie »Two Fathers« prescht die Handlung in »One Son« jedenfalls mit Höchstgeschwindigkeit voran. Leider springt sie bei diesem rasanten Tempo von Szene zu Szene, ohne diese sinnvoll miteinander zu verbinden und einen kohärenten Erzählfluß entstehen zu lassen.

Eben sind Mulder und Scully noch in Quarantäne, einen Moment später hat Scully bereits mit den Lone Gunmen Diana Fowleys Vergangenheit recherchiert und Mulder über die Ergebnisse in Kenntnis gesetzt. An anderer Stelle telefoniert Mulder mit Scully, eine Sekunde später versuchen die beiden bereits mit ihrem Auto einen Zug zu stoppen (Bad Idea!). Niemand hat etwas gegen eine ökonomische Erzählweise einzuwenden, aber diese Art von Stückwerk ist nicht gerade elegant.

Sollte es irgendwann einmal einen Director's Cut dieser Episode geben (und der wird spätestens dann erscheinen, wenn wir alle

Folgen in der normalen Version auf Video gekauft haben), dürfte »One Son« wohl mindestens eine Viertelstunde länger sein. Allein in der schlüpfrigen Duschszene in der Quarantänestation sind ein paar Dialoge der Schere zum Opfer gefallen, und es ist anzunehmen, daß die von uns bemängelten Unebenheiten der Story erst entstanden sind, als die Folge auf die maximale Sendelänge von 47 Minuten zurechtgestutzt wurde.

Ein weiteres Problem von »One Son« ist das Verhalten von Agent Mulder. Bereits in »Two Fathers« konnte ihn selbst die Möglichkeit, endlich die langgesuchte Wahrheit zu finden, nicht so recht von seinem Basketballkorb weglocken. In »One Son« will er an einem Punkt seine Suche sogar ganz und gar aufgeben. Ein ähnlicher Kunstgriff ist Chris Carter zu Beginn der fünften Staffel schon einmal mißglückt. In »Redux – Teil 1 und 2« (5X02 und 5X03) sollte Mulder von den Enthüllungen Michael Kritschgaus so schockiert sein, daß er seinen Glauben an die Existenz von Aliens verliert. Erst in dem »Patient-X«-Zweiteiler (5X13 und 5X14), elf Episoden später, fand er diesen Glauben wieder. Der plötzliche Sinneswandel Mulders hat jedoch nie wirklich funktioniert, doch wenigstens dauerte es damals noch fast drei Episoden, bis Mulders Weltbild zusammengebrochen war (die letzte Episode der vierten Staffel, »Gethsemane« [4X24], mit eingerechnet). Dieses Mal genügt schon ein einziger (wenn auch wirklich langer) Monolog des Cigarette-Smoking Man, um Mulder davon zu überzeugen, daß seine gesamte Suche nach der Wahrheit nicht nur vergebens, sondern von vornherein zum Scheitern verurteilt war. Natürlich hat Mulder sein Credo ›Vertraue niemandem!‹ mal wieder in ›Vertraue jedem, vor allem deinem Erzfeind!‹ umgewandelt, was dazu führt, daß er wie ein Häufchen Elend in seinem Sessel sitzt und etwas davon faselt, daß man ab einem bestimmten Punkt denjenigen, die man liebt, nur noch helfen kann, indem man aufgibt. Das allein mag schon merkwürdig klingen, aber es dauert keine fünf Minuten (in denen sich Mulder aber immerhin noch aufrafft, einen vollkommen überflüssigen Kuß Fowleys zu erwidern), bis ihn ein Anruf Scullys wieder zum Handeln motiviert. Das mag für Scullys Einfluß auf ihren Partner sprechen, nicht aber für das Drehbuch von Carter und Spotnitz. Oder hat Mulder einfach nur vergessen, seine Antidepressiva rechtzeitig einzunehmen?

Trotz seiner offensichtlichen Mängel funktioniert »One Son« aber immer noch besser als »Two Fathers«. So sind die Szenen in dem gigantischen Flugzeughangar durchweg stimmungsvoll inszeniert, die Anfangssequenz, in der Mulder, Scully und Cassandra unter Quarantäne gestellt werden, demonstriert auf beklemmende Weise, wie leicht es für die Verschwörer ist, eine legale Entführung zu inszenieren und obwohl die Lone Gunmen schon effektvoller eingesetzt wurden, ist ein Auftritt der drei liebenswerten Paranoiker immer eine willkommene Abwechslung zu der sonst eher bedeutungsschwangeren Stimmung einer Mythologiefolge.

Was immer man an »Two Fathers« und »One Son« aber im Detail auszusetzen hat, im Endeffekt steht und fällt die Doppelfolge mit der Frage, ob sie ihrem Anspruch, endlich Licht ins Dunkel der Verschwörung zu bringen, gerecht wird. Die Antwort fällt unterschiedlich aus. Auf der einen Seite können Mulder und Scully ihre Ermittlungen bei den X-Akten auf einem aufgeräumten Spielfeld fortsetzen. Wir wissen nun, daß die Kolonisation jederzeit beginnen kann (Cassandra befindet sich in den Händen der außerirdischen Rebellen, und sollte es den Aliens gelingen, sie ihren Feinden abzujagen, könnten sie mit ihrer Invasion starten), daß das Konsortium ausgelöscht ist und daß der Cigarette-Smoking Man, Krycek und Fowley weiterhin ihren dunklen Machenschaften nachgehen werden. Es wurden also tatsächlich klare Verhältnisse geschaffen, insofern hat die Doppelfolge das erreicht, was sie wollte. Auf der anderen Seite bleiben viele Fragen offen, vor allem die, wie sich die widersprüchlichen Ereignisse und Verhaltensweisen der Charaktere in der Vergangenheit mit dem Status quo vereinbaren lassen. Auf diese Fragen werden wir aber wohl keine Antwort mehr bekommen, denn sie ergeben sich aus dem Problem, eine Backstory erst zu entwickeln, wenn man die Puzzlesteine bereits gebastelt hat, ohne zu wissen, wie das fertige Bild aussehen wird.

Bis zum Kinofilm war es Carter gelungen, dieses Manko mit Hilfe einer spannenden Erzählweise, atmosphärischer Dichte und nicht zuletzt rasanter Action zu verbergen; mit »The Beginning« startet die Mythologie noch erfolgreich in die sechste Staffel. In »Two Fathers« und »One Son« offenbaren sich dann aber auf eklatante Weise die Fehler und Ungereimtheiten der Backstory. Dieser eigentlich gar nicht zu Carter passende Fauxpas ist um so schlimmer, als das im Endeffekt nur wenige neue Informationen enthüllt wurden und es daher vollkommen unnötig gewesen wäre, zwei komplette Episoden mit ausschweifenden Vorträgen diverser Charaktere zu füllen. Tatsächlich hat Chris Carter es somit geschafft, alle Geheimnisse zu enthüllen. »All secrets revealed.« Leider auch sein Geheimnis, die Mythologie niemals richtig durchdacht zu haben.

Damit aber auch alle, die es längst aufgegeben haben, die Fäden der Mythologie miteinander zu verknüpfen, wissen, wo Mulder und Scully am Ende dieser Folge stehen, wagen wir hier einen Versuch, die ›Wahrheit‹, wie sie sich uns nach diesem Zweiteiler präsentiert, zusammenzufassen. Wie auch bei den Lottozahlen, sind diese Angaben natürlich wie immer ohne Gewähr.

Eine außerirdische Rasse macht auf ihrem Kreuzzug durch das Universum auch vor der Erde nicht halt und plant, unseren Planeten zu kolonisieren. Da die Aliens aber auf Sklavenarbeiter angewiesen sind (faule Gesellen), müssen sie mit der Kolonisation und der damit verbundenen Vernichtung der Menschheit warten, bis ein Hybrid aus Alien und Mensch geschaffen worden ist. Dazu sind sie trotz diverser High-Tech-Errungenschaften, wie Raumschiffe und Tarnschilder, selber nicht in der Lage, also müssen die Menschen diese Arbeit erledigen. Dazu erhalten sie von den Außerirdischen einen Fötus ihrer Rasse, aus dem die menschlichen Wissenschaftler die genetische Struktur der ungebetenen Besucher gewinnen können. Während die Verschwörer nun reihenweise Menschen entführen, um aus einem ihrer Opfer den perfekten Hybriden zu gewinnen, versuchen andere Wissenschaftler des Konsortiums zur gleichen Zeit, heimlich einen Impfstoff gegen das schwarze Öl zu entwickeln. Bei dieser geheimnisvollen Substanz handelt es sich um das Lebenselixier der Außerirdischen. Mit Hilfe von Bienen, die diese Substanz wie Pollen aufnehmen und dann durch einen Stich übertragen, sollen die Menschen mit dem Öl infiziert werden. Wie ein Parasit nistet sich dieses dann in einem menschlichen Wirt ein und kontrolliert sein Denken und Handeln (oder entwickelt sich gleich zu einem außerirdischen Wesen). Mit Hilfe des Impfstoffes könnte die Wirkung des schwarzen Öls neutralisiert und damit die Kolonisation abgewendet werden. So befindet sich das Konsortium mit sich selber im Wettlauf. Bevor der perfekte Hybrid geschaffen ist und somit die Kolonisation beginnen kann, muß der Impfstoff gefunden sein.

Dummerweise haben die Hybridenforscher schneller gearbeitet und mit Cassandra Spender ihr Ziel erreicht. Das Konsortium muß einsehen, daß sie verloren haben und die Kolonisation nicht mehr aufhalten können. Sie packen ihre Sachen und wollen sich von den Aliens vor dem Startschuß der Invasion abholen lassen. Zum Glück für den Rest der Menschheit gibt es unter den Aliens aber eine Fraktion, die es als Verunreinigung ihrer Rasse ansieht, wenn sie mit Menschen vermischt wird. Diese entführen Cassandra und verhindern somit, daß die Aliens in den Besitz des Hybriden kommen, aus dem sie ihre Sklavenrasse klonen könnten. Bei der Gelegenheit töten sie auch gleich die Mitglieder des Konsortiums, so daß nur noch der Cigarette-Smoking Man, Krycek und Fowley übrig bleiben. (Was mit Strughold passiert ist, wird nicht weiter erklärt, aber wahrscheinlich war Armin Müller-Stahl einfach zu teuer oder hatte keine Zeit mitzuspielen. Es erscheint jedenfalls unlogisch, daß der Chef der Verschwörer nicht dabei ist, wenn das Konsortium zur Reise ins All antritt.)

Nun ist die Kolonisation zunächst einmal abgewendet, aber es besteht jederzeit die Gefahr, daß die Aliens in den Besitz von Cassandra gelangen. Dies bedeutet, daß weiterhin ein Weg gefunden werden muß, die außerirdische Bedrohung abzuwehren. Wie wir gesehen haben, ist Marita Covarrubias wieder aufgetaucht, und wer sich an »Patient X – Teil 2« (5X14) erinnert, weiß, daß an ihr erfolgreich ein Impfstoff getestet wurde. Und außerdem gibt das ja auch noch Gibson Praise …

Die meisten dieser Informationen waren eigentlich nach der letzten Staffel und dem Kinofilm bekannt. Nachdem wir sie noch einmal in aller Ausführlichkeit vor uns ausgebreitet bekommen haben, können wir uns nun endlich wieder den wirklich spannenden X-Akten widmen. Schade, daß es sich dabei nicht mehr zwangsläufig um die Mythologiefolgen handelt, aber vielleicht schaffen es Carter und Co., nach dieser Enttäuschung der Verschwörungsgeschichte am Staffelende wieder neues Leben einzuhauchen. Zu hoffen wäre es jedenfalls.

Bemerkungen:

● Auf der offiziellen Website und in einem Bericht über die Dreharbeiten ist die Rede davon, daß Rebecca Toolan, alias Mulders Mutter Tena, ebenfalls in den Rückblenden zu sehen ist. Wie es aussieht, wurde ihr Auftritt aber im nachhinein noch herausgeschnitten, denn in der fertigen Folge taucht sie nicht mehr auf.

● Mulder hatte recht! Elvis lebt! Nach einer erfolgreichen Karriere als King of Rock 'n' Roll hat er jedoch Anfang der siebziger Jahre seine wahre Bestimmung erkannt und beim Konsortium als Bösewicht angeheuert. Seitdem arbeitet er unter dem Pseudonym »Cigarette-Smoking Man« oder C.G.B. Spender an der bevorstehenden Kolonisation der Erde durch sinistre E.T.s. In den Anfangstagen seiner Tätigkeiten wollte er auf sein Markenzeichen, die Elvis-Tolle und lange Koteletten, noch nicht verzichten. Erst als sein Double im Jahr 1976 in Graceland tot aufgefunden wurde und danach immer wieder die Nachricht durch die Medien geisterte, daß Elvis noch lebe, trennte er sich von seiner liebgewonnenen Frisur. Rock-a-Hula Alien Baby!

● Muß man Agent Mulder eigentlich eine ganze Zaunfabrik um die Ohren schlagen, damit er endlich erkennt, daß Diana Fowley eine falsche Schlange ist? Daß er keinen Verdacht schöpft, als er den Cigarette-Smoking Man in Fowleys Apartment erwischt, könnte man ja noch mit nostalgisch verklärter Vertrauensseligkeit gegenüber seiner Exfreundin erklären, aber daß ein Berufsparanoiker wie Mulder nicht mißtrauisch wird, als er feststellt, daß Fowley ausgerechnet im Watergate-Apartment-Komplex lebt, grenzt schon an Debilität, weiß doch jeder Verschwörungstheoretiker, daß hier im Jahre 1972 ein Einbruch stattfand, der den berüchtigten Watergate-Skandal auslöste, wegen dem im August 1974 der damalige Präsident Richard Nixon zurücktreten mußte.

● Entscheidend für die Aufdeckung des Watergate-Skandals waren die beiden Reporter der *Washington Post* Bob Woodward und Carl Bernstein. Über ihren Kontakt zu dem bis heute nicht identifizierten Informanten ›Deep Throat‹ (!) konnten sie die Ver-

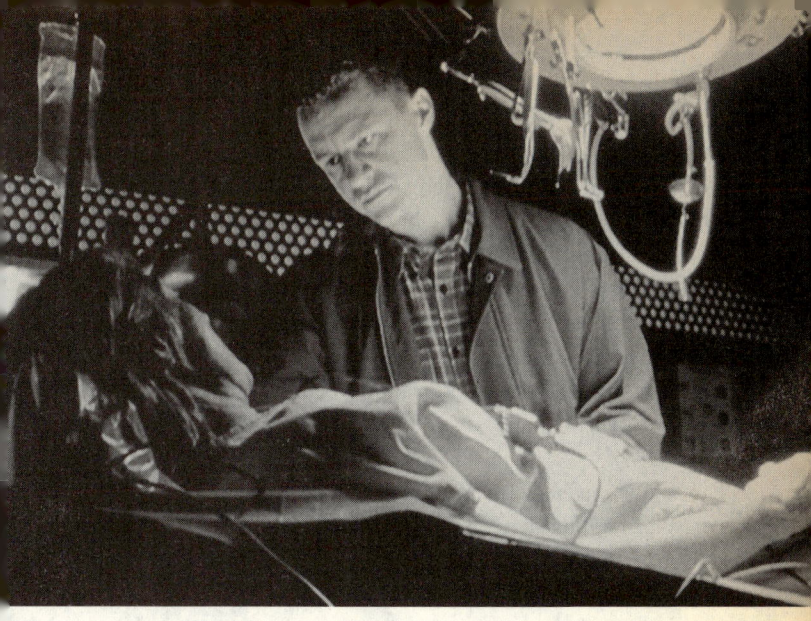

Agent Spender (Chris Owen) versucht erfolglos, seine Mutter zu befreien.

wicklung Nixons in den Einbruch im Watergate-Gebäude beweisen. Regisseur Alan J. Pakula verfilmte ihre Geschichte 1976 in
dem packenden Thriller »Die Unbestechlichen« (»All the President's Men«). Der Film gilt als Meilenstein des Verschwörungs-
films, und so schließt sich auch wieder der Kreis zu unserer
Lieblingsserie. »Akte X« hat sich vieler Elemente dieses Films
bedient (siehe z. B. »Deep Throat«) und wäre vielleicht sogar nie
entstanden, wenn sich durch den Watergate-Skandal nicht ein
Mißtrauen gegen die Regierung in die amerikanische Gesellschaft geschlichen hätte, das bis heute anhält und den Nährboden
geschaffen hat, auf dem »The X-Files« zum Hit werden konnten.

● Wieder einmal tauchen in einer Mythologiefolge eine Reihe
von Daten auf, die eine größere Bedeutung haben, als man viel-

leicht denkt. So fand die Übergabe der Familienmitglieder des Konsortiums an die Aliens am 13. Oktober 1973 statt. An diesem Tag feierte niemand Geringeres als Chris Carter seinen 17. Geburtstag. Die Uhrzeit 22:56 Uhr (im Original 10:56) codiert zusätzlich Carters Geburtsmonat und Jahr (Oktober 1956), und auch als sich die Verschwörer mit ihren Frauen und Kindern in der El Rico Air Force Base einfinden, um von den Außerirdischen abgeholt zu werden, ist es nicht zufällig 11:21 Uhr. Dahinter verbirgt sich das Geburtsdatum von Chris Carters Ehefrau Lori, der 21. November.

● Wer uns die Verschwörung in all ihren Einzelheiten und mit Berücksichtigung der Ereignisse der letzten 125 Episoden plausibel erklären kann, darf sich auf einen außerirdischen Fötus freuen.

● Statt einer ›Unheimlichen Begegnung der dritten Art‹ erleben die Männer des Konsortiums und ihre Familien eine unheimliche Begegnung der tödlichen Art. Stark angelehnt an die fast schon himmlische Ankunftsszene in Steven Spielbergs SF-Klassiker tauchen hier aus dem gleißenden Licht leider keine friedlichen Aliens auf, sondern kaltblütige Killer von einem anderen Planeten, die nur ein Ziel haben: die menschlichen Verräter zu töten.

6ABX14
Agua Mala

US-Erstausstrahlung: 21. Februar 1999
Regie: Rob Bowman
Drehbuch: David Amman

Gaststars: Darren McGavin (Arthur Dales), Jeremy Roberts (George Vincent), Joel McKinnon Miller (Deputy Greer), Diana Maria Riva (Angela Villareal), Valente Rodriguez (Walter Suarez), Silas Weir Mitchell (Dougie), Nichole Pelerine (Sara Shipley), Max Kasch (Max Shipley), Allen Culter (Polizist an Straßensperre)

Kurzinhalt:
Mulder und Scully untersuchen einige merkwürdige Todesfälle, die einen kleinen Küstenort in Florida in Aufruhr versetzen. Der Täter: ein bizarres Seemonster, das während eines tobenden Wirbelsturms ins Abwassersystem des Ortes gelangen konnte.

Inhalt:
Ein Hilferuf per Anrufbeantworter führt Mulder und Scully in die Kleinstadt Goodland in Florida. Dort hat sich der Ex-X-Files-Agent Arthur Dales (den Mulder 1990 kennengelernt hatte, siehe »Gute Patrioten«, 5X15) im Trailerpark Terra Nueva zur Ruhe gesetzt. Ein enormer Hurrikan tobt über dem Küstenort, und im Schutz des Sturms scheint sich eine Art Seemonster im Abwassersystem von Goodland breitgemacht zu haben. Davon ist zumindest Dales überzeugt. Sara Shipley, eine mit ihm befreundete Meeresbiologin, behauptet nämlich, daß das Tentakelmonster bereits ihren Mann auf dem Gewissen hat und nun auch sie und ihren Sohn bedroht.

Als Mulder und Scully das Haus der Shipleys aufsuchen, machen sie eine erstaunliche Entdeckung. Das Haus ist menschenleer, aber von *innen* verbarrikadiert, was selbstverständlich die Frage aufwirft, wie die Shipleys einfach so verschwinden konnten.

Scully interessiert das allerdings weniger, sie will lieber schnell zurück zum Flughafen, bevor der Sturm den Flugverkehr lahmlegt. Doch es ist bereits zu spät: der Hurricane hat seine volle Stärke erreicht, und Mulder und Scully suchen in einem Apartment-Gebäude Zuflucht. Hier finden sie neben einer Ansammlung schräger Hausbewohner auch einen nervösen Plünderer sowie den Hilfssheriff von Goodland. Dem geht es allerdings ziemlich schlecht. Scully kann dem erstickenden Mann zwar mit einem beherzten Luftröhrenschnitt das Leben retten, doch Deputy Greer hat lebensbedrohlich hohes Fieber und sein Zustand verschlechtert sich ständig. Was ist der Grund für seinen Zustand? Etwa die merkwürdigen Wundmale an seinem Hals? Die Antwort erscheint bald in Gestalt des von Susan Shipley beschriebenen Seemonsters. Das merkwürdige Tentakelwesen scheint – so Mulders Theorie – aus Salzwasser zu bestehen und jede beliebige Form annehmen zu können. Diese Information sorgt nicht gerade für Begeisterung bei den vom Sturm Eingeschlossenen, scheint es doch keine effektive Waffe gegen das Wasser-Monster zu geben. Als dann auch noch eine schwangere Hausbewohnerin in die Wehen kommt, ist das Chaos perfekt. Während sich Scully als Entbindungs-Ärztin versucht, hat das Monster aber bereits ein neues Opfer gefunden: Mulder …

Kommentar:
Mulder: »Wenn wir uns eines Tages daran zurückerinnern, werden wir darüber lachen.«

In den letzten zwei Wochen wurden alle echten X-Philes zu Schwerstarbeiten verdammt. Bewaffnet mit Block-, Säulen- und

Kuchen-Diagrammen, Schaubildern und Karteikästen voller Querverweise auf fünfeinhalb Staffeln X-Files-Mythologie galt es, sich auf den Zweiteiler »Two Fathers«/»One Son« (6ABX11 und 6ABX12) vorzubereiten. Schließlich sollten in diesem monumentalen Event endlich die Hintergründe der großen Verschwörung aufgedeckt werden. Dazu bleibt eigentlich nur eins zu sagen: Schön, daß wir's hinter uns haben. Auch Chris Carter und Co. sahen anscheinend ein, daß man den Zuschauern nach diesem enorm anstrengenden 90-Minuten-Hörspiel mal wieder zeigen sollte, wieviel Spaß »The X-Files« eigentlich machen können. Deshalb blasen sie bei »Agua Mala« auch zur fröhlichen Monsterjagd und verlangen von den Fans nur noch eins: zurücklehnen und genießen!

In der Tat gehört »Agua Mala« zu den spaßigsten »Monster-of-the-Week«-Episoden der letzten Zeit. Dabei erreicht die Folge natürlich nicht das Niveau eines klaustrophobischen Meisterwerks wie »Eis« (1X07), dafür ist sie deutlich lustiger: Das Monster, das nicht nur aus dem Wasser kommt, sondern sogar aus Wasser *besteht*, zählt zu den trashigsten Gegnern, mit denen es Mulder und Scully je zu tun hatten. Scully trägt dieser Tatsache voll Rechnung, kann sie es doch lange Zeit kaum fassen, in einer von einem Hurrikan heimgesuchten Kleinstadt festzusitzen, nur um mit Mulder irgendeinem angeblichen Tentakelmonster hinterherzujagen. Als sich Mulders abstruse Theorien schließlich bewahrheiten, hat Scully aber keine Zeit mehr, sich groß um das Monster zu kümmern. Schließlich muß sie tatkräftig Geburtshilfe leisten, einen paranoiden Militia-Typen sowie einen hypernervösen Plünderer in Schach halten und ganz nebenbei etwas tun, was jedem echten Scully-Fan wohlige Schauer über den Rücken jagt: nämlich rumbrüllen und Leute zusammenscheißen.

Regisseur Rob Bowman, einem alten X-Files-Veteran, gelingt es dabei, neben aller Situationskomik die Geschichte nicht in komplette Selbstparodie abgleiten zu lassen: Der vor der Tür tobende

Wirbelsturm sowie die Bedrohung durch das Monster bleiben allgegenwärtig und machen »Agua Mala« zu einem ganz besonderen Genre-Hybriden: einer Sitcom mit miesem Monster und ständig wachsendem Leichenberg.

Bleiben zum Schluß noch die wenigen Szenen mit Darren McGavin zu erwähnen, die vor allem eins beweisen: wenn man Arthur Dales zusammen mit Scully und Mulder auf Monsterjagd schicken würde, könnte man garantiert ein absolutes Highlight der Serie erwarten, das Zusammenspiel der drei ist nämlich schlicht perfekt. Leider hat McGavin hier – ähnlich wie in »Travellers« (5X15) – nur eine untergeordnete Rolle. Bleibt zu hoffen, daß Arthur Dales in der siebten Staffel einen weiteren – und dann hoffentlich größeren – Auftritt hat.

Hintergrund:

Monster, die aus Wasser bestehen … tja, was fällt einem dazu ein? Vielleicht Quallen: Die bestehen aus ganz schön viel Wasser. Sind allerdings keine richtigen Monster. Okay, ein paar von ihnen tun verdammt weh, wenn man drauftritt, aber das machen die armen Quallen ja nicht vorsätzlich. Schließlich liegen die nicht mit Absicht am Strand rum, sondern weil sie ziemlich blöd sind und keine Ahnung haben, wie sie ins Meer zurückkommen sollen. Fazit: Quallen passen nicht wirklich zum Thema.

Will man unheimlich sozialkritisch sein, könnte man natürlich argumentieren, daß der Mensch selbst das größte, hauptsächlich aus Wasser bestehende Monster ist. Doch das würde hier wirklich zu weit führen. Vielleicht dreht Margarethe von Trotta ja mal 'nen Film drüber.

Jetzt mal ernsthaft: Einen echten Hintergrund gibt es zu »Agua Mala« natürlich nicht. Allerdings kann man durchaus die allseits bekannte Tatsache anführen, daß die Weltmeere immer noch zu den am wenigsten erforschten Gebieten unseres Planeten gehören. Wie sagt schon Arthur Dales in der Episode so treffend: »The bottom of the ocean is as deep and dark as the imagination.« Was in den Tiefseegräben so alles rumschwimmt, ist in der Tat noch größtenteils unerforscht. Klar ist nur eins: Auch in mehreren Kilometern Tiefe wimmelt es nur so von Leben. Und dieses Leben sieht manchmal schon verdammt eklig aus. (Wer mal Bilder von Riesen-Röhrenwürmern gesehen hat, weiß, wovon wir reden.)

Natürlich deutet Arthur Dales' kleine Kalenderweisheit auch noch auf einen anderen Aspekt des Themas hin: nämlich auf die unerschöpfliche Phantasie der Menschen, die seit Tausenden von Jahren Legenden, Märchen und Geschichten von unheimlichen Seemonstern produziert. Von Homers »Odyssee« über Jules Vernes »20 000 Meilen unter dem Meer« bis zum fröhlichen Killerkraken-Trash wie »Tentacoli« (»Der Polyp – Die Bestie mit den Todesarmen«) oder »Deep Rising« (»Octalus – Der Tod aus der Tiefe«) – die Geschichten von erschrecklichen Meeresmonstern scheinen bis heute nichts von ihrer Faszination eingebüßt zu haben.

Bemerkungen:

● Der leicht vertrottelte Deputy Greer hat nicht von ungefähr die Dienstwagennummer 54. »Car 54, where are you?« heißt eine legendäre US-Sitcom, in der es natürlich um vertrottelte Polizisten geht.

● Was läuft im Fernsehen, wenn draußen ein höllischer Wirbelsturm tobt und es kein Entkommen vor dem bösen Tentakelmonster gibt? Ironischerweise der Filmklassiker »The Great Escape« mit Steve McQueen.

● »Agua Mala« heißt übersetzt in etwa »böses/schlechtes Wasser«, ein treffender Titel, ist das Monster hier doch im Grunde das Wasser selbst.

● Apropos: Einige Kritiker fühlten sich beim »Agua-Mala«-Monster an James Camerons »The Abyss« erinnert. Zwar gibt es dort in der Tat so etwas wie eine aus Wasser bestehende Schlange, doch handelt es sich dabei weniger um ein Tier als um eine Art Periskop, mit der die Unterwasser-Aliens in der Lage sind, die Quartiere der »Abyss«-Crew zu erforschen.

Diese ›Wasserschlange‹ gilt im übrigen neben dem Glasritter aus »Young Sherlock Holmes« als einer der ersten, komplett computergenerierten Spezialeffekte.

● Merkwürdig: Ein bisher unbekanntes und absolut tödliches Monster, das nur aus Wasser besteht?! Warum kommt Mulder, der Welt größter Verschwörungstheoretiker, nicht auf die Idee, daß das Vieh von finsteren Gestalten innerhalb der US-Regierung als Geheimwaffe entwickelt worden sein könnte? Weil das ganz schön bescheuert wäre, meinen Sie? Da haben Sie natürlich recht, aber damit befände sich das »Agua-Mala«-Monster immerhin in bester Gesellschaft. So wird z. B. in Peter Benchleys »Creature« ein ganz schön aggressiver Hai-Mensch-Hybride kreiert (auch bekannt als »Der weiße Mai« bzw. »Der weiße Hensch«), und in James Camerons Regiedebüt »Piranha II« kommen ein paar US-Militärs auf die grandiose Idee, fliegende Piranhas als Geheimwaffe einzusetzen. Mal ehrlich: Im Gegensatz dazu klingt ein aus Wasser bestehendes Tentakelmonster doch nach einer verdammt guten Idee, oder?

6ABX15
Monday

US-Erstausstrahlung: 28. Februar 1999
Regie: Kim Manners
Drehbuch: Vince Gilligan & John Shiban

Gaststars: Mitch Pileggi (Assistant Director Walter S. Skinner), Darren Burrows (Bernard Oates), Carrie Hamilton (Pam), Mik Scriba (Lieutenant Kraskow), Arlene Pileggi (Skinners Sekretärin), Susanne Spoke (Bankkundin), Monique Edwards (Chefkassiererin), Wayne Alexander (Älterer Agent), David Michael Millins (Tourführer)

Kurzinhalt:
Mulder und Scully sind in einer Zeitschleife gefangen. Immer wieder geraten sie in einen Banküberfall und sterben, als der Räuber sich und die Bank in die Luft sprengt. Nur die Freundin des Mannes weiß, daß die Ereignisse sich immer wiederholen …

Inhalt:
Es ist Montagmorgen. Die Polizei hat die Cradock Marine-Bank an der Ecke 8th Street/E-Street umzingelt, als Assistant Director Skinner zu den Männern stößt und ihnen mitteilt, zwei seiner Leute seien in der Bank. Eine blasse junge Frau will mit Skinner sprechen und bittet ihn, ›es‹ nicht geschehen zu lassen. In der Bank verblutet ein tödlich getroffener Mulder, während Scully verzweifelt versucht, seine Blutung zu stillen. Der Bankräuber ist ein nervös wirkender junger Mann, der eine Bombe um seinen Körper geschnallt hat. Scully bittet ihn, Vernunft anzunehmen, aber dann wird die Bank von einem SWAT-Team gestürmt. Der Bankräuber drückt den Knopf. Die Bombe explodiert.

CINEFANTASTIQUE

SPECIAL DOUBLE-ISSUE

October

$11.99
CAN $17.75
UK £8.00

THE X FILES

JOHN CARPENTER'S "VAMPIRES"

ANIMATING "ANTZ"

"URBAN LEGEND"

"PRACTICAL MAGIC"

Volume 30 Number 7/8

PLUS: FILMING CHRIS CARTER'S "MILLENNIUM"

Es ist Montagmorgen. Der Zeitungsmann wirft die Zeitung gegen die Tür von Mulders Apartment und weckt den Agenten, für den dieser Tag denkbar schlecht beginnt. Sein Wasserbett hat ein Leck, weshalb sein Schlafzimmer regelrecht überflutet ist. Da das Wasser auch die Steckdose außer Gefecht gesetzt hat, funktionierte der Wecker nicht, und zu allem Überfluß läßt Mulder auch noch sein Handy in die Pfütze neben seinem Bett fallen. Ein Blick auf seine Armbanduhr zeigt ihm, daß er zu spät zur Arbeit ist. Als er einen Topf holt, um das Wasser darin aufzufangen, stolpert Mulder über seine Turnschuhe und erhält dann einen Anruf von seinem Vermieter, der in der Wohung unter seiner eigenen wohnt, wo es von der Decke tropft. Mulder dürfte eigentlich gar kein Wasserbett besitzen und wird für die Schäden aufkommen müssen. Als er in seinem Büro ankommt, öffnet er seinen Gehaltsscheck, den er sofort bei der Bank wird einlösen müssen, weil sonst der Scheck, den er seinem Vermieter geschrieben hat, platzt. Scully erscheint und erzählt ihm von dem Meeting, zu dem auch er hätte erscheinen sollen; gerade machen sie eine Pause. Mulder erklärt seine Verspätung und sagt, er müsse kurz zur Bank; sie solle ihn decken. Scully wundert sich jedoch nur darüber, daß er ein Wasserbett hat. Inzwischen halten der Bankräuber Bernard Oates und seine Freundin Pam vor der Bank, wo Bernard etwas ›abholen‹ will. Nachdem er fort ist, sieht Pam Mulder kommen. Sie erkennt ihn wieder, und auch er blickt sie an, als kenne er sie. Das überrascht sie. Er hat das noch nie zuvor getan. Mulder betritt die Bank, und während er in der Schlange wartet, schreibt Bernard seine Überfallnotiz; im FBI-Hauptquartier geht das Meeting über Verbrechensstatistiken weiter. Man wartet auf Mulder, der bald seinen Bericht abgeben soll. Scully macht sich auf den Weg, um ihn zu suchen. In der Bank entscheidet sich Bernard inzwischen für die direkte Vorgehensweise, und er bedroht die Kunden und die Kassierer mit der Waffe. Eine der Kassiererinnen löst Alarm aus, und Mulder versucht, die Situation zu beruhigen. Als Scully sich dem Eingang nähert, warnt Mulder den Bankräuber, die Tür zu schließen, aber es ist zu spät, und Scully kommt herein. Die Situation gerät außer Kontrolle. Mulder wird von dem Räuber niedergeschossen. Scully versucht, diesen mit der Waffe in Schach zu halten, aber dann zeigt er ihr die Bombe, die er um seinen Körper geschnallt hat. Draußen erscheint die Polizei, und Skinners Sekretärin erzählt ihrem Chef von dem Überfall in der Bank, wo Scully Mulder holen wollte. Skinner trifft ein und wird von Pam beobachtet, die genau weiß, was geschehen wird. Wieder läuft sie zu Skinner und bittet ihn zu verhindern, daß die Bank gestürmt wird, aber er erkennt sie nicht, und die Polizei bringt sie fort. In der Bank versucht Scully, Mulder zu helfen, aber es scheint aussichtslos. Sie bittet Oates, der Polizei zu zeigen, daß er eine Bombe hat, damit diese gewarnt ist. Aber der Räuber fürchtet, daß sie ihn nur hereinlegen will, und als das SWAT-Team die Bank stürmt, drückt er wieder den Knopf. Und wieder explodiert die Bombe.

Es ist Montagmorgen, und wieder wacht ein gewisser FBI-Agent in einem gewissen lecken Wasserbett auf, und wieder spulen sich alle Ereignisse wie zuvor ab. Doch diesmal versucht Pam, Mulder anzurufen, aber sie hängt auf, bevor er antworten kann. Bernard zwingt sie, mit ihm zu kommen. Für Pam ist dies nur eine weitere Wiederholung, und sie folgt ihm. Im FBI-Hauptquartier fummelt Mulder wieder an seinem Gehaltsscheck herum, als Scully erscheint und ihm von dem Meeting erzählt. Mulder denkt darüber nach, wie es wäre, wenn man einen Tag einfach zurückdrehen könnte, und sie geraten in eine Diskussion darüber, ob der Ablauf von Ereignissen festgelegt ist. Scully scheint dieser Meinung zu sein, während Mulder zu viele Variablen sieht. Wieder ist Scully verwundert über das Wasserbett, aber sie entschließt sich augenzwinkernd, Mulders Theorie eine Chance zu geben. Sie wird den Scheck zur Bank bringen. Somit hat Mulder die

Chance, sein Schicksal zu ändern, und außerdem kann er seinen Bericht für das Meeting mit Skinner vorbereiten. Bernard ist bereits in der Bank, und Mulder folgt bald seiner Partnerin, weil er versehentlich den falschen Scheckabschnitt unterschrieben hat. Pam hält den Agenten auf und bittet ihn, nicht in die Bank zu gehen, aber als er Schüsse hört, ignoriert er sie. Im Gebäude versuchen er und Scully, Bernard in Schach zu halten, bis dieser ihnen die Bombe zeigt. Scully will den Mann beruhigen, aber als klar wird, daß die Kassiererin den Alarm bereits ausgelöst hat, drückt Bernard den Knopf. Wieder explodiert die Bombe, während Pam draußen weint.

Es ist Montagmorgen, und wieder erwacht Mulder in seinem wässernden Wasserbett. Wieder spulen sich die Ereignisse ab wie zuvor, aber diesmal scheint Mulder ein seltsames *déjà-vu*-Gefühl zu haben. Im FBI-Hauptquartier versucht inzwischen Pam, Scully zu warnen, und sie bittet die Agentin, die Bank nicht zu betreten und auch ihren Partner daran zu hindern. Scully hält die junge Frau für verrückt, und als sie Mulder in seinem Büro trifft, wo er den Gehaltsscheck öffnet, erzählt er ihr von seinen *déjà-vu*-Erfahrungen. Sie geraten in eine Diskussion über *déjà vu*, in der Scully wie üblich eine wissenschaftliche Meinung vertritt, während Mulder phantastischere Möglichkeiten in Erwägung zieht. Als er ihr sagt, daß er zur Bank gehen muß, erinnert Scully sich an die junge Frau und erzählt ihm von deren Warnung. Mulder ist betroffen und entscheidet sich, den Geldautomaten zu benutzen, bevor er das Schicksal herausfordert. Aber als er zum Automaten kommt, ist dieser kaputt, und er bemerkt, wie eine junge Frau ihn beobachtet. Er erkennt Pam aus Scullys Beschreibung und spricht sie an. Sie erzählt ihm, daß sich die Ereignisse schon unzählige Male wiederholt haben und daß sie immer wieder versucht hat, sie zu verhindern. Sie ist zu dem Schluß gekommen, daß Mulder die entscheidende Variable ist, und bittet ihn, nicht die Bank zu betreten. Mulder läßt sich überzeugen und geht zu dem Meeting, aber dort ist Scully bereits verschwunden, um nach ihm zu suchen. Wieder ist sie in der Bank, wo Bernard wieder seinen Raub beginnt. Scully greift nach ihrer Waffe, aber Bernard bemerkt sie. Dann stürmt Mulder in das Gebäude und schießt auf Bernard. Bernard fällt, aber er hat immer noch seine Bombe und drückt den Knopf. Mulder versucht, sich die Tatsache einzuprägen und murmelt immer wieder: »Er hat eine Bombe. Er hat eine Bombe. Er hat eine Bombe.« Die Bombe explodiert.

Es ist Montagmorgen, und alles beginnt mehr oder weniger wie zuvor. Dieses Mal macht Mulder sich wieder auf den Weg zur Bank und bittet Scully, ihn zu decken. Als Mulder dieses Mal an Pam im Auto vorbeikommt, meint er sie zu kennen und spricht sie an. Aber sie hat längst aufgegeben, sagt nicht viel und läßt den Dingen ihren Lauf. Mulder betritt die Bank und erkennt Bernard. Er erinnert sich an die Bombe und an die Verbindung mit Pam. Er läßt Scully aus dem Meeting rufen und bittet sie, Pam zu holen und in die Bank zu bringen. In der Bank spricht Mulder Bernard an und bittet ihn, das Gebäude zu verlassen, um sein Schicksal zu ändern. Aber Bernard packt Mulders Waffe und beginnt wieder seinen Überfall. Dann betreten jedoch Scully und Pam die Bank. Mulder versucht Bernard davon zu überzeugen, daß seine Freundin diesen Tag immer wieder erlebt, und schließlich steht Bernard kurz davor, die Bank zu verlassen, als die Sirenen der Polizeiautos zu hören sind. Bernard glaubt, Mulder habe ihn reingelegt. Er schießt auf ihn, aber Pam wirft sich in den Weg der Kugel und wird tödlich getroffen. Bernard steht unter Schock, und Mulder kann ihm die Handschellen anlegen. Pam stirbt und erkennt, daß diese Variante noch nie zuvor eingetreten ist.

Es ist Dienstagmorgen. Mulder liegt auf seiner Couch und wacht gerade auf, als Scully ihn anruft. Sie erklärt, daß Skinner einen

Bericht über den Banküberfall verlangt, und will erfahren, warum Mulder gestern so viel wußte, aber Mulder kann sich nur auf Gefühle berufen. In der Morgenzeitung wird darüber berichtet, wie eine Frau bei einem versuchten Banküberfall starb. Das Foto zeigt Pam. Sie lächelt.

Kommentar:
Mulder: »Die Bank ist gleich um die Ecke. Ich bin in zehn Minuten zurück. Können Sie mich decken?«
Scully: »Tu ich das nicht immer?«

»Akte X« zeichnet sich gerne durch einen fatalistischen und tragischen Grundton aus, den Figuren scheint ihr Untergang vom Schicksal vorherbestimmt. Lucy Householder in »Parallele« (»Oubliette«, 3X08) muß sterben, damit Amy Jacobs leben kann und damit sie selbst endlich Frieden findet. Für den Schriftsteller Phillip Padgett in »Milagro« gibt es am Schluß nur die Möglichkeit zu sterben, um Scully zu retten. Duane Barry überlebt seine Geschichte nicht. Die Charaktere von »Akte X« finden sich oft als Gefangene von Situationen, denen sie nicht entkommen können, aber selten waren die Geschehnisse so ausweglos wie hier. Pam ist eine bleiche, vom Leben gezeichnete Gestalt, die schön sein könnte, wenn sie nicht ihre ganze Hoffnungslosigkeit mit sich herumtrüge (eine großartige schauspielerische Leistung von Carrie Hamilton). An einer Stelle sagt sie zu Mulder: »Sehen Sie nicht … Wir sind in der Hölle. Und ich bin die einzige, die das weiß.« Das erweckt Erinnerungen an Jean-Paul Sartres Drama »Geschlossene Gesellschaft«, wo die Hölle nichts als ein Raum ist, in dem ein paar Menschen aufeinandertreffen, die so gegensätzlich sind, daß sie einander ewig quälen müssen. Pam befindet sich in einer unendlichen Tretmühle und ist gezwungen, immer wieder den gleichen Tag zu erleben, an dem ihr Freund stirbt und viele unschuldige Menschen mit in den Tod nimmt. Immer wieder versucht Pam, diese Ereignisse zu verhindern, hat jedoch niemals Erfolg. Stets hält sie sich im Hintergrund und versucht, andere Menschen dazu zu bewegen, richtig zu handeln. Sie selbst bleibt passiv und kann nur hoffnungslos und entsetzt die Ereignisse beobachten. Erst als sie aktiv wird und Mulders Leben vor Bernards Kugel rettet, kommt es zu einem Ende: Pam findet den Tod, der Teufelskreis ist gebrochen. Nach ihrer Sterbeszene sehen wir noch ein Bild von ihr. Die Zeitung, in der von dem verhinderten Banküberfall berichtet wird, hat offenbar ein altes Foto von Pam ausgegraben. Hier lächelt sie in die Kamera. Ein Zufall in einer Geschichte, in der es keine Zufälle gibt: Erst am Schluß lächelt Pam, die endlich ihrer persönlichen, unzählige Male aufs neue durchlebten Hölle entkommen ist.

Mulder und Scully haben genausooft ihre speziellen Höllen dieser Episode durchlebt. Glücklicherweise nahm ihnen ein gnädiges Schicksal stets das Gedächtnis, und nur der Zuschauer mußte immer wieder mit Mulder in einem lecken Wasserbett erwachen, bei dem es egal ist, mit welchem Bein man aus ihm aufsteht. Mulders Tag beginnt katastrophal und wird immer katastrophaler. Scullys Hölle ist das längste und langweiligste Meeting der FBI-Geschichte, wo eine graue Beamtengestalt graue Statistiken verliest und letztlich auch nur zu dem Schluß kommt, daß niemand die Zukunft der Verbrechensentwicklung in Amerika vorhersagen kann.

Mit der Zeit (und vor allem dem dritten Akt) schleicht sich aber bei Mulder eine vage Ahnung von *déjà vu* ein, dem seltsamen Gefühl, eine Situation schon einmal erlebt zu haben, das wir alle kennen. »Habe ich diese brandneue Episode Akte X nicht schon einmal gesehen? Habe ich nicht schon damals gesagt, daß sie eine alte Idee aufwärmt? Aber nein … ich kann mich nicht daran erinnern, das jemals getan zu haben.« Es sieht also aus, als hätten wir alle schon unsere Erfahrungen mit Zeitschleifen gemacht …

Die Stärke eines Kunstwerks – und einer Episode einer Fernsehserie – liegt darin, inwieweit es ihm gelingt, etwas über die *condition humaine* auszusagen, die Rahmenbedingungen des Menschendaseins. In der Metapher der Zeitschleife und ihrer fortwährenden Monotonie liegt eine sehr exakte und sehr erschreckende Darstellung des ewig grauen Alltags, der einen immer wieder in die gleichen Situationen führt, in denen man immer wieder die gleichen Fehler macht. Oder auch nicht … Manchmal gelingt es zu entkommen. Aber jeder kennt ›einen dieser Tage‹, an denen man in einem lecken Wasserbett erwacht. Hier liegt die eigentliche Stärke dieser Episode. Hier wird der Zuschauer in sie hineingezogen und erlebt entsetzt die ewige Wiederholung mit.

Glücklicherweise gelingt es den Drehbuchautoren, trotz des Wiederholungsproblems eine spannende Geschichte zu erzählen, in der sich genug Dinge verändern und die sich zufriedenstellend genug weiterentwickelt, um nicht selbst in der Tretmühle zu enden – eine gefährliche Klippe für diese Art von Konzept-Episode, die hervorragend umschifft wurde. Hinzu kommen die darstellerischen Leistungen von Carrie Hamilton und Darren Burrows, die das unglückliche Pärchen spielen, über das wir nur wenig erfahren, das aber viel erahnen läßt. Bernard arbeitet als ›Putzmann‹ und hat wenig Hoffnung, je über diesen Job hinauszuwachsen. Er befindet sich bereits in jener grauen Hölle und versucht, ihr mit einem verzweifelten und dummen Banküberfall zu entkommen. Seine Beziehung zu Pam ist durch Aggressivität und Frustration geprägt, und es drängt sich die Frage auf, ob diese Menschen sich lieben oder ob diese Verlierer nur aus langjähriger Gewohnheit zusammen sind. Die Fragen werden nicht beantwortet, passen aber in das fatalistische Gesamtkonzept der Episode.

Wer bestimmt unser Schicksal? Der Zufall oder wir selbst? Bringen uns all die kleinen Details in Situationen, denen wir nicht entkommen können? Müssen wir im Central Park durch den Regen waten, weil in Peking ein Schmetterling mit den Flügeln geschlagen hat? Oder ist es unser Charakter, der die Situationen bestimmt, in die wir geraten, und deren Ausgang festlegt?

Diese Episode scheint beiden Alternativen Argumente zu liefern, sich am Ende aber doch für die Charakter-Antwort zu entscheiden. Letztlich ist es Pams Passivität und Hoffnungslosigkeit, die sie in die Beobachterrolle zwingt, so wie seine Verzweiflung Bernard zur Verbrecherrolle verurteilt. Bis auf ein bestimmtes Wasserbett scheinen sich alle Situationen und Fallen dieser Geschichte aus den Charakteren zu ergeben und aus den Entscheidungen, die sie treffen. Erst als Pam selbst die Bank betritt und einen radikal anderen Weg einschlägt, kann sie den Kreis durchbrechen.

Es scheint also, als sei es der Charakter eines Menschen, der sein Schicksal bestimmt. Aber trotzdem gibt es in unser aller Leben Wasserbetten …

Hintergrund:

Die bekannteste Zeitschleife zieht sich durch die Komödie »Und täglich grüßt das Murmeltier« (»Groundhog Day«), mit der Regisseur Harold Ramis und Star Bill Murray 1992 einen Riesenhit landen konnten. Der Fernsehwetterfrosch Phil Connors, seines Zeichens Menschenfeind und launige Primadonna, berichtet zum x-ten Mal über den jährlichen Murmeltiertag im kleinstädtischen Punxsutawney, eine örtliche Feier, in der ein Murmeltier das Ende des Winters vorhersagt oder dessen Fortdauern. Phil erledigt die Aufgabe mit seiner üblichen Eleganz und dem gewohnten Zynismus. Aber ein (von Phil falsch prophezeiter) Schneesturm schließt ihn und sein Team, bestehend aus Kameramann Larry und Produktionsleiterin Rita, im Örtchen ein, das Phil eigentlich so schnell wie möglich wieder verlassen will. Als er am nächsten Morgen aufsteht, ist es wieder genau der vorhergehende

Murmeltiertag. Und genauso am nächsten Tag und am nächsten Tag und am nächsten Tag: Jeden Morgen erwacht er in seinem Bett, der Radiowecker klingelt um 6:00 Uhr, und Sonny und Cher singen »I Got You, Babe«. Phil ist der einzige, der weiß, was geschieht, und als er erkennt, daß er nicht aus dem Tretrad entkommen kann, beginnt er zunächst, es sich dort gemütlich zu machen. Er kann alles tun, was er will. Auch wenn ihn die Polizei in betrunkenem Zustand ausgeheckter Streiche einbuchtet, liegt er am nächsten Murmeltiermorgen wieder in seinem Bett. Nach anfänglicher Verwirrung beginnt er die Vorteile seiner besonderen Situation zu nutzen und schleppt die Frauen der Stadt ab. Diejenige Frau jedoch, in die er sich tatsächlich verliebt, seine Produktionsleiterin Rita, bleibt für ihn unerreichbar. Nie gelingt es ihm, trotz sorgfältiger Planung über viele Murmeltiertage hinweg, sie ins Bett zu bekommen, wie er es sich wünscht. Das treibt ihn in den Selbstmord. Doch am nächsten Tag erwacht er wieder lebendig in seinem Bett, und nach Dutzenden erfolgloser Selbstmorde beginnt er schließlich, sich an der menschenfreundlichen Rita ein Beispiel zu nehmen, und wird zum schützenden Geist des Städtchens an jenem Murmeltiertag, den er kennt wie niemand sonst, und an dem er stets zur Stelle ist, um dort Hilfe zu leisten, wo sie benötigt wird. Damit weckt er eines Tages, der doch nicht ist wie jeder andere Tag, die Aufmerksamkeit von Rita, die sich in ihn verliebt, ohne daß er dies bewußt betrieben hätte. Diese Liebe holt ihn schließlich aus der Zeitschleife heraus, und mit dem Morgen im Bett mit Rita bricht tatsächlich ein neues Leben für Phil an.

Etwa zur gleichen Zeit entstand die Fernsehproduktion »12:01«, ein großartig konstruierter Zeitschleifenthriller, der das Pech hatte, sich anhören zu müssen, er habe dem Murmeltier die Idee gestohlen; dabei entstanden beide Filme gleichzeitig, und »12:01« ist eine Verfilmung der älteren Erzählung »12:01« PM von Richard Lupoff. Neben dem großen Kino der souveränen Murray-

Komödie ist »12:01« jedoch nur solides Fernsehen mit soliden Darstellern, aber einer geschickten Geschichte. Barry Thomas ist ein kleiner Angestellter in der Personalabteilung der UTREL Corporation, eines großen Technologiekonzerns, der mit einem neuartigen Gerät experimentiert, das Teilchen auf Überlichtgeschwindigkeit beschleunigen soll. Barry ist in die Ingenieurin Lisa Fredericks (›Supergirl‹ Helen Slater) verliebt, blitzt bei ihr jedoch erbärmlich ab und muß abends nach der Arbeit mitansehen, wie sie vor dem Konzerngebäude erschossen wird. Als er stark alkoholisiert nach Hause kommt und eine defekte Lampe reparieren will, schlägt genau in diesem Moment – um 12:01 – der Blitz in sein Haus ein, während gleichzeitig in seiner Firma der Teilchenbeschleuniger eingesetzt wird. Barry landet in einer Zeitschleife, die ihn jeden Tag um ebendiesen Tag zurückwirft, und er ist der einzige, der sich erinnern kann. Barry benutzt sein Vor-Wissen, um Lisas Herz zu gewinnen und gleichzeitig ihr Leben zu retten. Bald kristallisiert sich heraus, daß ihr Tod mit den Beschleuniger-Versuchen zusammenhängt, und gemeinsam mit Barry versucht sie das Experiment zu verhindern, was auch schließlich gelingt. Die Zeit läuft weiter, und Barry hat Lisas Herz erobern können. Wieder eine Liebesgeschichte, aber diesmal steht der Thriller- und Science-fiction-Plot im Mittelpunkt. Im Unterschied zu »Und täglich grüßt das Murmeltier« wird eine wissenschaftliche Erklärung für das Phänomen geliefert. Der Film greift ähnliche Wiederholungsphänomene auf, und auch hier versucht ein Mann, das Herz einer Frau zu erobern, indem er seine ›prophetischen‹ Gaben einsetzt, doch erreicht der Fernsehfilm nie die Tiefe von Bill Murrays Wandlungsgeschichte.

Auch in »Retroactive – Gefangene der Zeit« (»Retroactive«) von 1997 setzt ein Teilchenbeschleuniger die Zeitschleife in Gang. Die Polizeipsychologin Karen wird nach einem Autounfall von einem Redneck-Pärchen mitgenommen. Der Mann, eine laute, unangenehme Machogestalt namens Frank (und ein wundervoll widerlicher James Belushi), will sie beim nächsten Abschleppdienst absetzen. Aber Karen bekommt mit, wie der Angeber Frank seine Frau Rayanne schlecht behandelt und sich überhaupt als sehr unberechenbar erweist. An einer Tankstelle erfährt Frank vom Betreiber, daß Rayanne ihn mit einem anderen betrogen hat. Kurz darauf erschießt er sie in Gegenwart von Karen und versucht dann, auch die Psychologin zu töten. Die Frau kann fliehen und kommt zu einem Testgelände der Regierung, wo sie versehentlich in eine Maschine gerät, die sie 20 Minuten in die Vergangenheit wirft. Wieder sitzt sie im Auto mit Frank und Rayanne. Diesmal versucht sie den Mord zu verhindern, aber verschlimmert die Situation nur noch und löst weitere Morde aus. Der Psychopath Frank wird zur unberechenbaren Killermaschine. Die zuvor private Mordgeschichte eskaliert zum Autoverfolgungs- und Explosionsspektakel, und es braucht mehrere Zeitsprünge, von denen auch Frank selbst an einem teilnimmt, um die Situation zu richten. Nach einem langen Zeitsprung entscheidet sich Karen zuletzt, überhaupt nicht einzugreifen und niemals in das Auto einzusteigen. Die Dinge nehmen ihren Lauf, und Rayanne erschießt Frank …

1998 kam in Deutschland eine exzellente Zeitschleifengeschichte in die Kinos, »Lola rennt« von Tom Tykwer. Insgesamt rennt Lola dreimal die gleiche Zeitschleife. Lolas Freund Manni hat Scheiße gebaut und eine Plastiktüte mit 100 000 Mark verloren, die er eigentlich in 20 Minuten einem Gangster abliefern müßte. Jetzt hat er Angst um sein Leben, und seine Freundin Lola versucht, in der kurzen Zeit das Geld aufzutreiben. Sie rennt zu ihrem Bankdirektor-Vater, aber der hat keine Zeit für sie, und als sie endlich Manni erreicht, hat dieser bereits einen Supermarkt überfallen, um das Geld zu besorgen. Lola hilft ihm, aber als die Polizei später das Pärchen stellt, wird sie erschossen. Lola kann dieses Ende nicht akzeptieren. Sie will noch nicht gehen, stellt die Zeit zurück, und die Geschichte beginnt von neuem. Diesmal raubt Lola die Bank ihres Vaters aus und erreicht Manni, bevor er den Supermarkt betritt, aber dann wird er von einem Auto überfahren, als er die Straße überquert. Und wieder beginnt die Geschichte neu, und während Manni durch von Lola eingeleitete Zufälle die Geldtüte wiederbekommt, gewinnt Lola das nötige Geld in einem Casino. »Lola rennt« ist ein sehr schneller, großartig fotografierter und gespielter Film, der letztlich eine wunderschöne Liebesgeschichte erzählt, denn wie im Märchen ist es Lolas Liebe, die das Wunder vollbringt und über die Zufälle siegt. Lola ist eine Art Anti-Pam, die im Unterschied zu Bernards Freundin die Ereignisse nicht tatenlos akzeptiert und kämpft. Und rennt. Und rennt.

Die größte Ähnlichkeit mit »Monday« besitzt jedoch eine Folge von »Raumschiff Enterprise: Das nächste Jahrhundert« (»Star Trek: The Next Generation«). In der Episode »Déjà Vu« (»Cause and Effect«) gerät auch die Enterprise in eine Zeitschleife und wird immer wieder zerstört, wobei die gesamte Besatzung ums Leben kommt. Die Ereignisse auf dem Schiff wiederholen sich, wenn auch immer in leichten Variationen, und zunehmende *déjà-vu*-Gefühle bringen die Mannschaft zu der Überzeugung, daß sie in einer Zeitschleife gefangen sind. Schließlich gelingt es ihnen, Wissen aus einer Schleife in die nächste zu transportieren und damit den Ausgang der Ereignisse zu verändern. Klingt das vertraut? Die Ähnlichkeiten mit »Monday« sind tatsächlich frappierend, ergeben sich aber letztlich aus der Struktur des Genres Fernsehserie. Wie bei »Monday« endet der Teaser mit dem Tod der Helden in einer Explosion, wie in »Monday« entspricht eine einzelne Zeitschleife stets einem einzelnen Akt zwischen zwei Werbepausen (für die ganz bestimmte Stellen in der Episode vorgesehen sind, auch wenn das deutsche Fernsehen sich selten an diese Punkte hält), und wie bei »Monday« wird eine Information vom dritten Akt in den vierten mitgenommen. Hier gelingt es Data, die Nummer 3 zu senden, die ihn später daran erinnern wird, die richtige Entscheidung zu treffen, dort prägt Mulder sich intensiv die Information ein, daß der Bankräuber eine Bombe hat, um beim nächsten Mal nicht den gleichen Fehler zu machen. Man kann leicht behaupten, »Akte X« habe bei »Star Trek« geklaut, und höchstwahrscheinlich kannten die Autoren diese Episode, die als eine der besten der Science-fiction-Serie gilt, aber letztlich ist die Grundfrage, ob es ihnen gelungen ist, daraus eine erfolgreiche X-Akte zu machen. Die »Star-Trek«-Episode trifft genau den Tenor ihrer Serie mit großartiger Charakterinteraktion und einem faszinierenden Konzept; die X-Folge ist ebenfalls klassisch im Rahmen ihres eigenen Konzepts. Der Fatalismus der Geschichte, der sich vor allem in Pams Schicksal ausdrückt, trifft den dunkel-romantischen Ton von »Akte X«, und das paranormale Phänomen stellt Mulder und Scully (vor allem natürlich Mulder) vor ein typisches Problem, das hier auf breiter Ebene gelöst wird. »Déjà Vu« und »Monday« gehören beide zu den stärkeren Einträgen ihrer respektiven Serien und stehen beide genau in ihrer besonderen Tradition. Die Ähnlichkeiten ergeben sich vor allem aus dem gemeinsamen Zeitschleifenkonzept, das sich in einer Fernsehepisode, die sich stets zwischen Werbepausen quetschen muß, dramatisch kaum effektiver einsetzen läßt.

Bemerkungen:
● Woher stammt das Wasserbett des passionierten Couch-Schläfers Mulder? Aus dem »Dreamland«-Zweiteiler, wo Agent Morris Fletcher in Mulders Körper sich dieses bequemere Möbel zulegte. Verständlicherweise kann Mulder sich nach der damaligen Zeitschleife nicht mehr daran erinnern, woher es stammt, und er kann Scully stets nur sehr vage antworten, wenn sie immer wie-

der – jeden Montagmorgen – fragt, woher er ein Wasserbett hat. Manche Fans vertraten im Internet die Meinung, dieses Bett aus einer früheren Zeitanomalie sei für die jetzige Zeitanomalie verantwortlich; ohne dieses fehlerhafte Bett wäre Mulder niemals in der Bank gelandet, und es wäre niemals zu den tödlichen Verkettungen gekommen. Hübsche Spekulation … Am Ende schläft Mulder jedenfalls wieder auf seiner bewährten alten Couch, und wir werden das Wasserbett wahrscheinlich nie wieder zu Gesicht bekommen.

● Das Büro ist zurück! Aber es fehlt noch ein neues ›I Want To Believe‹ Poster. Weiterhin hat nur Mulder einen Schreibtisch, und es steht auch nur sein Name an der Tür. Womit ewig die Frage unbeantwortet bleibt, ob Scully irgendwo ihr eigenes Büro hat …

● Der Basketballfan Mulder hat sowohl in seiner Wohnung als auch in seinem Büro einen Ball. Außerdem ist David Duchovny selbst passionierter Basketballer und durfte sein Talent in der Pilotfolge der Erotikserie »Red Shoe Diaries« (die RTL2 unter dem peinlichen Titel »Foxy Fantasies … mit David Duchovny« ausstrahlt) in einem Match unter Beweis stellen.

● Die Turnschuhe, über die zu stolpern Mulder immer wieder vom Schicksal gezwungen wird, sind von dem Hersteller Nike.

● Bei ihren Diskussionen über *déjà-vu*-Phänomene darf Mulder einmal mehr unter Beweis stellen, daß er Psychologie studiert hat. Und als sie sich um den tödlich verletzten Mulder kümmert, sehen wir Scully wieder als Ärztin.

● Mulder erweckte stets den Eindruck, finanziell sehr flüssig zu sein, sieht man ihn doch immer im teuren Anzug. Aber offenbar hat er große Angst, daß sein Scheck platzen könnte. Es sieht aus, als bewege sich sein Konto stets in der Nähe des Nullpunkts.

● Mulder hat die schlechte Angewohnheit, ständig sein Handy zu verlieren, aber noch nie fiel es ihm so jämmerlich ins Wasser wie in dieser Folge.

● Darren E. Burrows, der Darsteller des Bernard Oates, ist Fernsehzuschauern aus der Fernsehserie »Ausgerechnet Alaska« (»Nothern Exposure«) bekannt, doch dürfte kaum jemand ihn wiedererkannt haben. In der Serie spielte der Darsteller, der selbst halb indianischer Herkunft ist, den Indianer Ed Chigliak, der der Hauptfigur Dr. Joel Fleischmann dabei hilft, sich als Großstädter im ländlichen Alaska zurechtzufinden. Mit dunklen Haaren und ohne struppig schmutzigen Bart gab er dort eine weit positivere Gestalt ab als Bernard.

● Der paranoide Mulder läßt sich sein Gehalt vom Regierungsarbeitgeber offenbar nicht direkt auf sein Konto überweisen.

● David Duchovnys attraktiver Oberkörper ist in dieser Episode in mehreren Zeitschleifen nackt zu sehen. Mal beim morgendlichen Aufstehen aus dem lecken Wasserbett und später (früher) in der Bank, als Scully sein Hemd öffnet, um die Schußwunde zu untersuchen.

● Mulders Vermieter wohnt im dritten Stock genau unter Mulders Apartment Nr. 42, also wahrscheinlich in Apartment Nr. 32.

6ABX13
Arcadia

US-Erstausstrahlung: 7. März 1999
Regie: Michael Watkins
Drehbuch: Daniel Arkin

Gaststars: Abraham Benrubi (Big Mike), Tom Virtue (Dave Kline), Juliana Donald (Nancy Kline), Tom Gallop (Win Shroeder), Marnie McPhail (Cami Shroeder), Debra Christofferson (Pat Verlander), Tim Bagley (Gordy), Peter White (Gene Gogolak), Mark Matthias (Möbelpacker), Roger Morrissey (Nachbar)

Kurzinhalt:

In der eingezäunten Vorstadtgemeinde ›The Falls at Arcadia‹ herrscht gnadenlose Idylle. Wehe, jemand käme auf die Idee, seinen Briefkasten in einer unerwünschten Farbe zu streichen oder gar eine Wetterfahne aufs Dach zu stellen. Das ist alles nach der Gemeindebauordnung streng verboten! Damit es auch so bleibt, werden diejenigen, die sich nicht an die Vorschriften halten, von einem Monster heimgesucht. Ein klarer Fall für Mulder und Scully, die sich als Yuppies verkleiden und ihren zwischenzeitlichen Wohnsitz in die ›Falls at Arcadia‹ verlegen.

Inhalt:

Die Vorstadtsiedlung ›The Falls at Arcadia‹ am Stadtrand von San Diego ist eine *gated community* – ein eingezäunter Stadtteil, in den sich die obere Mittelschicht zurückgezogen hat. Hier gibt es keine Einbrecher, keine lästigen Vertreter und keinen unangemeldeten Besuch. Alle Häuser sehen wunderschön aus, und über dem Ganzen liegt eine wunderbare Idylle. Allerdings kann diese

Idylle manchmal ganz schön nervtötend sein. Jeder, der auch nur minimal aus der Reihe tanzt, wird sofort mit Hilfe einer strikten Gemeindeordnung zurückgepfiffen. Selbst die Farbe des Briefkastens darf nicht von der erwünschten Norm abweichen. Dies muß auch Dave Klein feststellen. Als er eines Tages von der Arbeit nach Hause kommt, sieht er noch, wie sein Nachbar Win Shroeder den Postkasten der Klines neu anstreicht, gewissermaßen als Wink mit dem Zaunpfahl und als eine Form der besonders aufdringlichen Nachbarschaftshilfe. Win ist über diese spießbürgerliche Ordnung sichtlich genervt. Als stummen Protest beschließt er, eine Windfahne in Form eines Holzhackers aufzustellen auch die ist laut Gemeindeordnung nicht erlaubt. Sollen die Nachbarn sich doch beschweren! Später am Abend werden Dave und seine Frau durch ein Geräusch im Wohnzimmer geweckt. Als Dave nach dem Rechten sieht, wird er von einer unbekannten Kreatur angegriffen, die sich danach auf den Weg zu Frau Kline ins Schlafzimmer macht.

Sieben Monate später ziehen Mulder und Scully in das Haus der Klines. Als Tarnung geben sie sich als das Yuppie-Pärchen Rob und Laura Petrie aus. Schon bei ihrer Ankunft werden sie von einer merkwürdigen Nachbarin empfangen, die sie nervös und überfreundlich in Arcadia willkommen heißt. Im Handumdrehen erscheinen auch die anderen Nachbarn unter der Leitung von Win Shroeder, der sie darauf aufmerksam macht, daß sie bis sechs Uhr mit dem Umzug fertig sein müssen – danach ist weitere Arbeit vor dem Haus verboten.

In einer ebenso herzlichen wie aufdringlichen Art beginnen die Nachbarn, sämtliche Möbelstücke der Petries ins Haus zu schleppen. Ein Mann namens Big Mike stellt sich dabei ein wenig tolpatschig an und läßt einen Karton voller Porzellan fallen. (In Wirklichkeit sind in der Box Scullys Instrumente.) Big Mike entschuldigt sich permanent und verspricht, den Schaden wiedergutzumachen. Schon sehr bald gerät Mulder in Konflikt mit der Gemeindeordnung von Arcadia. Als er einen Basketballkorb vor der Garage aufstellen will, zerrt Win Shroeder das Gerät in die Garage mit dem Hinweis, daß auch Basketballkörbe nicht erlaubt seien, weil sie nicht den hiesigen ästhetischen Normen entsprächen.

Wie durch ein Wunder haben die Nachbarn tatsächlich um Punkt sechs Uhr alles eingeräumt und verschwinden. Unser Yuppie-Pärchen kann endlich zur Tagesordnung übergehen. Scully filmt das gesamte Innere des Hauses mit einer digitalen Kamera, und ihr Kommentar zu den Bildern ist gleichzeitig der Prolog der Geschichte: Seit Arcadia 1991 gebaut wurde, lebten schon drei Familien im Haus der Klines, und alle verschwanden spurlos. Es gibt keine Hinweise, die auf irgendeine Ursache für das Verschwinden hindeuten. Mulder und Scully sollen unter einer falschen Identität in dem Haus wohnen und dessen Geheimnis lüften. Eine besonders pikante Fußnote der ganzen Affäre ist, daß die Nachbarn jedesmal behaupteten, von einem Verschwinden der Bewohner nichts bemerkt zu haben.

Später am Abend trifft sich die Nachbarschaft im Haus von Gene Gogolak, der in Arcadia den Posten eines Verwalters innehat. Das Gespräch dreht sich selbstverständlich um die neuen Nachbarn. Welchen Beruf haben die Petries? Wo kommen sie her? Werden sie sich der Gemeinschaft anpassen, oder sind es auch wieder ›Rebellen‹? Über dem Gespräch liegt eine merkwürdige Anspannung, so, als wolle man ein bestimmtes Thema ausklammern. Big Mikes Vorschlag, die Neuankömmlinge doch ›einzuweihen‹, wird von Gogolak mit Unverständnis aufgenommen. Es kommt sogar noch schlimmer: Als Big Mike gegangen ist, deutet Gogolak an, daß man ihn besser loswerden solle.

Diese düstere Ankündigung wird noch am selben Abend Realität. Vor Big Mikes Haus brennt eine Glühbirne der Außenbeleuchtung durch. Hastig versucht Mike die Birne auszuwechseln, als er plötzlich von einem schleimigen Monster überfallen wird, das scheinbar dem Erdboden entstiegen ist.

Als Mulder und Scully Big Mike am nächsten Morgen besuchen wollen, ist dieser nicht zu Hause. Statt dessen treffen sie nur Win Shroeder, der den Garagenvorplatz mit einem Schlauch (vom Blut) reinigt. Auf die Frage nach Mikes Verbleib antwortet Shroeder nur ausweichend, lädt seine Nachbarn dafür aber für denselben Abend zum Essen ein. Mulder und Scully besuchen daraufhin Gene Gogolak, um sich nach einer Erlaubnis für die Aufstellung des Basketballkorbs zu erkundigen. Gogolak schaut in der eindrucksvollen Gemeindeordnung nach, die etwa den Umfang einer Bibel kombiniert mit einem Weltatlas hat. Nein, Basketballkörbe sind nicht erlaubt. In Arcadia ist jegliche Abweichung von der Norm nicht geduldet, denn Abweichungen führen zwangsläufig zum Chaos. Diese Einschränkungen bezüglich der kreativen Ausgestaltung beziehen sich allerdings nur auf das Äußere der Gebäude. Im Inneren kann jeder tun und lassen, was ihm paßt. Gogolak selber hat sein Wohnzimmer mit afrikanischen und asiatischen Kunstgegenständen ausstaffiert, die er von seinen häufigen Geschäftsreisen rund um den Globus mitgebracht hat.

Das Abendessen bei den Shroeders erweist sich als besonders unterhaltsam. Immer wieder versuchen Mulder und Scully das Gespräch auf den verschwundenen Big Mike zu bringen, und immer wieder weichen die Shroeders aus. Grund zur Sorge gibt es auf jeden Fall, denn später findet Scully im Rinnstein einen blutigen Anhänger, der Big Mike gehörte. Auch die Polizei konnte den Mann bislang nirgendwo finden.

Mulder bemerkt, daß die Bewohner von Arcadia ein geradezu hysterisches Bestreben haben, bei der Gestaltung ihrer Grundstücke die strikte Gemeindeordnung einzuhalten. Er will am nächsten Tag ein Experiment wagen und diese Ordnung gezielt verletzen. Gesagt getan: Ein rosa Platikflamingo, der schon unter normalen Umständen den Zorn der Nachbarn erregen würde, wird von Mulder vor dem Haus aufgestellt. Danach legt er sich hinter der Haustür auf die Lauer. Als er für einen Moment nicht hinschaut, ist das Schmuckstück verschwunden. Mulder startet einen zweiten Versuch: Er gibt seinem Postkasten einen heftigen Tritt und übergießt ihn mit Orangensaft. Wieder legt er sich auf die Lauer. Als er kurz zur Toilette geht, ist der ›Schaden‹ ebenso prompt wie unsichtbar behoben worden. Dafür findet Mulder aber einen Zettel im Briefkasten: »Sei wie die anderen, bevor es dunkel wird!«

Das Experiment geht weiter. Abends stellt Mulder seinen Basketballkorb vor der Garage auf und übt ein paar Würfe. Plötzlich erscheint ein hysterischer Win Shroeder auf der Bildfläche, der Mulder beinahe anfleht, das Spiel zu beenden, weil sonst etwas passieren könnte. Mulder weiß, daß er einen Nerv getroffen hat, und setzt sein Spiel erst recht fort. Dies scheint etwas auszulösen: Im Garten bewegt sich etwas unter den Erde, und das Licht in Mulders Einfahrt geht kaputt, ganz so, wie es auch bei Big Mike passiert ist. Später hört Scully merkwürdige Geräusche im Haus. Irgend etwas stimmt nicht.

Die merkwürdigen Geschehnisse haben Mulders Forschungstrieb herausgefordert. Er durchwühlt den ganzen Garten und entdeckt Hohlräume unter der Erde, in denen sich möglicherweise irgend etwas fortbewegt hat. Mulder hat den Verdacht, daß sich die Leichen der Klines noch auf dem Grundstück befinden könnten. Der Garten muß umgegraben werden.

Unter dem Vorwand, einen Zierteich anlegen zu wollen (das verstößt nämlich nicht gegen die Gemeindeordnung), läßt Mulder am nächsten Tag im Vorgarten graben. Vor den Augen der entsetzten Nachbarschaft durchwühlt ein Bagger das gesamte Erdreich. Später entdeckt Mulder in der Grube die Windfahne der Klines, an der noch immer ein Sticker von Gogolaks Firma klebt. Mulder weiß jetzt, wo er suchen muß. Doch es droht Gefahr: Unbemerkt von den beiden Agenten erhebt sich eine schleimige Kreatur aus der Grube.

Während Mulder zu Gogolak geht, sieht sich Scully plötzlich zu Hause von der unbekannten Kreatur bedroht. Als sie nach ihrer Waffe sucht, wird sie plötzlich von Big Mike überrascht, der schwerverletzt den Angriff des Monsters überlebt hat. Er war es, der Mulders ›Verstöße‹ immer wieder korrigiert hat. Big Mike will Scully vor der unbekannten Bestie beschützen und versteckt sie im Kleiderschrank. Hier kann sie nur mithören, wie es vor der Tür zu einem fürchterlichen Kampf kommt.

Mulder hat die Absicht, Gogolak zu verhaften, und konfrontiert ihn mit einer Theorie: Gogolak hat auf seinen Reisen nach Asien die Fähigkeit erworben, einen Tulpa zu erschaffen. Der Tulpa ist ein Wesen, das durch den puren Willen eines Menschen ins Leben gerufen werden kann. Mit Hilfe des Tulpa wollte Gogolak die Durchsetzung der spießigen Gemeindeordnung von Arcadia erzwingen. Die Angst vor dem Monster sollte die gesamte Nachbarschaft einschüchtern. Allerdings ist ihm die Kontrolle über den Tulpa entglitten, und nun mordet das Wesen schon beim kleinsten Anlaß. Gogolak kann über diese Theorie nur lachen (wir auch), aber sie trifft tatsächlich zu. Es bleibt allerdings die Frage, wie Mulder seine Behauptungen belegen will.

Mulder nimmt Gogolak zum Haus der Petries mit. Als er sieht, daß es im gesamten Haus dunkel ist, kettet er ihn mit Handschellen an den Postkasten und macht sich auf die Suche nach Scully. Die hat glücklicherweise den Angriff des Tulpa überlebt, braucht aber eine ganze Weile, bis sie sich aus dem demolierten Kleiderschrank befreit hat. Vor der Haustür wendet sich das Wesen unterdessen gegen seinen Schöpfer. Weil der angekettete Gogolak nicht ins ästhetische Bild der Nachbarschaft paßt, wird er von dem Tulpa angegriffen. Danach attackiert das Wesen den herbeigeeilten Mulder, doch als Gogolak stirbt, bricht auch der Tulpa zusammen und zerfällt zu Erde.

Im Epilog erfahren wir noch, daß die Bewohner von Arcadia jegliche Verantwortung am Tod ihrer Nachbarn leugnen und die Siedlung nach wie vor als vorbildliche Gemeinde gilt.

Kommentar:
Mulder: »Meinen Sie nicht, daß jede Gesellschaft ihre Schattenseiten hat?«
Win Shroeder: »Bei uns gibt es keine Schattenseiten. So wie ich es sehe, sind wir der *american dream*.«

Willkommen in ›The Falls at Arcadia‹, wo der amerikanische Traum zum Alptraum wird. Willkommen auch zu einer Folge, die zwar nicht als eine der besten, aber garantiert als eine der komischsten in die Geschichte der »Akte X« eingehen wird. Hier wird Fernsehunterhaltung vom Feinsten geboten. Wieder einmal wissen wir, daß es besser war, die Glotze einzuschalten, statt spazierenzugehen, ein Buch zu lesen oder gar ein Gespräch mit unseren Mitmenschen zu führen.

»Arcadia« ist keine gewöhnliche Episode. Die Folge spielt mit den Prämissen und Konventionen der Serie, statt sich innerhalb des üblichen Schemas zu bewegen. Gerade dies könnte bei vielen X-Philes Anlaß zur Kritik sein. Ob man »Arcadia« mag, wird sehr deutlich von der eigenen Grundeinstellung abhängen. Wer sich auf das Spielchen einläßt, wird garantiert Spaß haben. Mit anzusehen, wie Mulder und Scully sich als Yuppie-Pärchen anstellen, ist das reinste Vergnügen, wobei uns gleichzeitig das unwohle Gefühl beschleicht, sie könnten hier ihre ›private‹ Seite zeigen. »Arcadia« bietet den beiden Protagonisten die Möglichkeit, ihr komisches Talent unter Beweis zu stellen. Aus dieser Perspektive wird uns eine ganze Fundgrube von Szenen geboten: Mulder und Scully spielen ›Ehepaar‹ im Schlafzimmer. Beim Dinner macht Mulder sich über den UFO-Tick seiner ›Frau‹ lustig. Später überlegt er sich ernsthaft, bei der Observation des Postkastens in eine Safttüte zu pinkeln. Anders als beispielsweise in »Dreamland«, wo die Komik stellenweise zu zögerlich und ineffektiv eingesetzt wird, kann »Arcadia« hier auf der ganzen Linie überzeugen.

Unbestrittenes Highlight dieser Episode ist aber die Siedlung ›The Falls at Arcadia‹ selbst. Wir amüsieren uns über die Bewohner, die ihre Postkästen alle in derselben Farbe streichen und die zum Abendessen nur ›delphinsicheren‹ Thunfisch kaufen. Wir lachen über das Entsetzen der Nachbarschaft, als Mulder die Grube für den Zierteich aushebt und abends noch eine Runde Basketball spielt. Der wahre Horror in »Arcadia« ist nicht das Monster aus Dreck, sondern die Vorstellung, daß eine solche Wohnanlage tatsächlich existieren könnte: »Sei wie die anderen, bevor es dunkel wird!«

Hintergrund:

Eine Siedlung wie ›The Falls at Arcadia‹ ist keine Erfindung der Drehbuchautoren, sondern basiert auf der Realität. In den USA entstehen im Umfeld von Großstädten immer mehr sogenannte *gated communities*. Aus einer teilweise berechtigten Angst vor Verbrechern hat sich die obere Mittelschicht hier in eingezäunten Wohnvierteln verschanzt. Diese werden rund um die Uhr von einem privaten Sicherheitsdienst bewacht und sind durch ein Tor von der Außenwelt getrennt. Fremde haben keinen Zutritt, und Besucher müssen eine Einladung vorweisen können, bevor ihnen die Einfahrt gestattet ist. Permanente Videoüberwachung sorgt für ein lückenloses Sicherheitssystem. Die Bewohner dieser Wohnviertel können sich absolut sicher sein, daß kein Einbrecher oder gar ein unliebsamer Vertreter ihre Ruhe stören wird. Natürlich hat diese Annehmlichkeit auch ihren Preis. In einer *gated community* lebt man wie im sprichwörtlichen goldenen Käfig. Darüber hinaus ist das Leben strengen Regularien unterworfen. So darf zum Beispiel kein Kinderspielzeug in den Vorgärten herumliegen, und auch laute Grillpartys werden nicht geduldet. Der amerikanische Fernsehfilm »The Colony« (1995) zeigt, wie das Leben in einer *gated community* faschistoide Züge annimmt. »The Colony« ist in Deutschland unter dem Originaltitel auf Video veröffentlicht worden.

Die *gated communities* sind aber nur die ausschweifende Spitze einer größeren Entwicklung im Bereich der Stadtplanung. In den USA gibt es den Trend, ganze Vorstädte auf dem Reißbrett zu konzipieren. Eine Immobilienfirma kauft in einem solchen Fall ein riesiges Gelände, läßt Straßen und Kanalisation anlegen und baut dann eine schier endlose Zahl schlüsselfertiger Einfamilienhäuser. Der Film »Poltergeist« nimmt dies zum Anlaß für eine bitterböse Satire, bei der die Baufirma das gesamte Projekt auf einem alten Friedhof errichtete, ohne aber die Gräber zu versetzen. Natürlich paßt dies den Geistern der Verstorbenen überhaupt nicht ins Konzept. Einen ähnlichen Stoff ohne den Horrorschwerpunkt behandelt Jonathan Kaplans »Wut im Bauch« (1979): In einer seelenlosen Vorstadt hat man bei der Planung glatt vergessen, daß auch die Teenager des Ortes einen Platz brauchen. Aus Mangel an jeglicher Beschäftigung kommt bald Langeweile unter den Jugendlichen auf, die sich am Schluß in einer brutalen Highschoolrevolte ein Ventil sucht.

Der ungekrönte König des Suburb-Kinos ist aber zweifellos Joe Dante, der sowohl »Gremlins« (1984) als auch »Small Soldiers« (1998) in der Vorstadt angesiedelt hat. Sein unbestrittenes Meisterwerk ist nach wie vor »The Burbs – Meine teuflischen Nachbarn« (1989). Zur Zeit seiner Veröffentlichung kommerziell eher verkannt und vom Publikum teilweise mißverstanden, darf der Film heute als kleiner Geniestreich gelten. Dante zeichnet das Leben in der Vorstadt auf eine hervorragend ambivalente Weise, indem er es zum einen glorifiziert, zum anderen aber giftiger Satire aussetzt. In »The Burbs« wird die scheinbare Idylle der gepflegten Vorgärten und Doppelgaragen radikal umgepflügt und zum Schauplatz einer überdrehten Horrorgeschichte gemacht. Es ist gut möglich, daß der Autor von »Arcadia« sich von »The Burbs« inspirieren ließ.

Der Name Arcadia ist eigentlich eine Bezeichnung für ein Gebiet im zentralen Peloponnes in Griechenland. In der griechischen Mythologie wurde dem Namen aber eine andere Bedeutung zugeordnet, die auch später immer wieder in der Literatur Verwendung fand. Arcadia (deutsch: die Arkaden) soll(en) die Heimat des Hirtengottes Pan gewesen sein: eine idyllische Landschaft, deren Bewohner in großer Harmonie mit der Natur leben. Dieses idealisierte Bild der Arkaden wurde in der Renaissance auf die Spitze getrieben. In der späteren Literatur wurden die Arkaden immer wieder als Ort natürlicher Harmonie thematisiert. Eine originelle Fußnote gibt es auch noch: In den USA werden Spielhallen voller Video- und Pinball-Automaten als ›Arcades‹ bezeichnet – eben ein idyllischer Ort mit göttlicher Aura.

Das Tulpa-Wesen, das von Gogolak erschaffen wird, ist ein Phänomen aus dem buddhistischen Kulturkreis, über das allerdings nur wenig bekannt ist. Demnach kann man ein Wesen erschaffen, indem man es sich bei intensiver Meditation permanent vorstellt. Wenn man dies nur lange genug macht, soll sich das reine Gedankenwesen als Tulpa materialisieren. (Nach westlichem Kulturverständnis könnte dies etwa so verstanden werden: Weil genug Leute an den Nikolaus glauben, gibt es ihn tatsächlich.) Gogolak ist darüber hinaus natürlich auch ein Sinnbild für den Zauberlehrling, der die Geister, die er rief, nicht mehr kontrollieren kann.

Bemerkungen:
● Abraham Benrubi (Big Mike) ist vor allem durch seine Rolle als Jerry Markovic in »Emergency Room« bekannt. 1997 spielte er auch in der »Akte X«-Nachahmung »Sleepwalkers« mit. Der Serie war allerdings kein Erfolg beschieden, und in den USA verschwand sie schon nach einer Staffel aus dem Programm.

● Bevor er vom Tulpa angegriffen wird, sieht Big Mike im Fernsehen einen Dokumentarfilm über primitive Stammesbräuche. Der Off-Kommentar des Films gibt uns schon Hinweise auf die Auflösung des Falls.

● Der Umzug der Produktion nach Kalifornien hat für die »Akte X« natürlich auch deutlich höhere Produktionskosten mit sich gebracht. Diese will man offensichtlich durch ein verstärktes Product Placement wieder wettmachen. In »Arcadia« finden wir unter anderem Tropicana Orangensaft, Uhren von Omega und eine Sony-Digitalkamera.

● Peter White (Gogolak) kennt sich im Fernsehen mit üblen Verschwörungen bestens aus. Von 1990 bis 1991 wirkte er in der letzten Staffel von »Dallas« mit. White spielte einen Mann namens Breslin, der Chef eines Detektivbüros ist. Die Detektei wird von Bobby Ewing gekauft, weil dieser den Mord an seiner Frau April Stevens aufklären will.

● Ein Vorort im Großraum Los Angeles heißt ebenfalls Arcadia. Wer nachschauen will: Arcadia liegt östlich von Hollywood und im Süden der San Gabriel Mountains.

6ABX16
Alpha

US-Erstausstrahlung: 28. März 1999
Regie: Peter Markle
Drehbuch: Jeffrey Bell

Gaststars: Andrew J. Robinson (Dr. Ian Detweiler), Melinda Culea (Karin Berquist), Thomas Duffy (Jeffrey Cahn), Mandy Levin (Angie), Michael Mantell (Dr. James Riley), David Starwalt (Feidler), Lisa Picotte (Stacey Muir), Treva Tegtmeier (Peggy), Adrienne Wilde (Krankenschwester), Yau-Gene Chan (Woo), Tuan Tran (Fong), Lee (Yee), James Michael Conner (Jake Conroy)

Kurzinhalt:

Ein geheimnisvoller, asiatischer Hund tötet in Los Angeles Menschen und Tiere. Mulder hat den Verdacht, daß es sich um einen Gestaltwandler handelt …

Inhalt:

Zwei chinesische Arbeiter auf einem Frachter aus Hongkong nähern sich neugierig einem besonders auffälligen Frachtgut und linsen durch den Sehschlitz in die Kiste. Sie bringen das darin gefangene Tier in Wut, und es tobt für kurze Zeit, doch dann wird es plötzlich still. Die Männer glauben, sie hätten das Tier getötet, und öffnen die Kiste. Am nächsten Morgen, im Hafen von San Pedro, findet man sie in der von außen verschlossenen Kiste, ihre Hälse durchgebissen. Das Tier ist verschwunden. Sein Besitzer Dr. Ian Detweiler erscheint und verlangt, daß die Polizei das Tier findet.

Abends im FBI-Hauptquartier besucht Scully ihren Partner Mulder, der dabei ist, Fotos der toten Matrosen an seine Pinnwand zu heften. Er erzählt Scully von dem rätselhaften Fall, der einem Hund zugeschrieben wird, aber sie glaubt nicht, daß das Tier dafür verantwortlich sein kann. Mulder besteht darauf, daß seine Quelle klar von einem Hund sprach. Am gleichen Abend schlägt der Hund eines Zollbeamten in Bellflower an, als er einen fremden Hund bemerkt. Der Mann will das Tier vertreiben, doch es ist bereits verschwunden. Im Haus findet der Beamte anschließend seinen toten Hund und wird dann selbst von dem anderen Hund angegriffen und getötet.

Am nächsten Morgen kommen Mulder und Scully in San Pedro an und begutachten den Tatort auf dem Schiff mit Officer Jeffrey Cahn vom Fish & Wildlife Department. Der Beamte erzählt, der Hund gehöre dem Kryptozoologen Dr. Ian Detweiler, der bald darauf auftaucht. Das Tier ist ein Wanshang-Rothund. Diese seltene asiatische Hundeart galt seit 150 Jahren als ausgestorben, Detweiler hatte jahrelang nach ihr gesucht. Er ist der Meinung, sein Tier sei gestohlen worden und könne nicht für die Angriffe verantwortlich sein, da es kein Jäger sei. Sie werden unterbrochen und erfahren von dem Hundeangriff in Bellflower. Als sie dort ankommen, stimmen die Bißspuren mit jenen der beiden Seeleute überein. Diesmal hat das Tier einem Mann die Hand abgebissen. Man nimmt einen Zusammenhang mit dem Diebstahl an, aber Mulder fragt sich, wie der Hund aus dem verschlossenen Haus kommen und seine Spuren verwischen konnte. Er scheint zu glauben, daß dieses Tier menschliche Intelligenz besitzt, und will eine Expertin konsultieren.

Die Agenten fahren zum Berquist-Hundeheim, um eine Frau namens Karin Berquist zu treffen, die laut Mulder mehr über das Verhalten von Hunden weiß als irgend jemand sonst auf diesem Planeten. Sie warten in ihrem abgedunkelten Büro. Als Scully wissen will, woher Mulder so viel über die Frau weiß, sagt er, er habe ihre Bücher gelesen, und sie sei es auch gewesen, die ihn auf den Fall aufmerksam gemacht habe. Scully entdeckt ein ›I Want To Believe‹ Poster an der Wand. Schließlich erscheint Berquist mit ihren Hunden und löscht alles Licht. Mulder, der sie offenbar noch nie zuvor getroffen hat, stellt sich vor. Die Agenten befragen sie über das Verhalten von Hunden, und Berquist spricht von der Intelligenz der Tiere, aber Mord gehöre nicht zu ihrem Verhalten. Zum Wanshang-Rothund hat sie nur zu sagen, daß er ausgestorben ist, und verläßt dann den Raum. Mulder erzählt Scully später, daß er die Frau im Internet kennengelernt hat, wo sie als zwei Profis Informationen ausgetauscht haben.

Der Wildlife-Officer Fiedler findet die abgebissene Hand des toten Zollbeamten und bemerkt einen Hund. Als er ihm mit einer Fangschlinge nachgeht, kommt ein Mann auf ihn zu. Fiedler fragt den Mann nach dem Hund, aber dieser verwandelt sich in das Tier und greift ihn an. Am nächsten Tag sind Mulder und Scully am Tatort. Cahn erklärt ihnen, er habe vor, das Tier zu töten. Als Berquist erscheint, läßt Scully ihren Partner mit ihr allein. Die Hunde-Expertin glaubt, daß das Tier sein Territorium verteidigt, aber Mulder erklärt, dafür seien die Tatorte zu weit voneinander entfernt. Eher scheint es, als spiele der Hund mit seinen Opfern. Detweiler trifft ein und erklärt zum wiederholten Mal, sein Tier könne nicht für diese Angriffe verantwortlich sein. Als Cahn draußen Hilfe anfordert, um das Tier zu töten, droht Detweiler, ihn in diesem Fall ebenfalls zu töten.

Später sitzt Berquist mit Mulder und Scully an ihrem Computer und erklärt, sie habe Spuren des Tieres am Tatort finden können. Es besitzt seltsamerweise fünf Zehen, während Hunde normalerweise nur vier Zehen haben. Während sie den Fall diskutieren, führt Mulder ihre Hand an der Maus, und es scheint eine seltsame Chemie zwischen ihnen zu entstehen, die Scullys Eifersucht und Mißtrauen weckt. Später im Auto fragt Scully ihren Partner, wie genau er die Frau kennt. Er gibt zu, sie kaum zu kennen, und

Scully ist der Meinung, Berquist habe den Fall dazu benutzt, ihn hierherzulocken, da sie in ihn verliebt sei. Mulder glaubt jedoch nicht, daß sie etwas mit den Morden zu tun hat.

Detweiler besucht die Riley-Tierklinik, um ein Betäubungsmittel für Tiere zu kaufen. Ein Bernhardiner namens Duke bellt ihn an, und die Besitzerin muß ihren Hund fortbringen. Als Dr. Riley fragt, ob man in dieser Gegend nach dem aggressiven Hund suche, bestätigt Detweiler das. Später schließt Riley den Hundezwinger ab, seine Hunde beginnen zu bellen. Der Rothund erscheint und greift den Tierarzt an. Riley kann sich nach draußen retten und schließt das Gebäude ab. Cahn und seine Leute erscheinen, und Cahn schießt auf den Hund, aber es ist Duke, der Bernhardiner. Der Rothund ist verschwunden. Mulder und Scully treffen später ein, und Riley versorgt den verletzten, bewußtlosen Bernhardiner, wobei er sich wundert, wie dieser wieder hereingekommen ist. Scully entdeckt ein Foto von Berquist, das diese für Riley signiert hat, als sie Schreie hört. Sie findet einen zu Tode gebissenen Riley. Der bewußtlose Bernhardiner liegt noch immer auf dem Operationstisch. Später, als die Agentin fort ist, verwandelt sich Duke in den Rothund.

Scully besucht Berquist allein und konfrontiert sie mit der Tatsache, daß sie erkannt hat, warum sie sich immer im Dunklen aufhält und Kleider trägt, die alles verbergen. Sie leidet an einer Krankheit namens systemischer Lupus Erythematodes, verbirgt ihre Hautentzündungen und reagiert empfindlich auf Licht. Sie erklärt ihr außerdem, daß sie ihrer Meinung nach in Mulder verliebt sei und ihn hierher gelockt habe. Berquist bestreitet das. Offenbar verdächtigt Scully Berquist, hinter den Morden zu stehen. Die Hunde-Expertin erklärt Scully, daß die Agentin nicht sehe, was wirklich los sei.

Inzwischen findet Mulder die Quittungen für das Betäubungsmittel, das Detweiler von Riley gekauft hat, und er berichtet

Cahn davon. Dieser will sich mit ihm treffen, aber als er in seinen Wagen steigt, wird er von dem Rothund angegriffen. Er überlebt den Angriff jedoch, und als Mulder ihn im Krankenhaus besucht, trifft er dort Detweiler und konfrontiert ihn mit seiner These, daß nicht Detweiler den Rothund gefangen, sondern daß der Rothund von ihm Besitz ergriffen habe und er sich jetzt jede Nacht in den gestaltwandelnden Trickster verwandle. Er habe versucht, den Rothund mit dem Betäubungsmittel unter Kontrolle zu halten, aber das sei ihm nicht gelungen. Detweiler leugnet die Anschuldigungen und schiebt Mulder zur Seite, aber auf dem Weg nach draußen trifft er Berquist, die erklärt, sie könne ihn nicht länger schützen. Als sie Mulder sieht, geht auch sie, aber der Agent folgt ihr zu ihrem Haus und spricht mit ihr. Sie gibt zu, daß sie möglicherweise stärkere Gefühle für ihn hegt, als ihr ursprünglich klar war, und sie weiß, daß Detweiler der Rothund ist. Er muß aufgehalten werden, und sie erklärt Mulder, das Tier werde ins Krankenhaus kommen, um Cahn endgültig zu töten. Mulder glaubt ihr und begibt sich zu Scully. Er erzählt ihr von dem Gestaltwandler, aber sie glaubt ihm nicht und meint, Berquist habe diese Geschichte manipuliert. Trotzdem warten sie im Krankenhaus auf den Rothund. Erst um zwei Uhr morgens erkennt Mulder, daß Berquist gelogen hat. Er ruft die Frau an, um sie zu warnen, aber sie ist bereits auf die Ankunft des Rothundes vorbereitet. Sie hat eine Betäubungspistole und wartet. Aber als der Hund erscheint, legt sie die Pistole fort, während sie vor ihrem Bürofenster steht. Sie lockt den Hund heran, und als er sie anspringt, fallen sie gemeinsam durch das Fenster. Mulder und Scully treffen ein und finden Detweiler auf einem Zaunpfahl aufgespießt. Berquist liegt tot in seiner Nähe.

Später im FBI-Hauptquartier ist Mulder niedergeschlagen, Scully versucht ihn zu trösten. Sie erklärt, Berquist habe nach ihren Instinkten gelebt, und wahrscheinlich sah sie in ihm einen verwandten Geist. Dann übergibt sie ihm eine Postsendung vom

Berquist-Hundeheim und geht. Es ist das ›I Want To Believe‹ Poster. Mulder heftet es an die Wand seines Büros.

Kommentar:

»Er hört nicht auf das, was man ihm sagt, und er knabbert an den Möbeln.«
Scully beschreibt Mulders Verhaltensprobleme

»Alpha« hätte eine interessante Episode werden können …
Das Potential war vorhanden. Dieser chinesische Gestaltwandler ist ein Trickster, ein listiger Dämon, der mit Normalsterblichen gerne sein manchmal lustiges, manchmal übles Spiel treibt, wie der Gott Loki in der nordischen Mythologie oder die allmächtige Nervensäge Q in Star Trek. Es ist nicht vollkommen klar, ob dieses Monster den konventionellen Werwolf-Klischees folgend Detweiler gebissen und damit zum ›Werhund‹ gemacht hat oder ob es seinen Jäger getötet und dann dessen Gestalt und Persönlichkeit angenommen hat (die weit interessantere Variante, aus der man sehr viel Plot- und Charakter-Material hätte schöpfen können).
Und dann ist da noch eine Internet-Bekanntschaft von Mulder, bei der es sich um viel mehr zu handeln scheint als nur eine Bekanntschaft und die Scullys Mißtrauen und ihre Eifersucht weckt. Daraus hätte man eine starke Geschichte stricken können …

Statt dessen beginnt »Alpha« mit einem unglaublich idiotischen Teaser. Nicht nur sind die beiden chinesischen Matrosen so dumm, ein unbekanntes wildes Tier zu ärgern – nachdem es sich nicht mehr rührt, kommen sie zu dem intelligenten Schluß, es müsse tot sein, und öffnen seine Kiste. Das ließ Schlimmes ahnen, und auch spätere Opfer zeichneten sich nicht durch ein Übermaß an Intelligenz aus, wie beispielsweise jener Beamte, der seine Haustür offen läßt, als er versucht, den fremden Hund zu vertreiben. Viel ärgerlicher ist jedoch der vollkommen unmotivierte Haß, mit dem der Rothund seine Opfer verfolgt. Die beiden Matrosen und Officer Cahn sind verständliche Ziele, da sie den Rothund direkt provoziert und bedroht haben, aber alle anderen Opfer scheinen sehr willkürlich gewählt. Offenbar packt sich dieser hochintelligente Gestaltwandler, der seit 150 Jahren versteckt überlebt hat, jeden Menschen, auf den er gerade Lust hat, und bringt sich damit selbst nur um so stärker in Gefahr. Hätten diese konventionell und effekthascherisch inszenierten Zufallsbegegnungen irgendein sichtbares Motiv – und somit einen Hintergrund im Charakter Detweilers und des Rothunds –, wären sie weit erschreckender und bedrohlicher, und die dünn gestrickte Geschichte gewänne an Dichte. Aber so bleibt das Rothund-Monster blaß, und der Autor scheint so wenig Ahnung davon zu haben, was Detweiler tatsächlich will, daß die Figur niemals Profil gewinnt. Sie wirkt einfach nur von Anfang an unsympathisch, und man glaubt nicht für einen Augenblick, Detweiler könne jemand anderer sein als einer von den bösen Jungs. Wäre es nicht viel interessanter, wenn der Gestaltwandler (der vielleicht nicht nur verschiedene Hunde-, sondern auch verschiedene Menschengestalten annehmen kann) von Beginn an stärker mit den Agenten und dem Fish & Wildlife Department zusammengearbeitet hätte, um diese auf eine falsche Fährte zu führen? (Was sich hervorragend in die paranoid-mißtrauische Verschwörungsatmosphäre der Serie eingefügt hätte.) Dieser Trickster war alles andere als ein intelligenter Betrüger; er hatte nur die meiste Zeit das Glück, daß seine Opfer noch viel dümmer waren als er selbst. Hier wurde ein möglicherweise großartiges Monster verschenkt.

Und was für ein Verhältnis genau hat Karin Berquist eigentlich zu Mulder? Sie kennen sich aus dem Internet, wo sie über professionelle Fragen diskutiert haben. Zu welchen Themen? War Mulder (wie David Duchovny) schon immer ein Hundefan? Oder gehört auch Berquist zu den UFO-Anhängern, wie ihr ›I Want To Believe‹ Poster vermuten läßt, über das wir nichts weiter erfahren, als daß es an ihrer Wand hängt? Sie ist eine einsame, zurückgezogene, schwerkranke Frau, die sich unter Hunden wohler fühlt als unter Menschen und die sich offenbar in Mulder verliebt hat. Leider wird diese Liebe eher im Dialog und vor allem in Scullys Anschuldigungen behauptet, als daß wir tatsächlich irgend etwas Konkretes zu sehen bekommen. Vielmehr scheint es, als versuche sie – zumindest zu Anfang – einfach nur, den Hund zu beschützen. Sie selbst macht keine echten Annäherungsversuche gegenüber Mulder – die macht der Agent unabsichtlich, als er ihre Hand an der Maus führt –, und würde Scully ihren Partner nicht so eifersüchtig gegen die andere Frau verteidigen, würde diese Hintergrund-Liebesgeschichte kaum auffallen. Berquist ist viel zu zurückhaltend und unsicher im Umgang mit Menschen, um eine echte Verbindung mit Mulder aufzubauen, die über das distanzierte Internet-Medium hinausgeht. »Alpha« hätte sehr stark werden können, hätte Berquist echte Initiative gezeigt und wäre in einen Konflikt mit Scully geraten, denn die Hunde-Expertin ist tatsächlich eine Figur, die sehr gut zu Mulder paßt. Wie er geht sie vollkommen in einer Aufgabe auf, die sie von anderen Menschen isoliert – er jagt paranormalen Phänomenen nach, sie widmet ihr Leben den Hunden –, und es scheint, als könnten sie sich sehr viel zu sagen haben. Aber wir sehen niemals, wie sie das tun. Wir bekommen Berquists Liebesgeschichte niemals zu sehen. Ihre letzte Aktion (nach der vorletzten, Mulder ihr Poster zu schicken) bleibt ebenfalls unklar und rätselhaft. Sie hat sich also entschlossen, sich dem Rothund zu stellen. Hofft sie, von ihm gebissen zu werden und sich ebenfalls in einem Hund zu verwandeln (was ihrem eigentlichen Wesen mit Sicherheit näher käme)? Oder hat sie tatsächlich vor, den Rothund zu töten, und sich bereits genau ausgerechnet, daß das Tier auf jenen Zaunpfahl fallen wird, der es schließlich aufspießt? Es scheint, als habe sie das Letztere geplant, womit sie zu den anderen Dummköpfen dieser Episode zu zählen wäre, nur hat sie etwas mehr Glück gehabt. Wie der Rothund hatte Karin Berquist das Potential, zu einem starken Charakter entwickelt zu werden, aber das Drehbuch bleibt zu zaghaft, und die starke Präsenz von Melinda Culea kann die Figur auch nicht zum Leben erwecken. Hier wurde eine weitere Chance verpaßt.

In einem Aspekt funktioniert diese Episode jedoch, und es überrascht nicht weiter, daß es der Mulder-Scully-Aspekt ist. Scully reagiert wie so oft eifersüchtig auf die andere Frau in Mulders Nähe, und sie mißtraut Karin Berquist vom ersten Augenblick an. Scullys Eifersuchtsmomente und die Art, in der sie versucht, ihren Partner vor der bösen Wolfsfrau zu beschützen, gehören zu den gelungensten Momenten dieser Folge. Wieder erzählt die Serie eine Liebesgeschichte zwischen Mulder und Scully, ohne daß sie direkt ausgesprochen wird.

Unterstützt wird diese Geschichte durch das Hundethema vom Verteidigen des eigenen Territoriums. Was diese Folge sagen will – und was auszudrücken ihr manchmal auch gelingt – ist, daß Menschen Tiere sein können und Tiere Menschen. Am stärksten kommt dieses Thema natürlich in der Figur des Gestaltwandlers zum Ausdruck, der sowohl Mensch als auch Tier ist, doch ist Karin Berquist ebenfalls ein Mensch, der eigentlich lieber ein Tier wäre. Sie kennt Hunde besser als Menschen und steht ihnen näher. Wie Scully bemerkt, ist sie ein sehr guter Charakterkenner, und diese Fähigkeit scheint sie von ihren tierischen Freunden übernommen zu haben. Sie spricht von Hunden, die ihre Beute mit ausgefeilten Tricks in eine Falle locken, und Scully wirft ihr vor, genau dies mit Mulder machen zu wollen. Alles, was Berquist über ihre Hunde sagt, trifft auch auf sie selbst zu, und daß ihre Krankheit den Namen Lupus (Wolf) hat, ist kein Zufall (aber ein sehr grausames Wortspiel). Und zu guter Letzt

verhält Scully sich wie eine Hündin, die ihr Territorium verteidigt, den Rüden Mulder. So wie der Rothund als dominantes Al-
pha-Männchen sein Revier absteckt, ist Scully das dominante Al-
pha-Weibchen ihres Partners Mulder, und das gibt sie Berquist zu
verstehen.

Leider wird das Hundethema aber auch in der Weise gemolken,
daß die Geschichte jeden Hundekackewitz ausspielt und sich
kein Hundewortspiel durch die Finger schlüpfen läßt (von denen
aber wahrscheinlich nicht jedes adäquat ins Deutsche übersetzt
werden kann).

Am Ende bleibt eine Episode mit viel verschenktem Potential
und nur wenig Substanz übrig, die als solider Durchschnitt
durchgehen könnte, wenn sie nicht die Möglichkeit gehabt hätte,
viel mehr zu sein …

Hintergrund:

Westliche Werwolf-Geschichten drehen sich normalerweise um
Menschen, die Tiergestalt annehmen, in Film und Fernsehen
meist nach einem Biß durch einen anderen Werwolf. Aber der
Volksglauben der Welt kennt noch viele andere Gestaltungen dieses Themas, und gerade die chinesische und japanische Folklore
zeichnet sich durch eine besondere Variation der Gestaltwandler-
Mythologie aus. Hier kennt man die verschiedensten Tiermenschen, neben Werwölfen auch Werhunde und Werkatzen, Werti-
ger und Werdachse; der Werfuchs gehört jedoch zu den populär-
sten Mythen. Hier nimmt nicht ein Mensch die Gestalt eines
Fuchses an, sondern das Tier verwandelt sich in einen Menschen.
Vom chinesischen Werfuchs wird behauptet, er lebe im Grenzge-
biet zwischen der Erde und der Unterwelt und besitze deshalb
besondere Kräfte. Ein Fuchs kann laut Volksglauben bis zu acht-
hundert Jahren alt werden, aber erst mit fünfhundert Jahren erlangt er die Fähigkeit der Gestaltwandlung. Doch auch in seiner
menschlichen Form behält er den Schwanz eines Fuchses und

kann daran erkannt werden. Der japanische Werfuchs ist an seinem Spiegelbild im Wasser zu erkennen, das immer das eines Fuchses bleibt. Meist nimmt der Fuchs die Gestalt einer schönen Frau an, die Männer verführt und ihnen die Lebenskraft entzieht, was das Wertier in die Nähe der europäischen Incubus- und Succubus-Sexualgeister rückt. Der Fuchs macht sich aber auch in männlicher Gestalt an Frauen heran. Diese Tiermenschen sind nicht die wilden Killer der europäischen Folklore, sondern intelligente und listige Trickster, die Menschen durch sexuelle Leidenschaft ins Verderben ziehen. Der fiktive Wanshang-Rothund von »Alpha« scheint mit dieser dämonischen Gestalt verwandt zu sein. Die genaue Beziehung zwischen dem Rothund und Dr. Detweiler bleibt vage, aber die Episode ignoriert weitgehend die Möglichkeiten der chinesischen Folklore und spielt mit der im Westen weiter verbreiteten, vor allem aus dem Horrorfilm stammenden Variante vom Mann, der sich gegen seinen Willen in ein Tier verwandelt.

Dr. Detweiler ist ein Kryptozoologe, ein Wissenschaftler, der nach Tieren forscht, für deren Existenz es nur zweifelhafte Beweise gibt, wie beispielsweise nach dem Yeti, dem alpinen Tatzelwurm, dem Monster vom Loch Ness oder dem legendären afrikanischen Mokele-Mbembe, bei dem es sich um eine überlebende Dinosaurier-Spezies handeln könnte. Das klingt nach klassisch-phantastischem Mulder-Territorium (und es überrascht wenig, daß der FBI-Agent sich auf diesem Gebiet recht gut auskennt), aber die Kryptozoologen haben tatsächlich bereits viele als nichtexistent oder ausgestorben geltende Tiere aufspüren können. Der 400 Millionen Jahre alte Coelacanth-Fisch galt seit 64 Millionen Jahren als ausgestorben, bis er 1938 vor Madagaskar auftauchte. Die westliche Welt hat erst 1937 erfahren, daß der legendäre große Pandabär tatsächlich existiert, und der Tuatara, eine Echsen-Spezies, die älter ist als die Dinosaurier, wurde erst

1989 wiederentdeckt. Viele Seeschlangen und Riesenkraken warten noch auf ihren großen Auftritt, aber der Wanshang-Rothund konnte trotz intensiver Recherchen der Autoren und eines Besuchs im Bergland von Nordchina bisher nur von Dr. Ian Detweiler aufgespürt werden, der leider nicht mehr für genauere Informationen zur Verfügung steht.

Der Rothund als solcher ist jedoch eine tatsächlich existierende, vom Aussterben bedrohte Tierart, die Kipling auch in seinem »Dschungelbuch« beschrieb. Sein lateinischer Name Cuon Alpinus Alpinus läßt bereits ahnen, daß er nicht zu den wolfsähnlichen Hunden gehört (der Gattung Canis). Auch ist er kein Fuchs, sondern bildet eine eigene hundeähnliche Spezies, die vor allem in Ostasien sehr weit verbreitet und sowohl im Dschungel als auch in der Steppe zu Hause ist. Ähnlich wie der Wolf jagt der Rothund oft in Rudeln. Diese bestehen meist aus drei bis zwölf Tieren, die einer Familie angehören und sich durch ein komplexes und kooperatives Sozialverhalten auszeichnen. Oft helfen auch andere Tiere als die Eltern bei der Aufzucht der Jungen.

Karin Berquist leidet an systemischem Lupus erythematodes, einer Krankheit, die ironischerweise den Namen ihres Lieblingstieres, des Wolfs (lateinisch ›lupus‹), trägt. Bei dieser Autoimmunkrankheit kommt es aus ungeklärten Gründen zu Abwehrreaktionen des Körpers gegen körpereigenes Gewebe, die Entzündungen hervorbringen, darunter auch rheumaähnliche Schwellungen der Gelenke, was wie im Fall von Karin Berquist zu einer starken Bewegungseinschränkung führt. Der Patient neigt nicht selten zu starker Lichtempfindlichkeit, und es kann am ganzen Körper zu Hautrötungen und Hautentzündungen kommen, die sich manchmal durch Sonneneinstrahlung noch verstärken. Auch andere Organe des Körpers wie Herz, Lunge, Nieren und das Nervensystem können von der Krankheit befallen werden. Obwohl es inzwischen möglich ist, diese Krankheit medikamentös in den Griff zu bekommen, bleibt sie weiterhin unheilbar.

Bemerkungen:

● Das Fish & Wildlife Department von Los Angeles scheint nicht viel Geld zu haben. Die beiden von dem Hund angegriffenen Beamten fahren das gleiche Auto mit dem gleichen Nummernschild …

● In Mulders Büro gibt es wieder ein ›I Want To Believe‹ Poster, obwohl es sehr lange und komplizierte (und wenig überzeugende) Plot-Verwicklungen benötigte, um seinen Weg dorthin zu finden.

● Scully scheint doch ein eigenes Büro irgendwo im FBI-Hauptquartier zu haben! Als sie Mulder zu Anfang der Episode besucht und selbst auf dem Nachhauseweg ist, kommt sie offenbar gerade von ihrem eigenen Arbeitsplatz. Werden wir ihn je zu sehen kriegen?

● Obwohl Andrew J. Robinson als Dr. Detweiler wenig überzeugend bleibt, kann das nicht am Darsteller liegen. Als Cardassianer Garak in der »Star-Trek«-Serie »Deep Space Nine« liefert er eine viel überzeugendere Leistung ab, ebenso als Psychokiller ›Scorpio‹ im ersten »Dirty-Harry«-Film und als erstes Opfer der Hölle in dem Horrorfilm-Klassiker »Hellraiser«.

● Melinda Culea, die Darstellerin der Karin Berquist, kann ebenfalls »Star-Trek«-Referenzen vorweisen. In der Episode »Verbotene Liebe« (»The Outcast«) von »Raumschiff Enterprise: Das nächste Jahrhundert« (»Star Trek: The Next Generation«) spielt sie Soren, ein androgynes außerirdisches Wesen, in das sich Commander Riker verliebt.

● Karin Berquist lebt mit einem ganzen Rudel Hunde in ihrer Wohnung. Wann immer sie Besuch hat – Scully oder Mulder –, muß ein Hund von einer Sitzgelegenheit vertrieben werden, um für den Menschen Platz zu machen. Es fragt sich, wie es in ihrer Wohnung riecht ...

● In einer Szene spricht Officer Cahn mit seinen Vorgesetzten und verlangt Verstärkung, während sich jemand an ihn anschleicht. Plötzlich steht Detweiler hinter ihm und droht ihm, ihn zu töten, falls er den Hund tötet. Die Anschleicheinstellungen sind mit subjektiver Kamera aus einer niedrigen Perspektive (der eines Hundes) gefilmt und erinnern an ähnliche Aufnahmen in Michael Wadleighs großartigem Phantastikthriller »Wolfen« nach dem Roman von Whitley Strieber.

● Cahn wurde von dem Rothund gebissen und überlebte den Angriff (obwohl niemals erklärt wird, wie ihm das gelang). Heißt das, daß er sich jetzt auch in einen Werhund verwandeln wird? Hoffentlich nicht ...

● Wer muß bei einem Hundebesitzer namens Detweiler nicht sofort an einen Rottweiler denken?

● Der Zollbeamte wird in Bellflower ermordet. Ein gewisser Chris Carter wuchs in einem Ort namens Bellefleur auf, wo er die Highschool besuchte, in der Little League spielte und davon träumte, eines Tages beim Film zu arbeiten.

6ABX17
Trevor

US-Erstausstrahlung: 11. April 1999
Regie: Rob Bowman
Drehbuch: Jim Guttridge & Ken Hawryliw

Gaststars: Lamont Johnson (Whaley), John Diehl (Pinker Rawls), Frank Novak (Gefängnisdirektor Raybert Fellowes), Catherine Dent (June Gurwitch), David Bowe (Robert Werther), Keith Brunsman (Bo), Tuesday Knight (Jackie Gurwitch), Christopher Dahlberg (State Trooper), Jeffrey Schoeny (Trevor), Robert Peters (Sergeant), Jerry Giles (Wachmann), Cary Pfeffer (Nachrichtensprecher), Terri Merryman (Nachrichtensprecherin), Lee Corbin (Wache)

Kurzinhalt:

Pinker Rawls sitzt wegen bewaffneten Raubüberfalls im Gefängnis. Als er einem Tornado ausgesetzt wird, erhält er plötzlich die Fähigkeit, seinen Körper für andere Materie durchlässig zu machen. Er kann durch Wände gehen, und auch Kugeln durchdringen ihn, ohne daß er Schaden nimmt. Pinker Rawls bricht aus und will eine alte Rechnung begleichen. Mulder und Scully versuchen, ihn daran zu hindern.

Inhalt:

Ein Tornado rast auf ein Gefängnis in Jasper County, Mississippi zu. Die Insassen haben alle Hände voll zu tun, um die Gebäude notdürftig gegen den nahenden Wirbelsturm abzusichern. Die Gefangenen Whaley und Pinker Rawls geraten dabei in einen Streit. Rawls fühlt sich provoziert und schlägt blitzschnell einen Nagel mitten durch Whaleys Hand. Später muß Rawls sich dafür

THE X FILES

OFFICIA L   ZINE

**Season Finale
Set Visit**

**Stephen King
Riffs on His
X-Files Future**

**Mitch Pileggi
Speaks Out!**

**Exclusive
Book Excerpt**

On the Set of
The X-Files Movie

.95 U.S $6.95 Canada
Summer 1998

vor dem Gefängnisdirektor Raybert Fellowes verantworten. Fellowes will ihn bestrafen, indem er diesen in die ›Box‹ einsperren läßt – eine winzige und ungeschützte Holzbaracke mitten auf dem Hof. Rawls gerät in Panik, da die ›Box‹ der Gewalt des Sturms nicht standhalten wird.

Und Rawls soll auf furchtbare Weise recht behalten. Als der Tornado nachläßt, ist auf dem Hof nur noch das verwüstete Fundament der ›Box‹ übriggeblieben. Der Rest der Hütte ist ein Opfer des Sturms geworden. Doch dann machen die Gefängniswachen noch eine weitere grausige Entdeckung. Raybert Fellowes liegt tot in seinem Büro. Sein Körper ist in der Mitte durchtrennt worden. Die sauberen Schnitthälften weisen dabei erhebliche Spuren einer Verbrennung oder Verätzung auf.

Ein solcher Fall verlangt natürlich nach Mulder und Scully. Kurze Zeit später tauchen sie in Mississippi auf und untersuchen die Leiche des Gefängnisdirektors. Scully stellt dabei fest, daß aus der Mitte des Körpers ein ganzes Stück fehlt, so als sei es auf äußerst präzise Weise herausgebrannt oder -geätzt worden. Angesichts der Brandflecken neigt Scully – entgegen ihrer Gewohnheit – schon zu einer Theorie der spontanen Selbstverbrennung.

Im Gefängnis untersuchen Mulder und Scully Fellowes' Büro. Eine der Wachen äußert dabei den Verdacht, daß Pinker Rawls der Täter ist. Er wäre demnach nicht im Tornado umgekommen, sondern lebt noch und hat sich prompt am Gefängnisdirektor gerächt. Aber wie ist Rawls in das abgeschlossene Büro von Fellowes gelangt? Scully grübelt noch über das Rätsel nach, als Mulder zu einem Stück der Wand gelangt, das sich wie spröde Asche mühelos nach außen drücken läßt. Waren hier Termiten am Werk?

Ein Einblick in Rawls' Akte zeigt, daß er wegen bewaffneten Raubüberfalls einsaß. Beim Überfall auf ein Postamt erbeutete er 90 000 Dollar. Dies war jedoch nicht das erste Verbrechen, schon vorher war er durch sein gewalttätiges Verhalten auffällig geworden. Ein Foto zeigt Rawls auf einer Veranda mit einer jungen Frau, die sich durch ein sehr vulgäres Outfit hervorhebt.

In der nächsten Szene sehen wir ebendiese Frau, die allerdings kaum noch Ähnlichkeit mit der ›Schlampe‹ auf dem Foto hat. Ihr Name ist June Gurwitch, und sie wohnt in einem gediegenen Einfamilienhaus in Meridian, Mississippi. Zur Zeit ist sie damit beschäftigt, ihrem Freund Robert Werther eine mögliche Hochzeit aufzuschwatzen. Diese Idylle wird für sie jäh unterbrochen, als die Fernsehnachrichten über die Verwüstungen des Tornados und dabei auch über den möglichen Tod von Pinker Rawls berichten.

Die Befürchtung, daß Rawls aber gar nicht tot ist, werden sogleich bestätigt. Er wird ertappt, als er sich Kleidung in einem Warenhaus stiehlt. Einem Wachmann gelingt es, Rawls festzunehmen, und er kettet ihn mit Handschellen an eine Säule. Doch als der Wachmann die Polizei ruft, hat Rawls sich nicht nur befreit, sondern sitzt obendrein im Auto des Wachdienstes und verschwindet damit in die Nacht. Später erzählt der Wachmann Mulder und Scully von dem Vorfall. Mulder nimmt die Handschellen genauer in Augenschein und entdeckt, daß sie sich – genau wie die Wand in Fellowes' Büro – mit zwei Fingern zerbrechen lassen. Beim geringsten Druck zerfällt das Metall zu Staub.

Rawls hat unterdessen seinen alten Freund Bo aufgesucht und will von ihm Junes Adresse erfahren. Doch Bo weigert sich, diese herauszugeben und will Rawls statt dessen mit vorgehaltener Waffe aus dem Haus jagen. Als Rawls der Forderung nicht nachkommt, schießt Bo auf ihn – allerdings ohne sichtlichen Effekt. Die Kugeln scheinen Rawls keinen Schaden zuzufügen.

Am nächsten Tag haben auch Mulder und Scully Bos Hütte entdeckt (es handelt sich um Rawls' ehemalige Adresse) und finden den toten Bo. Sein gesamtes Gesicht ist weggebrannt. Übriggeblieben ist nur der hohle Schädel. Die Kugeln, die Bo auf Rawls feuerte, stecken in der Wand fest. Als Mulder sie zwischen zwei Finger nimmt, lassen sie sich wie Staub zerbröseln. Wie schon bei den Handschellen und der Wand, bestätigt sich auch hier die Theorie, daß Rawls' Körper dazu in der Lage ist, durch feste Materie hindurchzugleiten und diese zu verändern. Möglicherweise ist diese Fähigkeit im Zusammenhang mit dem Tornado entstanden. Es scheint außerdem, als ob Rawls etwas gesucht hat – vielleicht die 90 000 Dollar aus dem Raubüberfall? Es gelingt Scully, endlich die Frau auf dem Foto zu identifizieren: Ihr Name lautet – wie wir bereits wissen – June Gurwitch, aber sie ist seit 1996 untergetaucht. Allerdings kann die Polizei die Adresse ihrer Schwester Jackie ermitteln.

Doch auch Pinker Rawls hat den Aufenthaltsort von Jackie Gurwitch herausgefunden und stattet ihr einen Besuch ab. Er will wissen, wo sich June befindet. Als Jackie sich vor Rawls im Schlafzimmer verbarrikadiert, geht dieser einfach durch die Wand. (Allerdings muß er seine Kleidung auf der anderen Seite lassen.) Erst das Eintreffen von Mulder und Scully schreckt Rawls auf, und er verschwindet. Er hinterläßt eine Botschaft, die in die Wand eingebrannt ist: »I WANT WHAT'S MINE.« (Ich will das, was mir gehört.) Von Jackie erfahren Mulder und Scully Junes neue Adresse und machen sich sofort auf den Weg. Was sie nicht ahnen, ist, daß Pinker Rawls inzwischen in ihren Kofferraum geschlüpft ist und sie unerkannt zu ihrem Ziel begleitet.

Frühmorgens erreichen sie das Haus von June Gurwitch, die sich jetzt allerdings June Burdet nennt. Junes Freund Werther trifft beim Auftauchen der beiden FBI-Agenten fast der Schlag, denn er wußte nichts von Junes früherem Leben. June erzählt, daß sie sich von Rawls nach dessen Verhaftung getrennt hat, nicht zuletzt weil sie dessen gewalttätige Ausbrüche fürchtete. Sie gibt auch zu, daß sie Rawls' Beute von 90 000 Dollar verbraucht hat – das Geld entdeckte sie aber erst lange nach seiner Inhaftierung.

Mulder und Scully bringen June gerade zu ihrem Wagen, als Mulder einen Riß im Kofferraumdeckel entdeckt. Sofort stürmen die beiden Agenten ins Haus zurück, doch Rawls hat sich – im wahrsten Sinne des Wortes – schon wieder aus dem Staub gemacht. Wieder ist »I WANT WHAT'S MINE!« an die Wand geschrieben, doch die Schrift wird an einem Spiegel unterbrochen. Mulder bastelt daraufhin eine Theorie: Rawls kann mit seinem Körper elektrostatische Repulsion überwinden, was ihm beispielsweise ermöglicht, durch Wände zu gehen. Trifft er aber auf einen Stoff, der nicht leitet oder sogar isoliert – wie Gummi oder Glas –, versagt seine Fähigkeit. Diese These wirft eine andere Frage auf: Wenn Rawls mühelos durch Wände gehen kann, warum jagt er dann so hartnäckig seiner Beute von 90 000 Dollar nach? Es wäre ihm doch ohne weiteres möglich, sich an anderer Stelle das Geld viel leichter zu besorgen. Scully hat eine mögliche Antwort auf diese Frage. Sie entdeckt alte Krankenhausunterlagen, die die Annahme zulassen, daß June Gurwitch vor sieben Jahren schwanger war. Mit seiner Forderung »Ich will das, was mir gehört« meint Rawls demnach nicht die Beute, sondern sein Kind.

Und Rawls verfolgt dieses Ziel unaufhaltsam weiter. Er spürt das Hotelzimmer auf, in dem June von der Polizei versteckt wird, tötet den dort anwesenden Polizisten und entführt seine Frau. Auf einer abgelegenen Straße zwingt er sie, den Aufenthaltsort ihres Kindes zu verraten: Es ist ein Sohn mit dem Namen Trevor, der bei Jackie Gurwich lebt. Genau diesen Sachverhalt hat auch die kluge Scully herausgefunden und in rasendem Tempo geht es zu Jackie zurück. Mulder hat sich unterdessen eine »Spezialwaffe« besorgt. Gummigeschosse sollen Rawls aufhalten.

Rawls ist inzwischen mit June bei Jackie eingetroffen. Zum ersten Mal sieht er seinen Sohn Trevor, den er aber gleich durch seine rohe und brutale Art verschreckt. Rawls will Trevor mitnehmen. Es kommt zum Kampf, doch gegen den wütenden Rawls haben die beiden Schwestern keine Chance. Rawls schlägt Jackie k.o. und sperrt June in den Küchenschrank. Allerdings gelingt es Trevor, aus dem Haus zu flüchten. Draußen läuft er in die Arme von Mulder und Scully. Mulder versucht, Rawls mit Gummigeschossen aufzuhalten – allerdings nur mit mäßigem Erfolg. Zwar wird Rawls getroffen, doch verschwindet er in einer Hauswand.

Scully versucht, Trevor in Sicherheit zu bringen, als sie von Rawls gestellt werden. Verzweifelt sucht sie mit dem Jungen Schutz in einer Telefonzelle, da deren Glas für Rawls undurchlässig ist. Rawls tobt und fordert von Scully seinen Sohn zurück. Als er aber sieht, daß der verängstigte Junge sich ihm niemals anvertrauen wird, taumelt er einen Schritt zurück. In diesem Moment wird er von June mit dem Auto überfahren. Zwar kann Rawls Körper noch durch den heranrasenden Motorblock gleiten, aber die Windschutzscheibe trennt den Ober- vom Unterkörper. Rawls ist auf der Stelle tot.

Kommentar:
Scully (beim Anblick des ›halbierten‹ Raybert Fellowes): »Sollten wir David Copperfield verhaften lassen?«
Mulder: »Definitiv – aber nicht hierfür …«

»Trevor« bestätigt eine Daumenregel, welche offensichtlich in der sechsten Staffel zur erzählerischen Prämisse erklärt wurde: Je beknackter der Plot, desto besser die Inszenierung und desto unterhaltsamer die Folge. Diesmal wird ein Mann von einem Wirbelsturm verschluckt und kann anschließend durch Wände gehen. Es wird noch nicht einmal der Versuch unternommen, dieses Phänomen ansatzweise zu erklären – und sei es auch nur mit einer reinen Phantasiebegründung. Um hier kein Mißverständnis aufkommen zu lassen: Natürlich hängt sich »Akte X« primär an phantastischen Themen und ungewöhnlichen Ereignissen auf, aber die Dreistigkeit, mit der hier dem Publikum die Ursache für das ›Durch-die-Wand-Gehen‹ verkauft wird, ist schon herb: Der arme Kerl geriet eben in einen Wirbelsturm, und – wusch – dabei ist es eben passiert! Jetzt kann er auch nachts sein Geld an der Sparkasse abholen oder umsonst ins Kino gehen. Was passiert eigentlich, wenn er sich schlafenlegt? Rutscht er dann durch die Matratze? Vielleicht sogar bis in den Keller? Ganz in diesem Sinne kann auch der Tornado in der Eröffnungssequenz kaum überzeugen. Überdeutlich wird uns bewußt, daß man hier ein paar Windmaschinen aufgestellt hat, die ein Studioset in Südkalifornien durcheinanderwirbeln. Vom schwül-warmen Mississippi, das von einer verheerenden Naturkatastrophe heimgesucht wird, sind wir, im wahrsten Sinne des Wortes, meilenweit entfernt.

Glücklicherweise versucht »Trevor« erst gar nicht, den absurden Umstand des mysteriösen Tornados weiter auszubauen. Im Gegenteil: Die Folge ist sogar sehr darum bemüht, diesen Aspekt zu unterschlagen und unser Augenmerk auf die Thrillerhandlung zu lenken. Und die kann sich durchaus sehen lassen. »Trevor« erzählt von einer Familientragödie, die vor unseren Augen ihren fatalen Höhepunkt erreicht. Es gibt überhaupt keinen Zweifel, daß Pinker Rawls ein gemeiner Hund ist. Doch er hat sich einen Rest

Menschlichkeit bewahrt und möchte unbedingt seinen Sohn sehen, den er noch nie zu Gesicht bekommen hat. Als er ihn dann trifft, wird ihm bewußt, daß er für den Jungen niemals ein Vater sein kann, denn er hat sich dies durch seine abstoßende Art selbst verbaut. »Trevor« ist eine sehr düstere Geschichte, bei der alle Beteiligten am Ende vor einem Scherbenhaufen stehen.

Die gute Qualität der Episode wird letztlich von der erfolgreichen Kombination der menschlichen Inhalte mit dem Thriller-Plot erreicht. Spätesten nach dem ersten Drittel ist es uns egal, warum Rawls durch Wände gehen kann, weil ganz andere Fragen in den Vordergrund treten. Insofern funktioniert »Trevor« trotz der unglücklichen Prämisse, und am Ende bereuen wir es nicht, wieder einmal eine Stunde vor dem Fernseher verbracht zu haben.

Besonders auffällig ist, daß hier schon zum wiederholten Mal in der sechsten Staffel eine populäre Filmhandlung abgekupfert und für »Akte X« erfolgreich modifiziert wurde. In diesem Fall sieht das etwas so aus: Die Helden (M. und S.) und der Schurke (Rawls) suchen im gegenseitigen Wettlauf nach einer wichtigen Person (Trevor). Zu allem Übel ist der Schurke quasi unverwundbar. Nichts kann ihn aufhalten, auch Gewehrkugeln richten keinen Schaden an. Irgendwie klingt dieser Plot doch sehr nach »Terminator«. Auch andere Episoden lehnen sich an bekannte Filmvorlagen an, darunter »Triangle« (vgl. »Titanic«), »Drive« (vgl. »Speed«) oder »Monday« (vgl. »Groundhog Day«). Aber: Besser gut klauen als schlecht selber machen, und bezüglich der sechsten Staffel läßt sich nur feststellen daß »Akte X« hervorragend geklaut hat. Freuen wir uns also deswegen in der siebten Staffel auf die Adaptionen von: »Saturday Night Fever«, »Ein Schweinchen namens Babe« und »Showgirls«.

Hintergrund:

In der Rolle des jähzornigen Pinker Rawls ist John Diehl zu sehen. Er gehörte in den achtziger Jahren für zwei Staffeln zum Ensemble von »Miami Vice«, wo er im schrillen Hawaii-hemd den Polizisten Larry Zito spielte. Im Kino war er über-wiegend in kleineren Independent-Produktionen oder als zweitrangiger Nebendarsteller in großen Hits zu sehen. Wer genau hinsieht, erkennt ihn in »Nixon« (1995), »Stargate« (1994), »The Client« (1994) und »Falling Down« (1993). Der Schwerpunkt von Diehls Arbeit liegt allerdings im Theaterbe-reich.

Auch wenn die »Akte X«-Autoren ihn (wahrscheinlich) nicht kannten, so liefert der deutsche Spielfilm »Ein Mann geht durch die Wand« die indirekte Vorlage für »Trevor«. In der Komödie von 1959 spielt Heinz Rühmann einen Finanzbeam-ten, der plötzlich die besagte absonderliche Fähigkeit ent-wickelt.

Darüber hinaus gab es selbstverständlich schon etliche Fälle, bei denen Menschen die Fähigkeit erlangten, durch massive Wände zu gehen. Allein in Deutschland soll es ein gutes Dut-zend Personen geben, für die auch die dickste Betonwand kein Hindernis bedeutet. Allerdings unterliegen sämtliche Materia-lien zu diesem Thema strengster Geheimhaltung. Nur unter größten Schwierigkeiten war es uns möglich, einige Informa-tionen zusammenzutragen. Sie wurden allerdings kurz vor Re-daktionsschluß aus unserem komplett verschlossenen Büro entwendet. Sollten wir sie doch noch wieder auftreiben, wird Droemer Knaur sie zum 75. Jubiläum der ersten Akte X-Folge zusammen mit unseren gesammelten Besprechungen in einer ledergebundenen und auf 23 Exemplare limitierten Sammler-edition herausbringen.

Bemerkungen:

● In Mulders Auto bleibt das Licht im Kofferraum an, auch wenn der Deckel geschlossen ist – wie lange das wohl die Batterie mitmacht?

● Die Scheiben des Ladens, in denen Rawls sich Kleidung stiehlt, sind mit einem großen X verklebt. Dies ist wahrscheinlich geschehen, um das Glas vor möglichen Schäden beim Tornado zu schützen. Eine witzige Fußnote ist es aber schon, weil der aufgeklebte Buchstabe natürlich auch eine ganz andere Bedeutung haben kann.

● Warum hat Jackies Küchenschrank einen Absperriegel? Oder anders gefragt: Was zum Teufel bewahrt sie normalerweise darin auf?

6ABX18
Milagro

US-Erstausstrahlung:	18. April 1999
Regie:	Kim Manners
Drehbuch:	Chris Carter
Story:	John Shiban & Frank Spotnitz

Gaststars: John Hawkes (Phillip Padgett), Nestor Serrano (Ken Naciamento), Michael Bailey Smith (Wache), Angelo Vacco (Kevin), Jillian Bach (Maggie), D. Bennett Nelson (Maggies Vater)

Kurzinhalt:

Mulder und Scully gehen einer mysteriösen Mordserie nach, bei der der Täter seinen Opfern das Herz herausreißt, ohne irgendwelche Wunden zu hinterlassen. Ein Schriftsteller, der in Mulders Apartmentgebäude wohnt und sich in Scully verliebt hat, scheint mit den Morden in Zusammenhang zu stehen …

Inhalt:

Der Schriftsteller Phillip Padgett leidet unter einer Schreibblockade und läuft unruhig in seiner kahlen Wohnung auf und ab. Schließlich steht er vor dem Spiegel und hat eine Idee. Er reißt sich sein schlagendes Herz aus der Brust.

Padgett bringt Müll zur Verbrennungsanlage im Keller und sieht ein schlagendes Herz im Feuer. Als er im Fahrstuhl zurückfährt, steigt Scully ein. Padgett starrt sie schweigend an und folgt ihr in den Flur, wo er in der Wohnung neben der von Mulder verschwindet. Der Agent erklärt seiner Partnerin, der Mann, von dem Scully fasziniert zu sein scheint, sei Schriftsteller. Während sie sich danach über das zweite Opfer einer Mordserie unterhalten, dessen Herz entfernt wurde, ohne daß es Schnitte oder Wunden gab, hört Padgett ihnen von nebenan über einen Luftschacht zu. Mulder stellt die Theorie auf, daß es sich um Psychic Surgery handeln könnte, eine Art Mentalchirurgie, mit der Tumore entfernt werden, ohne daß es zu Wunden kommt. Aber Scully hält das alles für Unsinn und will das Motiv des Mörders herausfinden.

Abends schreibt Padgett ein weiteres Kapitel seines geplanten Buches, während zwei Teenager in einem Auto, das auf einer Liebeswiese parkt, über ihre Beziehung diskutieren. Kevin will mehr, als Maggie zu geben bereit ist, deshalb rennt sie fort. Der Junge folgt ihr, wird aber von einem Mann in Kapuze gestellt, der ihn niederschlägt und ihm das Herz aus der Brust reißt. Padgett bringt inzwischen das Kapitel zu Ende, in dem er genau diese Szene beschreibt.

Am nächsten Morgen untersucht Mulder den Tatort und ruft Scully in seinem Büro an. Er hofft, daß sie der örtlichen Polizei helfen kann. Die Agentin bemerkt einen Briefumschlag, der Mulder offenbar unter die Tür geschoben wurde. Es steht kein Name darauf, und als sie ihn öffnet, findet sie ein Medaillon, das ein brennendes Herz darstellt. Während sie es betrachtet und sich fragt, ob es von dem Mörder stammt, hört man die Stimme Padgetts, der genau beschreibt, was in ihrem Kopf vorgeht. Er schreibt gerade ihre Geschichte. Später zeigt Scully Mulder das Medaillon und erklärt, es sei ein Glücksbringer, ein Milagro, was auf Spanisch soviel heißt wie ›Wunder‹. Ein unscheinbarer Mann um die Dreißig habe es hier abgegeben. Mulder glaubt nicht, daß es vom Mörder stammt, und meint, vielleicht komme es von einem geheimen Bewunderer Scullys. Mulder will es untersuchen, während er Scully zu einer Autopsie schickt, deren Termin er bereits für sie arrangiert hat. Scully ist beleidigt wegen seiner Bevormundung und erklärt, zu dieser Autopsie werde sie sich wahrscheinlich verspäten. Die Agentin besucht eine Kirche und betrachtet dort ein Bild von Jesus, der ein brennendes Herz hält. Plötzlich erscheint Padgett neben ihr und erzählt ihr die Geschichte, die hinter dem Bild steht: Jesus erschien der heiligen Margareta Maria Alacoque und nahm ihr Herz aus ihrem Körper, um es an den Flammen seines eigenen Herzens zu entzünden. Dann setzte er es ihr wieder ein und versiegelte die Wunde. Als Scully den Schriftsteller fragt, warum er ihr das erzählt, erklärt er, er sei ihr gefolgt. Er gibt sich als der Mann zu erkennen, der ihr den Milagro geschickt hat, und erzählt, er beobachte sie schon seit einiger Zeit. Er scheint sie besser zu kennen als sie sich selbst, denn er hatte sich vorgestellt, daß sie in diese Kirche kommen würde. Er sei ein Schriftsteller, und es sei seine Kunst, sich Dinge vorzustellen. Er bekennt Scully seine Liebe.

Scully erscheint zu spät zu der Autopsie und erklärt Mulder, der Milagro stamme nicht von dem Mörder, obwohl Mulder inzwischen zu dem Schluß gekommen ist, daß doch ein Zusammenhang bestehen könnte. Sie erzählt, er stamme von ihrem geheimen Bewunderer, Mulders Nachbar. Er wisse zuviel über sie, aber sie halte ihn nicht für den Mörder. Später schnüffelt Mulder durch Padgetts Post, erfährt dessen Namen und nimmt seine Telefonrechnung an sich. Padgett erscheint und betritt mit ihm zusammen den Fahrstuhl. Später schreibt er über Mulders Briefdiebstahl, während der Agent über den Luftschacht zuhört, wie er auf seine Schreibmaschine einhämmert. Inzwischen beendet Scully die Autopsie, und Padgett stellt sich in seinem Roman vor, wie er mit Scully im Bett liegt. Mulder untersucht die Telefonrechnung und stellt fest, daß der einsame Mann keine Anrufe getätigt hat.

Als Scully Mulder aufsuchen will, klopft sie vorher bei Padgett an, um ihm den Milagro zurückzugeben. Aber er bringt sie dazu, ihre Neugier ihm gegenüber zuzugeben, und lädt sie in die kahle Wohnung ein. Sie scheint von ihm fasziniert zu sein und hört ihm interessiert zu, während Mulder die Zeitungen durchforstet und entdeckt, daß alle Opfer dort Anzeigen geschaltet hatten. Inzwischen bekennt Padgett Scully, daß er sein Buch über sie schreibt und daß er sie schon vor langer Zeit ›bemerkt‹ hat. Er wollte in ihre Nähe ziehen, doch nachdem er dort keine Wohnung fand, zog er neben Mulder ein, weil sie dort viel Zeit verbringt. Er sagt, er müsse viel über sie wissen, um über sie schreiben zu können. Sie fragt, ob sie den Roman lesen könne, aber er erklärt, das Buch sei noch nicht fertig. Er lädt sie ein, auf seinem Bett zu sitzen; bald darauf stürmt Mulder mit gezogener Waffe in den Raum. Scully ist überrascht und fragt, wo das Problem liegt. Mulder findet in Padgetts Roman ein Kapitel über einen der Morde und nimmt ihn daraufhin fest.

In seiner Zelle wird Padgett von Mulder verhört, der Padgetts Roman als ein Geständnis betrachtet. Scully will den Schriftsteller beschützen, doch Padgett hat keine Angst, denn er hat ja nur eine Geschichte erzählt. Mulder fragt Padgett, ob die Figur des ›Fremden‹ in dem Buch sein Alter ego ist. Der Agent ist der Meinung, daß der Schriftsteller mit einem Komplizen zusammenarbeitet, dem selbsternannten Psychic Surgeon Ken Naciamento. Padgett erklärt daraufhin, Naciamento sei nur eine Figur, und er wisse nicht, ob der Charakter ihn geleitet habe oder er den Charakter. Als Mulder die Zelle mit dem Roman verläßt, fragt ihn Padgett, ob ihm das Buch gefalle. Nun ja, antwortet Mulder, wenn es Fiktion wäre. Scully hat bereits Nachforschungen über Naciamento angestellt und festgestellt, daß er seit zwei Jahren tot ist. Mulder ist weiterhin der Meinung, daß Padgett einen Komplizen hat, Scully dagegen glaubt, er habe sich alles nur vorgestellt. Mulder erzählt ihr von dem Kapitel, in dem sie mit dem ›Fremden‹ im Bett liegt, und gibt ihr den Roman. Später liest sie das Manuskript, als ihr eine Wache ein weiteres von Padgett geschriebenes Kapitel hereinbringt, in dem er beschreibt, wie ein junges Mädchen (Maggie) das Grab ihres Freundes (Kevin) besucht und dort von der Gestalt in der Kapuze angegriffen wird, die auch ihr das Herz herausreißt. Während Scully das Kapitel liest, wird es an einem anderen Ort Realität.

Am nächsten Morgen suchen Scully und Mulder den Friedhof ab und finden die Leiche des Mädchens, über das Padgett geschrieben hat. Mulder ist immer noch davon überzeugt, daß Padgett mit dem Killer zusammenarbeitet, während Scully den Mann verteidigt. Sie nimmt diesmal die phantastische Position ein, die normalerweise Mulder zukommt. Der Agent entscheidet, Padgett eine Falle zu stellen. Er läßt den Schriftsteller frei und entschuldigt sich bei ihm für ihren Fehler. Padgett erklärt, auch er habe einen Fehler gemacht. In seinem Buch schreibe er, daß Scully sich verliebt. Was natürlich unmöglich sei, da Scully bereits jemanden liebe …
Wieder in seiner Wohnung, will Padgett an seinem Roman weiterarbeiten, als ihm Ken Naciamento erscheint, der ihm dabei helfen will, das Buch zu beenden. Sie sprechen darüber, warum Padgett den Doktor zum Leben erweckt hat. Der Schriftsteller tat es, um Scully zu treffen. Aber Naciamento will diesen Grund nicht anerkennen. Inzwischen hat Mulder eine Kamera im Luftschacht angebracht, die ihm und Scully erlaubt, Padgett zu beobachten, doch auf den Bildern tut dieser gar nichts. Er sitzt nur da, und Naciamento ist nicht zu sehen. Inzwischen spricht Padgett weiterhin mit dem Mörder. Sie versuchen, die Bedeutung der Herzen auszuloten, die nach Padgetts Meinung für die Liebe stehen, die er ausdrücken will. Naciamento kommt zu dem Schluß, daß der Mensch nicht wirklich erschaffen, sondern nur zerstören kann. Seiner Meinung nach kann es nur ein Ende für den Roman geben: Scully stirbt. Die Agenten beobachten Padgett, der wieder mit dem Schreiben begonnen hat. Dann verläßt er den Raum, und Mulder verfolgt ihn in den Keller, wo Padgett sein Manuskript

verbrennen will. Mulder will ihn daran hindern, da der Roman Beweismaterial enthält. In seiner Wohnung wird Scully von Naciamento angegriffen, der versucht, ihr das Herz herauszureißen. Sie schießt auf ihn, aber die Kugeln gehen durch ihn hindurch. Als Mulder die Schüsse hört, rennt er die Treppe hinauf zu seiner Partnerin. Inzwischen verbrennt Padgett den Roman. Als Mulder in seine Wohnung kommt, ist Naciamento verschwunden. Scully lebt noch. Sie nimmt Mulder in den Arm und weint. Im Keller hat sich Padgett das Leben genommen. Er liegt tot auf dem Boden, das schlagende Herz, das er sich selbst herausgerissen hat, in der Hand. Er hat erkannt, daß er kein Schöpfer ist, sondern ein Zerstörer, und sich deshalb selbst zerstört, um Scullys Leben zu retten.

Kommentar:
»Ich bin sicher, hier sind schon viele Herzen gebrochen worden, aber wohl noch nie so wie bei diesem Jungen.«
Mulder über die Leiche, die auf einer Liebeswiese gefunden wurde

»Milagro« ist nicht nur eine weitere X-Akte mit einem paranormalen Phänomen, die Episode ist vor allem eine Liebesgeschichte, die gleichzeitig eine weitere Liebesgeschichte erzählt.
Im Vordergrund steht die unglückliche Liebe des seltsamen Schriftstellers Phillip Padgett, der versucht, Scullys Zuneigung zu gewinnen, und schließlich erkennen muß, daß die Agentin bereits einen anderen liebt; im Hintergrund leuchtet vage die Liebesgeschichte zwischen Scully und ebenjenem anderen, Agent Mulder. Selten haben die Autoren der Serie diese Tatsache so direkt ausgedrückt wie in der Beobachtung des geradezu paranormal sensiblen Schreibers: »In meinem Buch hatte ich geschrieben, daß Agent Scully sich verliebt, aber das ist offensichtlich völlig unmöglich. Agent Scully ist bereits verliebt.« Scheinbar

Er ist sich sicher, daß schon viele Herzen gebrochen wurden – aber X-Philes wissen, daß niemand so viele brach wie er …

braucht es einen Außenseiter mit besonderen Fähigkeiten, um das zu bemerken …

Und wer ist dieser Außenseiter, dieser Mutant, dieses Monster der Woche (denn in diese X-Akten-Kategorie gehört Padgett zusammen mit Tooms, diversen Fettvampiren und humanoiden Krebsgeschwüren)? Er ist das Klischee eines Schriftstellers: eine einsame Gestalt im Elfenbeinturm, ein asketischer Magier, der ganz in seinem Kopf lebt und deshalb nicht essen muß. Er lebt am Rande der Gesellschaft, um sie aus dieser Perspektive zu beobachten. Er tippt besessen (und fehlerlos) auf einer Schreibmaschine und hat mit Sicherheit nie einen Computer besessen, geschweige denn von Textverarbeitungsprogrammen gehört. Wo andere Schreiber ihre Geschichten vorausplanen, beginnt er einen Roman, ohne dessen Ende zu kennen. Er gibt sich ganz seiner Inspiration hin und ist eine zurückgezogene Figur, deren soziale Fähigkeiten eher ungeschickt und beschränkt wirken. Aber obwohl seine Art, sich Scully zu nähern und sie schweigend anzustarren, unheimlich und bedrohlich wirkt, strahlt er doch eine tiefe Ehrlichkeit aus und scheint niemanden verletzen zu wollen. Als er erkennt, daß Scully jemand anderen liebt, zieht er sich sofort zurück, und nachdem er hat einsehen müssen, daß er in Wirklichkeit kein Schöpfer ist, sondern ein Zerstörer, vernichtet er sein Werk und tötet sich selbst, um Scullys Leben zu retten.

Der von John Hawkes sowohl sympathisch als auch unheimlich gespielte Phillip Padgett gehört zu den interessanteren ›Mutanten‹ der Serie. Wo die meisten seiner Vorgänger trotz ihres oft tragischen Hintergrundes nur mörderische Monster bleiben, ist er komplexer gezeichnet. Seine Macht ist tödlich und zerstörerisch, aber er setzt sie die meiste Zeit unbewußt ein und braucht einen Doppelgänger, um das zu tun, zu dem er selbst nicht fähig wäre. Er will sich Scully nähern und wählt dazu den einzigen Weg, den er kennt: Er schreibt eine Geschichte und erschafft ein paranormales Monster für die FBI-Agentin. Die Geschichte vom (wahnsinnigen) Schriftsteller, dessen Schöpfungen lebendig werden, ist nicht neu (ein paar Beispiele werden im Kapitel ›Hintergrund‹ besprochen), aber trotzdem überzeugt Padgett als individuelle Gestalt. Wir wissen wenig über seine Vergangenheit, können jedoch davon ausgehen, daß er bisher keinen Erfolg gehabt hat. Er ist ein stiller Besessener und ähnelt darin einem anderen Besessenen: Mulder. Es fällt auf, wie sehr sich ihre Wohnungen ähneln. Da sie als Nachbarn im gleichen Haus wohnen, sind ihre Apartments offenbar gleich geschnitten, und Padgetts kahle, leere Wohnung ist das Skelett von Mulders vollgestopfter Behausung. Wo Mulder sich mit den Objekts seiner Besessenheit umgibt, beschränkt sich der Asket Padgett auf das Nötigste, seine Schreibmaschine und sein Bett. An einer Wand hängt ein Storyboard, mit dessen Hilfe er seine Geschichten kartographiert. Seine Prosa ist so blumig wie die seines eigenen Schöpfers Chris Carter, der Padgett die gleichen geschwollenen *Voice-Over*-Monologe in die Schreibmaschine legt, denen er sich selbst immer wieder gerne hingibt. Wie jeder Schriftsteller ist er nicht wirklich ein gottgleicher Schöpfer, der aus dem Nichts eine ganze Welt entstehen läßt, sondern er wird von seiner Umwelt inspiriert. Er ›bemerkt‹ Menschen, sagt er, und er macht diese Menschen zu seinen Figuren. Er hat Scully ›bemerkt‹. Und auch sein fiktiver Mörder Naciamento basiert auf einer realen, inzwischen verstorbenen Figur, die er für seine Zwecke ›wieder zum Leben erweckt‹. Aber in welchem Maße kontrolliert er seine Figuren? Und in welchem Maße kontrollieren sie ihn? Wie er selbst bekennen muß, war seine Sexszene mit Scully nur eine Ausgeburt seiner Phantasie, und er kontrolliert weder Naciamento noch Scully. Zwar haben manche Fans argumentiert, Scully verhalte sich ihm gegenüber zu unvorsichtig, was man nur mit einer mentalen Kontrolle durch den Schriftsteller erklären könne, aber es ist klar, daß Padgett seine Figuren nie dazu bringen kann – oder auch nur will –, etwas zu tun, das nicht ihrem Charakter entspricht.

Padgett hat bei Scully sehr klar erkannt, was ihr unheimlich ist und sie gleichzeitig anzieht. Padgett ist eine leidenschaftliche Figur, die sich von ihren Gefühlen mitreißen läßt, und letztlich entpuppt er sich als ein Romantiker, wie so viele Figuren in dieser Fernsehserie: der fahrende Ritter Mulder, oder auch Scully, die sich von Padgett widerwillig, doch fasziniert bezaubern läßt.

Aber dies ist nicht nur Padgetts Geschichte, dies ist vor allem auch Scullys Geschichte. Padgett erkennt sie und stellt sie dadurch auch uns vor. Seine Beschreibungen der Agentin wirken oft überladen und leiden unter der Fülle der Adjektive, aber letztlich beschreibt er sie sehr genau. Er sagt, wie er selbst sei auch sie einsam. Zwar versucht sie zu erklären, ihr Leben sei alles andere als einsam, aber da macht sie eher sich selbst als dem Schriftsteller oder dem Zuschauer etwas vor. Bei ihrer ersten Begegnung im Fahrstuhl wirkt Padgett nur abstoßend und unheimlich. Schweigend starrt er Scully an. Später in der Kirche gelingt es ihm, mit seinem intimen Wissen über sie ihr Interesse zu wecken und sie gleichzeitig extrem zu verstören. Sie besucht ihn, um ihm sein Geschenk zurückzubringen, läßt sich aber schnell von ihm umgarnen und genießt die Aufmerksamkeit, die sie von anderer Seite niemals erhält. Trotzdem sind ihr Padgetts Versuche, sie auf sein Bett zu locken, alles andere als koscher, doch als ein eifersüchtiger Mulder in die Wohnung stürmt, um den Mann zu verhaften, verteidigt sie den Schriftsteller, und auch später nimmt sie ihn immer wieder in Schutz. Sie hat die Seite von Padgett gewählt und vertritt dessen Behauptung, er habe sich die Morde nur vorgestellt, während Mulder sich auf die Suche nach einem Komplizen macht. Wie schon in Episoden wie »Offenbarung« (»Revelation«, 3X11) und »Alle Seelen« (»All Souls«, 5X17) schlug sie sich auf die eigentliche Mulder-Seite der übernatürlichen Erklärung, und ihr Kollege suchte nach der ›plausiblen‹ Erklärung. Offenbar gelingt es dem Schriftsteller, Einfluß auf Scully auszuüben, aber dies ist nicht die übernatürliche Suggestion seiner fraglos existierenden paranormalen Kräfte, sondern ein rein menschlicher Eindruck auf das rein menschliche Herz Scullys. Im Unterschied zu Mulder erkennt er ihre geheimen Wünsche, und er begreift zu seiner eigenen Enttäuschung letztlich auch, daß sie bereits einen anderen liebt. Gillian Andersons Spiel in ihren Szenen mit Padgett ist großartig. Vor allem in der Kirche und später in Padgetts Wohnung leuchten die verwirrten Gefühle der Agentin durch ihr reserviertes Äußeres, und die Szenen besitzen eine Spannung, die ›offene Gefühle‹ im Seifenopernstil selten erreichen.

Die X-Akte um den Herzen entfernenden Mörder bleibt hier nur Hintergrund. Wichtig ist allein die immer wiederkehrende Liebes- und Lebens-Metapher des menschlichen Herzens (die auch im Herzschlag-Rhythmus der Tonspur oft aufgegriffen wird). Die Morde sind tatsächlich nur plottechnischer Natur und werden von Chris Carter, John Shiban, Frank Spotnitz und Phillip Padgett genau so eingesetzt. Der unheimliche Mörder Naciamento ist nur ein dunkler Doppelgänger Padgetts, der in ihrer gemeinsamen Szene jedoch eine unheimliche Präsenz entwickelt (Schauspieler Nestor Serrano scheint sich den Text auf der Zunge zergehen zu lassen).

Daß diese Episode versucht, aus einer anderen Perspektive die Liebesgeschichte von Mulder und Scully zu beleuchten, bestätigt auch John Shiban: »Wie immer waren wir darum bemüht, daß ihre Beziehung von einer bestimmten Art bleibt, aber wir wollten dieses ganze Thema der Liebe darstellen, das in ›Milagro‹ in den Vordergrund rückt. Das ist es, was die Hauptfigur sich wünscht, und das ist es, was Scully sich irgendwie wünscht, obwohl sie es vielleicht gar nicht weiß, aber durch diesen Mann erkennt sie, daß sie die Liebe möglicherweise schon längst besitzt. Vielleicht hat sie die vollkommene Liebe, und diese Liebe muß nichts mit Sex und Heirat und Beziehung zu tun haben. Es gibt andere Arten der Liebe, die genauso erfüllend sind. Ich glaube, wir haben gute Arbeit geleistet. Wir haben den Zuschauern verlockende Anspielungen geboten, und trotzdem sind Mulder und Scully immer noch sie selbst und bleiben ihrem Charakter treu.«

Hintergrund:
Von Schriftstellern erfundene Gestalten erwachen oft und gerne zu eigenem Leben und plagen dann ihre Schöpfer und den Rest der Welt. In Stephen Kings Roman »Stark – The Dark Half« (»The Dark Half«) und der gleichnamigen Verfilmung von George A. Romero hat der Schriftsteller Thad Beaumont sein fiktives Alter ego George Stark erschaffen, um unter diesem Namen action- und gewaltgeladene Bestseller zu schreiben, die er nicht unter seinem eigenen, auf eher intellektuelles Material spezialisierten Namen veröffentlichen will. George Stark wird zu seiner Schattenhälfte, die ihm erlaubt, seine dunklen Seiten auszuleben. Aber als er sich schließlich entschließt, George ›sterben‹ zu lassen, das Pseudonym und die damit verbundenen sehr erfolgreichen Romane aufzugeben, kehrt der Doppelgänger aus seinem symbolischen Grab zurück und beginnt die Menschen in Thads Umfeld zu töten, wobei er – als der Zwilling des Schriftstellers – dessen Fingerabdrücke hinterläßt.
Der Horrorthriller »Hardcover« von 1988 ist genau das, was man in der Vergangenheit einen B-Film nannte und was heutzutage direkt in die Videotheken wandert, ohne je das Licht der Leinwand erblickt zu haben: harter, kruder Stoff, der nicht selten allerdings auch eine Menge Charme besitzt. Virginia, die als Buchhändlerin jobbt und eigentlich Schauspielerin werden will, ist auf die Bücher des unbekannten, aber fesselnden Schundautors Malcolm Brand gestoßen, die sich durch so suggestive Titel wie »Much of Madness, More of Sin« (»Viel Wahnsinn und noch mehr Sünde«) oder »I, Madman« (»Ich, der Wahnsinnige«) auszeichnen, und sie kann ihre Finger gar nicht mehr von dem blut-

triefendem Garn lassen, als sich in ihrer Umgebung die Morde aus den Geschichten zu wiederholen beginnen. Bald kann sie aus den Büchern vorhersagen, wo die nächsten Morde geschehen werden, die der entstellte Protagonist von »I, Madman« verübt, um sich aus den Körperteilen seiner Opfer ein neues Gesicht zusammenzusetzen. Als Erklärung erfahren wir schließlich, daß Malcolm Brand wahnsinnig war und seine Bücher stets als Tatsachenberichte empfand. Er verstümmelte sich in der gleichen Weise wie sein Held und fand angeblich vor einigen Jahren unter sehr seltsamen Umständen den Tod. Offenbar lebt er jedoch noch und beginnt nun, seine Geschichten tatsächlich Wirklichkeit werden zu lassen. Dabei hat er sich scheinbar in seine treue Leserin Virginia verliebt. Das Schriftstellermonster erinnert an das Phantom der Oper und findet am Schluß ein krudes Ende durch eine seiner eigenen Schöpfungen.

In John Carpenters »Die Mächte des Wahnsinns« spielt Jürgen Prochnow den Schriftsteller Sutter Kane, in dem sich Stephen King und der Phantastik-Klassiker Howard Phillips Lovecraft zu begegnen scheinen. Der Detektiv Sam Neill besucht eine Stadt, in der alle Geschichten Kanes Wahrheit sind, und er muß erkennen, daß das neuste Buch des Mannes dazu gedacht ist, die uns bekannte Welt in die Horrorwelt des Buches zu verwandeln. Hier wird das Spiel mit dem Roman im Roman und dem Film im Film auf die Spitze getrieben, und am Zirkelschluß sitzt der Detektiv in einem Kino und sieht sich dort ebenjenen Film an, den wir gerade gesehen haben.

Psychic Surgery, eine Art Geist-Chirurgie, wird vor allem auf den Philippinen praktiziert. Die selbsternannten Geistheiler, die sich oft als Medien des Heiligen Geistes bezeichnen, präsentieren eine ausgefeilte Show, bei der sie meist die Entfernung bösartiger Tumore vorgeben. Der Heiler tut so, als dringe er mit bloßer Hand in den Körper des Patienten ein, ohne dabei eine Wunde zu hinterlassen. Im Körper ergreift er das erkrankte Gewebe und reißt es heraus. Wenn der Heiler seine Hände wieder herauszieht, sind sie blutig und halten das kranke Gewebe, aber auf dem Körper des Kranken bleiben keine Wunden oder Narben zurück – weil auch niemals jemand in den Körper eingedrungen ist! Bei diesem Trick wird meist mit Tierblut und Innereien gearbeitet, die der Heiler versteckt hält und im richtigen Augenblick als das kranke Gewebe präsentiert. Bisher ist kein Fall von gelungener Chirurgie dieser Art bekannt, wohl aber viele Fälle von Krebskranken, die von jenen Pseudo-Chirurgen als geheilt entlassen wurden und wenig später an ihrer Krankheit starben.

Bemerkungen:

● Angelo Vacco, der Produktionsassistent, der den sechzehnjährigen Kevin spielt, welcher dem herzausreißenden Mörder zum Opfer fällt (und dem man den Teenager schon seit einigen Jahren nicht mehr abkaufen dürfte), war schon als Tankstellenangestellter in »Verseucht« (»F. Emasculata«, 2X22) und als wundergeheiltes Opfer in »Der Tag steht schon fest« (»Talitha Cumi«, 3X24) in dieser Fernsehserie zu sehen.

● Zu Anfang dieser Episode läßt Mulder Scully in seine Wohnung, während er sich noch die Zähne putzt. Wir sehen, wie er die Tür schließt, mit Scully zur Couch geht, dort mit ihr spricht und dabei Kaffee trinkt. Keine Zeit, um die Zahnpasta auszuspucken und sich den Mund auszuspülen. Er muß also alles heruntergeschluckt haben …

● Scully fährt seit mindestens 1993 den gleichen Wagen und lebt schon seit einiger Zeit in Georgetown.

● In den Nahaufnahmen hat der Milagro-Anhänger, den Scully von Padgett geschenkt bekommt, ein eingraviertes Bild und ist sehr dick. In den anderen Aufnahmen hält Gillian Anderson eine münzenähnliche, flache Requisite, die auf keiner Seite ein Bild aufweist.

● Alle Männer, mit denen Scully etwas hat, scheinen eine Müllverbrennungsanlage in ihrem Keller zu haben. Schon Ed Jerse in »Mutterkorn« (»Never Again«, 4X13) besaß eine. Es ist außerdem seltsam, wie diese Anlage so plötzlich in Mulders Apartmentgebäude gelandet ist, nachdem wir sie nie zuvor dort gesehen haben.

● Wenn es für Mulder und Padgett so einfach ist, sich gegenseitig über den Luftschacht auszuspionieren, muß die Wohnung neben der von Mulder unter Verschwörern sehr beliebt sein.

● Als Scully die Ansicht äußert, Padgett könnte die Morde tatsächlich allein dadurch verursacht haben, daß er sie sich vorgestellt hat, bringt Mulder sie dazu, im Flur mit ihm den Platz zu wechseln. Scully fängt an, sich wie er selbst anzuhören …

● Als Mulder die Telefonrechnung von Padgett nachprüft und sieht, daß dieser weder Anrufe getätigt noch welche erhalten hat, murmelt er abschätzig: »Mr. Popularity« (Mr. Beliebtheit). Dabei hat gerade Mulder gut reden, zu dessen Bekanntenkreis nur andere FBI-Kollegen, Verschwörungsfanatiker, Außerirdische und Mutanten der verschiedensten Kategorien gehören.

● Eine der Karten an Padgetts Storyboard sagt: »K. N. murders his own best intentions« (»K. N. tötet seine besten Absichten«). Was auch immer damit gemeint ist …

● Warum blutet Scully am Ende dieser Folge, nachdem Naciamento verschwunden ist? Ist sie doch von dem verschwundenen Psychic Surgeon verletzt worden? Am Herzen! …

• Phillip Padgett sieht aus wie Sean Penn in »Dead Man Walking« und »U-Turn«.

• ZZ-Top-Bassist Dusty Hill ist ein großer Fan von »Akte X« und hatte die Gelegenheit, den Set während der Dreharbeiten zu »Milagro« zu besuchen: »Ich habe zugesehen, wie Gillian Anderson den ganzen Tag lang einen Fahrstuhl betrat. Es war interessant, und ich hatte viel Spaß.«

• Einer der Grabsteine auf dem Friedhof, auf dem der Killer eines seiner Opfer findet, markiert das Grab eines Menschen namens Salinger. Es handelt sich zwar nicht um J. D. Salinger, den Autoren des Klassikers »Der Fänger im Roggen«, aber es ist bestimmt kein Zufall, daß sein Name in einer Episode über einen zurückgezogen lebenden Romanautoren auftaucht. Nach seinem Erfolg mit »Der Fänger im Roggen« im Jahre 1951 zog sich Salinger völlig zurück und veröffentlichte lediglich einen weiteren Roman und diverse Kurzgeschichten. Erst kürzlich wurde bekannt, daß er während all der Jahre aber nicht untätig gewesen ist. Er schrieb eine Reihe von Manuskripten, die erst nach seinem Tod veröffentlicht werden sollen. Da freuen sich bereits die Erben.

• Obwohl Mulder in »The Beginning« (6ABX01) erklärt, »Men in Black« nicht gesehen zu haben, taucht er hier in schwarzem Anzug und Sonnenbrille auf. Anscheinend hat er seine popkulturelle Bildungslücke inzwischen geschlossen. Ob ihm der Film gefallen hat, wissen wir zwar nicht, aber zumindest das Outfit eines Mannes in Schwarz muß es ihm angetan haben.

6ABX20
The Unnatural

US-Erstausstrahlung: 25. April 1999
Regie & Drehbuch: David Duchovny

Gaststars: Brian Thompson (Alien-Kopfgeldjäger), Jesse L. Martin (Josh Exley), M. Emmett Walsh (Arthur Dales), Frederic Lane (junger Arthur Dales), Daniel Duchovny (Piney), Ken Medlock (weißer Baseballtrainer), Lou Beatty Jr. (farbiger Baseballtrainer), Chris Kohn (Fänger), Burnell Roques (Buck Johnson), Jesse James (Poorboy), Lennie Loftin (Coranado), Paul Wilson (Ted), Walter T. Phelan, Jr. (Alien), Gabriel Clifton (farbiger Junge), Al Kaplon (Schiedsrichter), Rob Reesman (Polizist), Julie Griffith (schöne Frau), Kerric MacDonald (Moore)

Kurzinhalt:

Arthur Dales erzählt Mulder eine Geschichte, die er in den vierziger Jahren als junger Polizist in Roswell, New Mexico, erlebte: Der farbige Baseballspieler Josh Exley ist auf dem besten Weg, ein großer Star zu werden. Allerdings scheut Exley das Licht der Öffentlichkeit und will auf keinen Fall in einer Profimannschaft spielen. Dales findet auch den Grund für dieses merkwürdige Verhalten heraus: Exley ist ein Außerirdischer, der Baseball über alles liebt.

Inhalt:

Im Juli 1947 findet auf einem Baseballfeld in Roswell, New Mexico, ein Spiel zwischen der farbigen Mannschaft der Roswell Grays und der weißen Mannschaft der Southwest All Stars statt. Es gibt kaum Zuschauer und es geht um keinen Titel, sondern nur um den reinen Spaß am Spiel. Alle Beteiligten sind mit Eifer bei der Sache. Ein junger Schlagmann namens Josh Exley geht für die Grays ans Schlagmal. Exley ist ein sagenhaftes Naturtalent. Man munkelt, daß er bald schon für die New York Yankees spielen könnte, aber Exley will nicht ins Rampenlicht treten, er fühlt sich in der Provinz am wohlsten. Beinahe im Handumdrehen stellt er seine außergewöhnlichen Fähigkeiten unter Beweis und schlägt einen Homerun.

Die gute Stimmung wird jäh gestört, als bewaffnete Reiter des Ku-Klux-Klan erscheinen. Sie fordern die versammelten Spieler auf, Exley auszuliefern, doch beide Mannschaften widersetzen sich vereint der maskierten Terrorbande. Moose, der Pitcher der Southwest All Stars, reagiert blitzschnell und wirft den Anführern seinen Baseball an den Kopf. Sie fallen vom Pferd, und sofort ergreifen die Spieler die Waffen der Klanmitglieder. Im Nu hat sich das Blatt gewendet. Als jedoch ein Spieler einem Klanmitglied die Kapuze vom Kopf zieht, erstarrt er vor Schreck. (Später erfahren wir, daß sich unter der Kapuze ein ›Gray‹-Alien befindet.)

Zurück in der Gegenwart: An einem schönen Sommertag sitzt Mulder in seinem stickigen Büro und liest alte Zeitungen. Scully, die eigentlich viel lieber nach draußen gehen würde, wundert sich schon, warum ihr Partner sich so intensiv mit den Todesanzeigen des Jahres 1947 beschäftigt. Arbeitet Mulder schon wieder an einem neuen Fall? Mitnichten! Mulder frönt lediglich einer (bisher) geheimen Leidenschaft und liest sich alte Baseballberichte durch. Alles ist also ganz harmlos. Plötzlich stolpert Mulder über ein merkwürdiges Foto von einem Baseballspiel. Es zeigt den Alien-Kopfgeldjäger (den wir schon unter anderem aus »Die Kolonie«, 2X16 und 2X17, kennen) zusammen mit dem Baseballstar Josh Exley und Arthur Dales (den wir aus »Gute Patrioten«, 5X15,

Ein Außerirdischer, der Baseball liebt – so etwas kann unsere Lieblingsagen-ten durchaus mal in leichte Schräglage bringen …

kennen). Mulder wird stutzig. Kannte Arthur Dales etwa Josh Exley?

Diese Frage muß natürlich beantwortet werden, und schon bald klopft Mulder an Dales' Wohnungstür. Allerdings öffnet ihm nur ein grimmiger alter Mann, der zwar behauptet, Dales zu sein, aber überhaupt nicht so aussieht wie der Dales, den wir (und Mulder) noch aus vergangenen Episoden kennen. Das Mißverständnis ist jedoch schnell geklärt. Es handelt sich um Dales' Bruder, der ebenfalls Arthur heißt. Die Eltern hatten eben wenig Phantasie und gaben allen Kindern – der Schwester inklusive – denselben Namen. Dales hat aber überhaupt keine Lust, sich mit dem neugierigen Mulder zu unterhalten. Erst als dieser seine Leidenschaft für Baseball erwähnt, wird Dales hellhörig und bittet ihn in die Wohnung. Mulder konfrontiert Dales mit der Frage nach Josh Exley. Dales zögert zwar zunächst, erzählt dann aber doch seine Geschichte.

Im Juni 1947 arbeitete Dales als Polizist in Roswell, New Mexico. Es ist die Zeit, in der die Rassentrennung im Baseball aufgehoben wurde und immer mehr farbige Spieler in die Major League drängen. Ein aufstrebender Spieler heißt Josh Exley. Er spielt für die Roswell Grays, und ihm steht eine große Karriere bevor. Allerdings paßt dies den rechtsradikalen Rassisten des Ku-Klux-Klan überhaupt nicht ins Konzept, deshalb versuchen sie Exley einzuschüchtern und setzten einen Preis auf seinen Kopf aus. Der sympathische Dales will Exley deswegen beschützen. Schon bald freundet Dales sich mit Exley und den Roswell Grays an, doch bei einer Busfahrt zu einem Auswärtsspiel passiert etwas Merkwürdiges: Im Spiegelbild einer Fensterscheibe erkennt Dales, daß Exley nicht als Mensch, sondern als Alien reflektiert wird.

Diese Geschichte geht selbst dem aufgeschlossenen Mulder zu weit. Will Dales ihm ein Märchen auftischen? Josh Exley, einer der besten Baseballspieler seiner Zeit, soll ein Außerirdischer gewesen sein? Doch Dales beharrt auf seiner Behauptung. Im Gegenteil: Nach seiner Erkenntnis waren alle großen Spieler nicht von dieser Welt.

Dales erzählt weiter über den Sommer von 1947: Die merkwürdigen Anzeichen, daß mit Exley etwas nicht stimmt, verdichten sich. Als er bei einem Spiel von einem Ball am Kopf getroffen wird, bleibt er für kurze Zeit bewußtlos am Boden liegen. Später findet Dales an dieser Stelle eine grüne Flüssigkeit, die Säure ähnelt.

Dales forscht nach. Er versucht, bei der Polizei in Exleys Heimatstadt Macon Informationen über ihn einzuholen. Doch auch hier ergeben sich nur weitere Rätsel. Angeblich ist Josh Exley im Alter von sechs Jahren spurlos verschwunden – aber das soll vor nur fünf Jahren passiert sein. Der Anruf von Dales hat dennoch Konsequenzen. In Macon wird ein Alien-Kopfgeldjäger, der sich als Polizist tarnt, auf Josh Exley in Roswell aufmerksam.

Exleys strikte Abneigung, um keinen Preis berühmt zu werden, nimmt bizarre Formen an. Als bei einem Spiel der Grays einmal die Talentsucher der New York Yankees auftauchen, scheint er absichtlich schlecht zu spielen, um ihnen nicht aufzufallen. Später will Dales Exley zur Rede stellen. Warum scheut er das Licht der Öffentlichkeit? Und was ist mit dem sechsjährigen Jungen namens Exley, der in Macon verschwand? Exley jedoch tut so, als könne er Dales neugieriges Interesse nicht verstehen und als ob alles in Ordnung sei. Daß in Wirklichkeit natürlich überhaupt nichts in Ordnung ist, erfährt Dales schon in der folgenden Nacht. In seinem Motelzimmer wird er von merkwürdigen Geräuschen geweckt, die aus dem Nebenzimmer kommen, in dem Exley schlafen soll. Dales öffnet mit Hilfe eines Taschenmessers die Zwischentür und fällt in Ohnmacht, als anstelle von Exley ein

Gray-Alien vor ihm steht, das mit einem Baseballschläger Trockenübungen macht.

Kurze Zeit später erwacht der sichtlich erschütterte Dales neben dem Gray-Alien, das ihm offenbart, tatsächlich Josh Exley zu sein. Weil er seine große Liebe zum Baseball entdeckte, verließ Exley unerlaubterweise den Alien-Clan und morphte zum Menschen, um Baseballspieler zu werden. Natürlich ist das nach Alien-Regeln streng verboten, und so muß er aufpassen, nicht erkannt zu werden.
Doch ohne es zu wollen, hat Dales dieser Entdeckung bereits nachgeholfen. Als die Grays im Bus von einem Auswärtsspiel zurückkommen, wartet an der nächsten Straßenecke bereits der Alien-Kopfgeldjäger aus Macon. Und die Komplikationen nehmen zu. Dales hatte einen Baseballhandschuh mit der grünen Flüssigkeit zur Begutachtung ins Labor gegeben. Der Labortechniker konnte die merkwürdige Materie nicht eindeutig bestimmen und schickte diese deswegen zum FBI nach Washington. Kurze Zeit später wird der Labortechniker von einem Mann, der aussieht wie Josh Exley, ermordet. Dann stellt sich allerdings heraus, daß es sich in Wirklichkeit um den Alien-Kopfgeldjäger handelt.
Dales will Exley warnen, daß dessen Tarnung aufgedeckt wurde. Die Polizei sucht den Baseballspieler inzwischen, weil er verdächtigt wird, den Labortechniker ermordet zu haben. Exley weiß, das die Zeit gekommen ist, zu verschwinden, und er verabschiedet sich von Dales. Das FBI ist natürlich überhaupt nicht erfreut, daß Dales Exley hat entkommen lassen, doch der läßt sich trotz mehrfacher Drohungen nicht einschüchtern. Im Stadion findet Dales unter einem Baseballhandschuh eine Karte, die darauf hinweist, daß Exley sich wohl doch nicht gänzlich aus dem Staub machen wollte. Was hat er vor? Exley will ein letztes Mal Baseball spielen!

Und so kehrt die Geschichte an ihren Ausgangspunkt zurück. Wieder befinden wir uns auf dem Baseballfeld, wo die Konfrontation zwischen dem Ku-Klux-Klan und den Baseballspielern stattgefunden hat. Angesichts der Entdeckung des Gray-Aliens bricht eine Massenpanik aus, und alle Anwesenden ergreifen die Flucht. Nur Exley bleibt dort, als plötzlich das Gray-Alien wieder erwacht und sein Aussehen zum Alien-Kopfgeldjäger morpht. Der Jäger ist gekommen, um den Abtrünnigen seiner Spezies zu töten. Er sticht Exley mit einem spitzen Instrument in den Nacken und verschwindet in der Nacht. Dales kommt zu spät, um seinem Freund noch zu helfen. Doch etwas Merkwürdiges ist passiert. Statt sich im Sterben in ein Alien zu verwandeln, bleibt Exley ein Mensch. Er verliert auch kein grünes, sondern rotes Blut. Baseball hat aus ihm einen Menschen gemacht.

Mulder ist von Dales' Geschichte offensichtlich tief beeindruckt. Am Abend steht er auf einem Baseballfeld und übt das Schlagen des Balls. Als später Scully hinzukommt, will er ihr ein verfrühtes oder sehr spätes Geburtstagsgeschenk machen. Scully hat noch nie in ihrem Leben Baseball gespielt, doch Mulder zeigt ihr die richtige Körperhaltung und Bewegung beim Schlagen. Und Scully scheint Talent zu haben, denn es gelingt ihr fast auf Anhieb, den Ball mit der Keule zu treffen. So stehen am Ende Mulder und Scully auf dem Baseballfeld und schlagen ihre Bälle wie kleine Sternschnuppen in den Nachthimmel.

Kommentar:
»Was sie nicht verstehen, […] ist, daß Baseball der Schlüssel zum Leben ist. […] wenn sie nur Baseball besser verstehen würden, würden alle ihre Fragen über Aliens, Verschwörungen usw. von den Baseball-Göttern beantwortet werden.«)
Arthur Dales weiht Mulder in ein großes Geheimnis ein

Mit dem großen Erfolg der »Akte X« wurden deren Schauspieler selbstverständlich zum beliebten Thema der Klatschpresse. Inzwischen wissen wir wahrscheinlich mehr über David Duchovnys Privatleben als er selbst. So soll er sich in seiner frühen Schauspielkarriere mit dem Vortragen von Gedichten in Cafés über Wasser gehalten haben. Eine erhöhte Promiskuität brachte ihm sein Ruf als ›Hengst von Hollywood‹ ein, aber inzwischen ist er glücklich verheiratet und hat eine kleine Tochter.

Nach »The Unnatural« wissen wir aber noch bedeutend mehr: Duchovny ist nicht nur ein großer Baseballfan, sondern auch ein guter Drehbuchautor und ein noch besserer Regisseur. Die Episode 20 der sechsten Staffel liefert ein herausragendes Beispiel dafür, wieviel erzählerisches Potential sich doch in knappe 45 Minuten TV-Unterhaltung packen läßt. »The Unnatural« ist mehr als ›nur‹ eine X-Akte. Es ist eine Geschichte über Freundschaft, über Träume und über Menschlichkeit.

Natürlich gibt es auch Ansatzmöglichkeiten zur Kritik. Allein schon die Exposition mit dem »Bruder« von Arthur Dales ist ein wenig unglücklich geraten (siehe auch die Bemerkungen zu dieser Folge). Eigentlich soll es sich ja bei dem jungen Polizisten um denselben Arthur Dales handeln, der schon als FBI-Agent in »Gute Patrioten« auftauchte – eine Episode, die chronologisch aber nach »The Unnatural« spielen soll. Wenn nun Dales in »The Unnatural« schon einem leibhaftigen Außerirdischen begegnete, warum ist er dann von den Ereignissen in »Gute Patrioten« noch so überrascht? Darüber hinaus lassen sich auch andere Schwächen feststellen. Wer ein bißchen über die Handlung nachdenkt, wird zweifellos etliche Komplikationen in bezug auf die übergeordnete Mythologie entdecken.

Aber diese Schwächen erscheinen kaum mehr als die »Kratzer im Lack« einer durchweg gelungenen Episode. Man sollte an dieser Stelle aber auch deutlich darauf hinweisen, daß nicht unbedingt alle Ereignisse von »The Unnatural« als wahr einzustufen sind, da Mulder sie ja nur von Arthur Dales erzählt bekommt.

»The Unnatural« kann vor allem durch großartige Charaktere glänzen. Josh Exley ist ein Außerirdischer, der eine menschliche Schwäche entwickelt hat – die Leidenschaft für Baseball. Um sich den Traum eines Lebens als Baseballspieler zu verwirklichen, ist Exley dazu bereit, alles zu riskieren, auch wenn es ihn letztlich das Leben kostet. Seine Hingabe wird überdeutlich, wenn er Dales mit leuchtenden Augen von seinem ersten Baseballspiel erzählt. Die Besetzung von Exley mit Jesse L. Martin muß in diesem Zusammenhang als außerordentlicher Glücksgriff angesehen werden. Daneben haben wir den jungen Polizisten Dales, der zuerst die Identität des Außerirdischen entdeckt, diese dann aber um der Freundschaft willen geheimhält. Die bewegendste Szene ist zweifellos der Moment, als der sterbende Exley feststellt, daß er sein Leben nicht als Alien, sondern als (menschlicher) Baseballspieler beendet. Die Liebe zum Baseball hat ihn verändert, und Dales weist Mulder zu Recht darauf hin, daß auch er eine kleine Veränderung zu mehr Menschlichkeit vertragen könnte, da ihm diese durch seine permanente, energische Suche nach der Wahrheit immer mehr abhanden kommt.

Trotz des tragischen Endes versetzt uns »The Unnatural« nicht in eine depressive Stimmung. Im Gegenteil: Ein deutlicher Schwerpunkt liegt auf dem Humor und den menschlichen Aspekten, die der Serie in der letzten Zeit ein wenig entglitten schienen. Wir bekommen auch einen Einblick in das ›Privatleben‹ unserer Lieblingsagenten: Die Szene, in der Mulder Scully ihr Eis stiebitzt, erscheint nahezu lebensecht und kaum inszeniert. Ein unbestrittenes Highlight der gesamten sechsten Staffel ist aber die Schlußszene, in der Mulder Scully das Baseballspielen beibringt. Hier erleben wir einen wunderbaren Balanceakt aus erotischer Spannung und verträumter Idylle.

Die hohe Qualität verdankt »The Unnatural natürlich auch der erstklassigen Inszenierung. Viele andere Regisseure wünschen sich mit Sicherheit ein so gelungenes Debüt. David Duchovny greift tief in die Trickkiste, die Übergänge zwischen Gegenwart und Vergangenheit werden regelrecht zelebriert. Auch kleinste Details sind pfiffig ausgearbeitet, man beachte nur die Neonreklame des Motels, in dem Dales letztlich die spektakuläre Entdeckung macht.

»The Unnatural« ist eine X-Akte, die man nicht ›zu den Akten‹ legt, sondern immer wieder gerne aufschlagen wird. Der Rookie David Duchovny hat einen Homerun geschlagen, und wir warten schon gespannt auf das nächste Inning.

Hintergrund:

»The Unnatural« ist eine X-Akte über die amerikanischste aller Sportarten, mit der die Europäer offensichtlich überhaupt nichts anfangen können. Zwar hat der American Football auch hierzulande schon deutlich an Boden gewonnen, aber Baseball wird sich wohl nie durchsetzen können. Dies mag zunächst daran liegen, daß das Regelwerk viel zu kompliziert erscheint. Und selbst wenn man die Regeln versteht, wirkt das Spiel bemerkenswert unspektakulär und träge. Die einseitige Verbreitung des Baseballs auf dem Globus hat durchaus ihre Konsequenzen. Zwar wird das Spiel auch in Kuba, in Japan und in Teilen Südamerikas gespielt, die US-Amerikaner haben aber nichtsdestotrotz ihre nationale Meisterschaft gleichzeitig zur World Series (Weltmeisterschaft) erklärt. Allerdings darf man fairerweise nicht unterschlagen, daß auch zwei Teams aus Kanada am Kampf um den Titel teilnehmen.

Es läßt sich nicht genau festlegen, wann Baseball als Sport ins Leben gerufen wurde. Eine Legende geht davon aus, daß das Spiel 1839 von einem gewissen Abner Doubleday in Cooperstown, New York, erfunden wurde. Ob dies nun wirklich stimmt, ist zweifelhaft – zumindest wurde am selben Ort später die ›Baseball Hall of Fame‹ errichtet. Sicher ist nur, daß Baseball dem britischen Spiel ›Rounders‹ entlehnt ist, bei dem ein Ball mit einem Stock geschlagen wird und der Schlagmann eine Reihe von ›Bases‹ umrunden muß, um zu punkten. ›Rounders‹ wurde im neunzehnten Jahrhundert in den USA populär, und die Regeln wurden immer mehr verändert und verfeinert. Die ersten, die das Spiel nach einem professionellen Muster spielten, waren die ›New York Knickerbockers‹, die 1842 gegründet wurden. Die Knickerbockers stellten ein Regelwerk auf, das die Grundlage des modernen Baseballs bildet. Seinen endgültigen Durchbruch erlangte das Spiel während des Amerikanischen Bürgerkriegs (1861–65). Die Soldaten spielten in ihrer Freizeit Baseball und verbreiteten dessen Popularität nach Kriegsende über die gesamten USA.

Etwa zur selben Zeit wurde auch bereits das kommerzielle Potential des Baseball erkannt. Wer ein größeres Stück Land besaß, funktionierte es zum Spielfeld um und stellte ein paar Bänke für die Zuschauer auf. Dieser ›Park‹ – so der Fachbegriff für ein Baseballstadion – konnte dann von den Clubs gemietet werden. Diese wiederum verlangten vom Publikum Eintritt, um die Kosten abzudecken. 1862 wurde so in Brooklyn das erste komplette Baseballstadion zur kommerziellen Nutzung errichtet. Von da an war es nur noch ein kurzer Weg bis zur Bildung einer professionellen Liga. 1876 bildeten zunächst 8 Teams die National League, 1901 wurde die American League gegründet. 1903 wurde die American League offiziell von der National League anerkannt, und die jeweiligen Champions aus beiden Ligen kämpften zum ersten Mal in der World Series gegeneinander.

Heute gibt es in der Major League Baseball (MLB) immer noch die American und die National League, die aus jeweils vierzehn Teams bestehen. In fast jeder Großstadt existiert eine Mannschaft, Metropolen wie New York, Chicago oder Los Angeles haben sogar zwei. Anders als im europäischen Profisport, gibt es keine Auf- und Abstiegsregelung. Lediglich rein kommerzielle Aspekte entscheiden über das Ausscheiden oder die Neugründung eines Teams. In Ausnahmefällen werden sogar ganze Mannschaften an einen anderen Standort verkauft. Die Saison dauert jeweils von April bis Oktober, jede Mannschaft muß dabei 162 Pflichtspiele absolvieren.

Neben der Popularität der professionellen MLB hat auch der Amateurbaseball einen hohen Stellenwert. Schulen, Universitäten und auch Firmen unterhalten eigene Teams. Oft wird hier auch Softball gespielt, eine etwas leichtere Variante des Baseball. Für Kinder gibt es die sogenannte Little League, die ebenfalls eine Meisterschaft ausspielt. Das Bindeglied zwischen dem Amateur- und Profisport bilden die sogenannten Minor Leagues. In ihnen haben sich Vereine zusammengefunden, die meistens in Kleinstädten beheimatet sind. Die Minor Leagues dienen unter anderem als Talentschmiede für die großen Profivereine oder auch als Betätigungsfeld für Spieler, die eben nicht so gut sind, um in der MLB spielen zu können. Aber auch hier gilt, daß es – anders als beispielsweise in deutschen Pokalwettbewerben – nicht zu einem sportlichen Wettstreit zwischen einem Major und einem Minor League Team kommen kann.

Bis zur Mitte der vierziger Jahre durften farbige Spieler nicht in den Major Leagues mitspielen. Statt dessen unterhielten sie eigene Teams und eigene Ligen, so zum Beispiel die Negro National League. Einer der erfolgreichsten Spieler war Jackie Robinson, der 1947 als erster farbiger Spieler den Brooklyn Dodgers beitrat, die in der Major League spielten. Robinson war derartig erfolgreich, daß schon bald die Rassentrennung verschwand und immer mehr farbige Spieler in den Mannschaften den Major Leagues zu finden waren. Auf diese Umstände bezieht sich der Inhalt von »The Unnatural«. Josh Exley ist ein hervorragender Spieler und müßte aufgrund seines überragenden Talents eigentlich in der Major League spielen. Weil Josh aus bekannten Gründen aber um keinen Preis auffallen will, hat er sich das Aussehen eines Farbigen verliehen, um so der öffentlichen Aufmerksamkeit zu entgehen.

Der Versuch, an dieser Stelle noch die Baseballregeln zu erklären, muß von vornherein als aussichtslos erklärt werden. Zu kompliziert, zu detailverliebt und auch manchmal zu absurd erscheint das Regelgeflecht, bei dem es prinzipiell nur darum geht, einen etwa faustgroßen Ball mit einer Keule zu treffen. Dennoch sei das Wichtigste kurz aufgelistet: Jede Mannschaft hat neun Spieler. Ein Spiel dauert neun Innings, wobei man Inning etwa mit dem Begriff Durchgang übersetzen könnte. Die Mannschaften tauschen während eines Innings einmal die Rollen. Eine Mannschaft schlägt, die andere muß fangen. Nur die Mannschaft, die schlägt, kann Punkte erzielen.
Dann geht es los. Der Pitcher (Werfer) wirft einen Ball, den der Batter (Schlagmann) der gegnerischen Mannschaft mit der Keule treffen und ins Feld hinausschlagen muß. Gelingt ihm das, so muß er eine Reihe von Bases umrunden, ehe die andere Mannschaft den Ball fangen und ihn aus dem Spiel werfen kann. Es gibt dabei verschiedene Möglichkeiten, den Batter ›rauszuwerfen‹. Erreicht der Batter die letzte Base, so ist das ein Homerun, und es gibt einen Punkt. Die Mannschaft, die nach neun Innings die meisten Punkte erzielt hat, gewinnt.

Der Titel der Folge »The Unnatural« bezieht sich auf Bernard Malamuds Baseballroman »The Natural« aus dem Jahr 1952, der von Barry Levinson 1984 verfilmt wurde. »The Natural« erzählt vom imaginären Spieler Roy Hobbs, der zum gefallenen Engel des Baseball wird: Als junger Mann wird Hobbs in den dreißiger Jahren von einem Talentsucher entdeckt und zu einem Probetraining nach Chicago geschickt. Auf dem Weg lernt Hobbs allerdings die verführerische junge Harriet kennen. Er weiß nicht, daß es sich bei Harriet um eine irre Serienmörderin handelt, die es besonders auf Sportler abgesehen hat. In Chicago wird Hobbs von Harriet angeschossen und dabei lebensgefährlich verletzt. Von diesem Rückschlag scheint er sich nicht mehr zu erholen. Mehr als fünfzehn Jahre schlägt er sich mit den unterschiedlichsten Jobs durchs Leben, bevor er sich mit Mitte Dreißig noch einmal bei den New York Knights bewirbt. Obwohl Hobbs schon fast zu alt für den Profisport ist, avanciert er bei den Knights zum besten Schlagmann und unbestrittenen Star des Teams. Den eher mittelmäßigen Knights gelingt ein rasanter Aufstieg in der Tabelle, der Gewinn der Meisterschaft ist greifbar nahe. Doch Hobbs lernt wiederum eine Frau kennen und wird verunsichert. Er macht sich Sorgen um seine Zukunft, weil er weiß, daß er nur noch für kurze Zeit sein Geld als Spieler verdienen kann. Ihm wird eine hohe Bestechungssumme angeboten, damit er beim entscheidenden Spiel in der Meisterschaft absichtlich danebenschlägt. Hobbs weiß nicht mehr weiter. Er erleidet einen Zusammenbruch, tritt aber dennoch beim Endspiel an. Zuletzt entscheidet er sich, das Spiel nicht zu manipulieren. Allerdings schlägt er im entscheidenden Moment daneben. Die New York Knights verlieren.

»The Natural« ist ein früher Versuch, Baseball mit einer mystischen Aura zu umgeben. Es geht nicht mehr nur um das reine sportliche Ereignis, sondern das Spiel wird zum Symbol für einen übergeordneten Schauplatz, der von Mythen und Legenden geprägt ist. So hat Hobbs' Team nicht ohne Grund den Namen »Knights« (Ritter). Auch das Büro, in dem der böse Besitzer der Knights sitzt, wird immer nur als »der Turm« bezeichnet, in dem ewige Dunkelheit herrscht.

Ein solcher Stoff mußte natürlich zwangsläufig die Filmindustrie auf den Plan rufen. 1984 verfilmte Barry Levinson (»Rain Man«, »Good Morning Vietnam«) den Roman. Für die Hauptrolle verpflichtete man Robert Redford. In echter Hollywood-Tradition wurde natürlich auch das bittere Ende des Romans abgeändert. Hobbs widersteht dem Bestechungsversuch und schlägt im allerletzten Versuch den entscheidenden Homerun. Die Knights gewinnen, Hobbs und seine Frau leben glücklich bis an ihr Lebensende.

Gerade wegen dieser Umgestaltung wurde »The Natural« oft als der Literaturvorlage unwürdig und als grober Kitsch kritisiert. Wer sich dieser Kritik nicht anschließt, wird allerdings einen zutiefst poetischen Fantasyfilm erkennen, der selbst Zuschauer, die mit Baseball wenig anfangen können, in seinen Bann schlägt. Dies mag auch daran liegen, daß der Film bis in die Nebenrollen hervorragend besetzt ist und meisterlich fotografiert wurde. (Dafür gab es eine Oscar-Nominierung.) Der märchenhafte Aspekt der Romanvorlage wird im Film noch deutlicher betont. So schnitzt Hobbs seinen Schläger ›Wonderboy‹ aus dem Holz eines Baumes, der bei einem Gewitter vom Blitz gespalten wurde. Die Frauen um Hobbs kleiden sich – ganz wie gute oder böse Feen – nur in Schwarz oder Weiß.

»The Natural« kann als Auslöser für eine ganze Reihe von Baseballfilmen verstanden werden, bei denen der mystische und zum Teil religiöse Charakter immer mehr in den Vordergrund gerückt wird. In »Bull Durham« (1988), der in Deutschland auch unter dem Titel »Annies Männer« veröffentlicht wurde, erzählt die

Protagonistin Annie Savoy (Susan Sarandon) schon gleich zu Beginn, daß Baseball für sie zur Religion wurde. In »Feld der Träume« (1989) hat ein Farmer (Kevin Costner) eine Vision, die ihm befiehlt, auf seinem Acker ein Baseballfeld anzulegen. Als er dies tut, erscheinen die Geister verstorbener Spieler, um hier noch einmal die Keule zu schwingen. In dem 1994er Remake des MGM-Klassikers »Angels in the Outfield« (1951) greifen sogar Engel ein, um ein Baseballteam vor dem Absturz zu retten.

Warum aber ist es gerade Baseball, dem diese metaphysische Funktion zuerkannt wird? In »Feld der Träume« wird diese Frage in einem finalen Monolog von James Earl Jones so beantwortet: »Das einzig Konstante all die Jahre hindurch war das Baseball. Amerika ist wie von einem Heer von Dampfwalzen überrollt worden, ... ausgelöscht wie die Schrift auf einer Tafel, wieder gebaut und wieder ausgelöscht. Aber Baseball hat die Zeit überdauert ... Dieses Feld, dieses Spiel ... ist ein Teil unseres Erbes, ist ein Symbol für alles, was gut gewesen ist ... und es wieder sein könnte.« Und jetzt, so läßt sich noch hinzufügen, wurde eine verdammt gute »X-Akte« daraus gemacht.

Bemerkungen:
● M. Emmet Walsh, der den ›Bruder‹ von Arthur Dales spielt, ist ein alter Hollywood-Veteran, der als Nebendarsteller ein gewaltiges Repertoire an Filmen aufweisen kann. Zu seinen bekanntesten Auftritten zählt die Rolle als Rick Deckards Boss in »Blade Runner«. Darüber hinaus kennt man ihn als Tim Allens Schwiegervater in der Sitcom »Der Heimwerker«. Zuletzt war er als Heizer in »Wild Wild West« zu sehen.

● Natürlich ist die Geschichte mit dem Bruder von Arthur Dales, der ebenfalls Arthur heißt, kompletter Unsinn. In Wirklichkeit wurde Darren McGavin, der Arthur Dales schon in »Gute Patrioten« spielte, kurz vor den Dreharbeiten krank, und es mußte ein neuer Schauspieler gefunden werden. Statt dem Publikum jetzt aber einfach ein anderes Gesicht zu präsentieren, wurde die lustige Geschichte mit dem Bruder entwickelt. Wir sind übrigens schon auf den Auftritt der Schwester gespannt, die ja auch den Namen Arthur haben soll. Vielleicht wird sie ja in den Rückblicken ebenfalls von Frederic Lane gespielt.

● Diese Auswechslung der Schauspieler wirft einen anderen interessanten Aspekt auf: Darren McGavin hat einen kurzen Auftritt in »The Natural«, wird aber in den Credits des Films nicht erwähnt. Zufall? Absicht?

● Die Aliens haben es offensichtlich nicht für nötig gehalten, in mehr als fünfzig Jahren auch nur einmal ihr menschliches Aussehen zu ändern. Noch immer gilt Brian Thompson als das ideale Erscheinungsbild eines Menschen, was zweifellos deutliche Rückschlüsse auf das Gemüt der Außerirdischen zuläßt.

● Neben Arthur Dales' Fernseher hängt eine Zeitung mit der Schlagzeile: »Joltin' Joe has gone«, die sich auf den erst kürzlich verstorbenen Spieler Joe DiMaggio bezieht. Selbst Leuten, die nichts über Baseball wissen, ist DiMaggio bekannt, weil er in den fünfziger Jahren ein Jahr lang mit Marylin Monroe verheiratet war.

● Auf Dales' Fernseher läuft ein kurzer Ausschnitt aus »Die Kolonie«, wodurch die Überblendung von Gegenwart und Vergangenheit gestaltet wird.

● Statt wie üblich »The Truth is Out There« zu verwenden, steht die Episode unter dem Leitspruch »In the Big Inning«. Dies ist ein Wortspiel, welches natürlich einerseits »In the Beginning« heißen kann, aber auch auf das »große Inning« Bezug nimmt.

● Jesse L. Martin, der hier als außerirdischer Baseballspieler Josh Exley brilliert, ist vor allem als Liebhaber von Ally McBeal in der gleichnamigen Serie von David E. Kelley bekannt.

● David Duchovnys Bruder Daniel spielt auch mit! Es handelt sich um Spieler Piney, der in der ersten Szene hinter dem Trainer der Southwest All Stars steht und sich mit ihm unterhält.

● Jetzt kommt etwas für Verschwörungsfans: Einer der Yankee-Talentsucher, die nur ganz kurz im Bild zu sehen sind, sieht aus wie der Schauspieler Fred Dalton Thompson. Sein Auftritt wird allerdings nirgendwo in den Credits der Folge erwähnt. Fred Dalton Thompson spielte unter anderem in »Stirb Langsam 2«, »In the Line of Fire«, »Tage des Donners« und »Jagd auf Roter Oktober« mit. Die Schauspielerei ist für ihn aber eigentlich nur eine kleine Nebenbeschäftigung. Im Hauptberuf ist er Anwalt und bewegt sich seit etlichen Jahren auf der politischen Bühne Washingtons. Unter anderem war er auch an den Ermittlungen im Watergate-Skandal beteiligt. Für den Film »Marie« (1985), der eine Geschichte auf einer wahren Korruptionsaffäre aufbaute, wurde Thompson zunächst als Berater engagiert, spielte sich dann aber sogar selber. In den vergangenen Jahren mußte er die Schauspielerei ein wenig einschränken, weil er als Senator in den US-Senat gewählt wurde, und zwar auf den Sitz, den vorher US-Vizepräsident Al Gore innehatte.

US-Erstausstrahlung:	2. Mai 1999
Regie:	Brian Spicer
Drehbuch:	Vince Gilligan & John Shiban

Gaststars: Signy Coleman (Susanne Modeski), Bruce Harwood (Byers), Dean Haglund (Langly), Tom Braidwood (Frohike), Charles Rocket (Grant Ellis), Michael McKean (Morris Fletcher), John Billingsley (Timmy), Jim Fyfe (Jimmy), George Sharperson

Kurzinhalt:

Während einer Messe der Waffenindustrie versuchen die Lone Gunmen wieder einmal, Regierungsverschwörungen auszuspionieren. Dabei trifft Byers unvermittelt auf seine große Liebe Susanne Modeski (aus »Die unüblichen Verdächtigen«). Er glaubt, sie befindet sich in großer Gefahr, und will ihr helfen, auch wenn Susanne diese Hilfe ablehnt.

Inhalt:

John Fitzgerald Byers erzählt einen Traum, den er immer wieder hat. Hier lebt er in einer perfekten, harmonischen Welt, in der sein Namensvetter Präsident Kennedy niemals ermordet wurde und man der Regierung trauen kann. Er hat ein großes Haus und Kinder und ist mit Susanne Modeski verheiratet. Aber am Ende des Traumes steht er immer allein in der Wüste und hält seinen Ehering in der Hand ...

Während einer Waffenmesse in Las Vegas nimmt Byers an einem privaten Kartenspiel teil, um den anderen Mitspielern wertvolle

Informationen entlocken zu können. Während Frohike den Kell-
ner mimt, sitzt der langhaarige (und deshalb zu auffällige)
Langly in ihrem Hotelzimmer am Computer und versorgt seine
Kollegen mit wertvollen Informationen, damit ihre Täuschung
nicht entdeckt wird. Unter dem Namen Stuart Funsten gibt Byers
sich als Angestellter von Conglomerated aus, aber einer der Mit-
spieler, der kein Namensschild trägt, stellt ihm eine Reihe von
Trickfragen, bei denen auch Langlys Computer-Recherchen
nicht weiterhelfen können. Der Unbekannte gewinnt das Spiel
(und dreitausend Dollar von Byers), entlarvt die beiden Lone
Gunmen und läßt sie hinauswerfen. Als sie später im Hotelzimmer ihre Wunden lecken und Byers mehr über den geheimnisvollen Unbekannten herausfinden will, erhalten sie Besuch von
Timmy und Jimmy, zwei weiteren Verschwörungsfreaks. Jimmy
ist der Überzeugung, daß bei dieser Messe irgendeine neue At-
tentatstechnologie vorgestellt werden soll. Nachdem Langly mit
den Freaks verschwunden ist, um sich am Hummer-Buffet zu be-
dienen, sprechen Frohike und Byers über Susanne Modeski, die
Byers nach über zehn Jahren noch immer auf den Messen des
Militärs sucht. Frohike glaubt, daß sie tot ist, aber Byers hofft,
daß sie als Wissenschaftlerin zu wichtig war, um sie sterben zu
lassen. Dann begeben sie sich ebenfalls zum opulenten »All-you-
can-eat«-Buffet.

Während Frohike im Casino spielt, geschieht das Unfaßbare.
Byers entdeckt inmitten der Spieler und Hotelgäste niemand Geringeren als Susanne Modeski. Bevor er sie aber einholen kann,
verschwindet sie. Später benutzen die Lone Gunmen einen Computer, um Mulders Stimme zu imitieren und Scully nach Las Vegas zu locken. Sie glauben, sie brauchen ihren eigenen Regierungsagenten gegen die anderen Regierungsleute, und Mulder
wäre viel zu bekannt. Als Byers geht, um etwas Eis für einen
Drink zu besorgen, sieht er den Unbekannten vom Kartenspiel
und folgt ihm. Der Mann wird in seinem Zimmer von Susanne

Modeski mit einem Kuß begrüßt! Byers' Herz ist gebrochen, und er versucht, sich im Eiswasser zu ertränken. Aber es ist nicht tief genug! Frohike benutzt inzwischen den Computer und bekommt heraus, daß der Mann Grant Ellis heißt und für jene Abteilung arbeitet, die vor zehn Jahren versucht hat, Susanne Modeski mehrere Morde anzuhängen. Wahrscheinlich ist er ein Regierungsagent, und Byers glaubt, Modeski sei einer Gehirnwäsche unterzogen worden. Frohike will das herausfinden, indem er sich als Wartungsmechaniker des Hotels in ihr Zimmer einschleicht.

Inzwischen versuchen Byers und Langly in eine extrem gut abgesicherte Konferenz zu kommen. Jimmy der Freak gibt damit an, daß er sich dort jederzeit einschleichen könne, und Byers bringt ihn dazu, das zu beweisen. Jimmy kriecht durch einen Luftschacht und macht Fotos von den Teilnehmern, darunter auch Susanne, als er seinen Kumpel Timmy in der Menge entdeckt, der eigentlich gar nicht dort sein dürfte. Timmy bemerkt Jimmy, und der Freak wird von zwei Regierungsagenten aus dem Schacht gezogen. Timmy ist ebenfalls ein Agent und erklärt, daß man Jimmy eigentlich für ein geplantes Attentat einsetzen wollte. Mit einer Injektionspistole spritzt er Jimmy eine unbekannte Substanz in den Nacken. Bald darauf trifft Scully in Las Vegas ein und wundert sich, daß Mulder nicht da ist. Die Lone Gunmen reden sich heraus. In diesem Moment erfahren sie, daß ein Mann namens James Belmont einen tödlichen Unfall hatte. Vor dem Hotel entdecken sie, daß Jimmy sich offenbar vor einen Bus geworfen hat und von ihm überfahren wurde. Byers ist jedoch davon überzeugt, daß es kein Selbstmord war.

Frohike ist es gelungen, in das Zimmer von Modeski und Ellis einzudringen, und er will eine Videokamera in ihrem Luftschacht verstecken. Aber dort steht bereits eine Kamera! Er nimmt die Kassette an sich und will das Zimmer verlassen, als Susanne eintritt. Er versteckt sich im Badezimmer, während sie sich auszieht. Sie will gerade ein Bad nehmen, als jemand an die Tür klopft.

Draußen steht Byers, der sie fragt, ob sie sich an ihn erinnert. Er ist davon überzeugt, daß man sie einer Gehirnwäsche unterzogen habe, aber sie erklärt, es gehe ihr gut. Ellis, von dem Byers glaubt, er bedeute eine Gefahr für Modeski, sei ihr Verlobter. Sie schließt die Tür, und draußen trifft Byers auf Frohike, der über einen Luftschacht entkommen konnte. Andernorts beginnt Scully, eine Autopsie an Jimmy vorzunehmen. Langly sieht ihr dabei zu, aber bald wird ihm schlecht. Während er im Nebenraum seinen Magen erleichtert, erscheint Timmy und verabreicht auch Scully eine Injektion in den Nacken. Als Langly zurückkehrt, scheint die Agentin seltsam fröhlich und betrunken zu sein und verhält sich ungewöhnlich locker. Sie nennt Langly süß, aber für die Todesursache von Jimmy hat sie keine Erklärung. Langly kehrt ins Hotelzimmer zurück, wo sich die Lone Gunmen das Band ansehen, das Frohike sicherstellen konnte. Offenbar fühlt Modeski sich beobachtet, während Ellis sie beruhigt. Byers behauptet, sie würde dazu gezwungen und würde niemals diesen Mann heiraten, als Modeski in ihrem Zimmer erscheint, die bei sich Frohikes elektrischen Türöffner gefunden hat. Sie erklärt, Ellis habe ihr das Leben gerettet und Tausende anderer Leben. Sie will mit Byers allein sprechen, und die anderen beiden Männer gehen. Susanne erklärt ihm, man habe sie vor zehn Jahren entführt und ihr schlimme Dinge angetan, aber Ellis habe sie gerettet, und auch er arbeite heimlich gegen die Projekte der Regierung. Während Langly und Frohike im Casino an den Maschinen spielen, erscheint Timmy, um Langly zu einem Spiel Dungeons and Dragons in Erinnerung an Jimmy einzuladen. ›Lord Manhammer‹ nimmt das Angebot gerne an. Als Langly fort ist, hört Frohike Scullys Lachen und findet sie in Gesellschaft einiger Männer, die versuchen, die offensichtlich betrunkene Agentin aufzureißen, unter ihnen auch Man in Black Morris Fletcher aus »Dreamland« (6ABX04 und 6ABX05). Frohike rettet Scully vor den Avancen der lüsternen Gestalten. Inzwischen lockt Timmy

Langly in eine Falle. Im Hotelzimmer zeigt Byers Modeski das Band zum Beweis, daß sie überwacht wurde. Sie glaubt, daß sie und Ellis in Gefahr sind. Nach der Messe wollten sie gemeinsam mit ihrem Wissen an die Öffentlichkeit gehen. Als Frohike mit Scully erscheint, erweckt die seltsame Trunkenheit der Agentin Modeskis Mißtrauen, und sie findet die Injektionswunde in ihrem Nacken. Scullys Zustand rührt von einem Mittel her, das Modeski selbst entwickelt hat! Nur sie und Grant besitzen Proben der Substanz, also muß Grant mit den Angreifern der Agentin zusammenarbeiten. Sie gibt Scully ein Gegenmittel, als Langly erscheint. Modeski erklärt, das Mittel lähme die höheren Gehirnfunktionen und mache das Opfer aufnahmebereit für Befehle. Es handelt sich also um Bewußtseinsmanipulation. Wahrscheinlich wurde Jimmy befohlen, Selbstmord zu begehen, und Scully sollte ihre Autopsieergebnisse vergessen. Während sie darüber nachdenken, was die Regierung tatsächlich plant, kratzt sich Langly an seiner Injektionswunde im Nacken. Später kehrt er in Timmys Zimmer zurück, wo er Mordanweisungen erhält …

Am nächsten Tag nimmt Langly an der Konferenz teil und erschießt in einer Pause Modeski. Während er selbst verschwindet, erscheint Scully und läßt Ellis festnehmen. Frohike und Byers erscheinen als Sanitäter und bringen Modeskis Leiche fort. Als Timmy das Blut untersucht, entdeckt er, daß es nicht echt ist. In seinem Hotelzimmer trifft Ellis auf die noch lebende Modeski. Sie schickt die Lone Gunmen fort, um allein mit ihm zu sprechen. Nachdem sie ihm erklärt hat, daß sie auch Langly untersuchen und ihm das Gegenmittel verabreichen konnte, will sie wissen, warum er ihren Feinden geholfen hat. Er sagt, er habe sein eigenes Leben retten wollen. Dann erscheint Timmy. Er erschießt Ellis und zielt auf Susanne. In ihrem Hotelzimmer versuchen die Lone Gunmen inzwischen herauszufinden, wohin Jimmys Leiche verschwunden ist, als Timmy mit Modeski erscheint und damit droht, die Lone Gunmen zu erschießen. Aber Byers hat die Injektionspistole und kann sie gegen Timmy einsetzen …

Später läuft in Scullys Hotelzimmer ein Fernsehbericht über Timothy Landau, der zugibt, Grant Ellis und Susanne Modeski ermordet zu haben. Sie ruft Mulder an, um zu erfahren, wo er ist, und muß erkennen, daß die Lone Gunmen sie reingelegt haben. Draußen verabschiedet sich Byers von Modeski, die jetzt offiziell tot ist und der er eine neue Identität besorgt hat. Sie möchte, daß er mit ihr kommt, aber er glaubt, ohne ihn sei sie sicherer. Sie solle den Kampf gegen die Regierung den Lone Gunmen überlassen. Bevor sie wegfährt, schenkt sie ihm den Ehering, der für Ellis bestimmt war. Wie in seinem Traum bleibt Byers allein mit dem Ring zurück …

Kommentar:

»Und wißt ihr, was das Beste daran ist, daß ich euch drei jetzt umbringe? Ich muß mich nicht mehr anziehen wie ihr.«
Der modebewußte CIA-Agent Timothy Landau, der sich mit dem Gedanken trägt, die Lone Gunmen zu John F. Kennedy zu schicken

»Three of a Kind« setzt die Episode »Die unüblichen Verdächtigen« (5X01) fort. Dort wurde erzählt, wie die drei Verschwörungstheoretiker und -praktiker 1989 einander und Mulder kennen- und lieben lernten. Byers verfiel der mysteriösen Susanne Modeski, die zwar am Ende der Geschichte von geheimnisvollen Kräften entführt wurde, aber nichtsdestotrotz den Grundstein legte für die Arbeit der Lone Gunmen. Fahrenden Rittern gleich folgen sie dem Weg, den die Dame ihnen gewiesen hat, und vor allem Byers hat diese Frau niemals vergessen. »Three of a Kind« bringt sie zurück …

Wie ihre Vorgängerin ist auch diese Geschichte vor allem ein hu-

THE X FILES

OFFICIAL MAGAZINE

Inside *The X-Files*
Season Six secrets revealed

Fox's Lair
An exclusive peek
inside Mulder's
apartment

Hail to
the Chief
Up close with Mulder
and Scully's new boss

Revenge of the Nerds
What's ahead for the Lone Gunmen

TITAN MEDIA GROUP PERIODICAL
$5.95 U.S $6.95 Canada
Winter 1998

Drei Traummänner der besondere Art: die Lone Gunmen!

moristisches Zwischenspiel mit einer spannend erzählten Verschwörungsgeschichte. Während in den »Verdächtigen« nur Mulder auftrat (damals studierte Scully noch Medizin, ohne etwas von ihrem späteren Schicksal zu ahnen), ist es diesmal Scully, die partnerlos auftritt; Mulder erscheint nur als von Byers gefälschte Stimme, die Scully nach Las Vegas ruft, wo sie ein wenig professionelle Arbeit leisten darf, vor allem aber dadurch auffällt, daß eine bewußtseinsmanipulierende Droge sie von einer skeptischen Rothaarigen in eine kichernde Blondine verwandelt. Gillian Anderson hat offensichtlich Spaß daran, eine ganz andere, völlig unreservierte Scully zu spielen, die Langly süß findet, Frohike mag und lasziv mit Men in Black flirtet. Eigentlich hat Scully in dieser Geschichte sehr wenig zu tun und dient im Grunde nur als Nebenfigur für die Geschichte der Lone Gunmen im allgemeinen und des verliebten Byers im besonderen. Am Ende darf sie aktiv dabei mithelfen, Susanne Modeski zu retten.

Dies ist vor allem die Geschichte von Byers und Modeski. Zehn Jahre lang hat er sie gesucht und seine Kumpel auf alle möglichen Regierungsmessen geschleppt, weil er sie zum ersten Mal auf einer solchen Messe gesehen hat (und dabei wird sehr schnell klar, daß Byers der eigentliche Kopf des Trios ist, dann folgt Frohike in der Hierarchie, dann erst Langly). Nachdem er sie in den Armen eines anderen wiedergesehen hat, dreht sich die Episode nur noch um die Frage, ob er seine Traumfrau zurückgewinnen wird. Keiner zweifelt daran, daß Grant Ellis einer von den miesen Hunden ist, doch daß Byers und Modeski am Ende wirklich zusammenkommen, hat niemand erwarten dürfen. Schließlich befinden wir uns in den traurig-tragischen X-Akten, wo Liebesgeschichten selten ein glückliches Ende finden und wo sich keine Frau in den Männerbund der Lone Gunmen drängen darf, denn damit würde sie den Figuren ihr Profil nehmen. Diese Männer dürfen Frauen nur nachblicken und von ihnen träumen; hätten sie jemals Glück bei ihnen, würden sie möglicherweise das Interesse an Verschwörungen verlieren, und ihre Geschichte wäre zu Ende. Aber vielleicht kehrt Modeski ja in der nächsten und letzten Staffel noch einmal zurück (zu wünschen wäre es ihr und Byers, und die Beliebtheit der ersten beiden Lone-Gunmen-Geschichten dürfte einer dritten nicht im Wege stehen). Zwar ist Signy Coleman nicht mehr ganz so zerbrechlich und überirdisch wie bei ihrem ersten Auftritt, aber noch immer ist sie die mysteriöse Märchenprinzessin, die aus kontaktgestörten Sozialfällen romantische Ritter macht und die Herzen so mancher Zuschauer höher schlagen läßt. Wie in »Die üblichen Verdächtigen« tauchen auch hier wieder andere Verschwörungsfreaks auf. Jimmy und Timmy sind genau jene Sorte durchgeknallter Fanboys, die man unter Verschwörungstheoretikern, Science-fiction-, Rollenspiel-, Comic- und nicht zuletzt »Akte X«-Fans nur allzu häufig trifft. Mag Timmy auch ein Regierungsagent sein, der die Klamotten haßt, die er für seinen Undercover-Job tragen muß, er spielt seine Rolle hervorragend. Wunderschön ist die Anfangsszene, in der die Lone Gunmen mit technischen und schauspielerischen Tricks wie die Agenten des »Mission Impossible«-Teams aus »Kobra, übernehmen Sie« vorgehen, um ihre Gegner auszuhorchen.

Letztlich muß sich »Three of a Kind« jedoch an »Die unüblichen Verdächtigen« messen lassen, und hier zieht diese Episode eindeutig den kürzeren. Die »Verdächtigen« betrat Neuland für die Serie und kam in einer Staffel, in der die humoristisch-satirischen Episoden noch nicht einen so großen Raum einnahmen wie in diesem Jahr. »Three of a Kind« setzt die erste Geschichte fort, ohne ihr etwas wesentlich Neues hinzuzufügen, und Scullys Auftritt ist weniger wichtig für die Lone Gunmen als Mulders Auftritt in den »Verdächtigen«. Das Endergebnis bleibt jedoch solide und vergnügliche Unterhaltung und macht hungrig auf weitere Geschichten über die drei Verschwörungsfreaks. Vielleicht in der siebten Staffel …

Hintergrund:

Zusammen mit dem Watergate-Skandal gehören die Bewußt-seinskontrolle-Versuche der CIA zu den wenigen eindeutig nach-gewiesenen Verschwörungen in amerikanischen Regierungskrei-sen. Inspiriert von den Drogenexperimenten der Nazis an Kon-zentrationslagerhäftlingen, begann die CIA Anfang der fünfziger Jahre ihre eigenen Versuche, das menschliche Bewußtsein zu ma-nipulieren und zu kontrollieren. Unter dem Titel MK-ULTRA experimentierte man mit Elektroschocks, Drogen, Hypnose, Ge-hirnoperationen und anderen Methoden. Drogen erwiesen sich als die wirkungsvollste Art, den Geist einer Versuchsperson zu beeinflussen, und 1953 versuchte die CIA, 30 Millionen Dosen LSD von der Schweizer Herstellerfirma Sandoz zu ordern. Als Sandoz sich weigerte, diese Lieferung zu erfüllen, knackte die Firma Eli Lilly im Auftrag des Geheimdienstes die Formel der Droge, um die amerikanischen Behörden mit der begehrten Sub-stanz zu versorgen.

Bevor er 1973 sein Amt verließ, vernichtete der CIA-Direktor und Leiter der MK-ULTRA-Experimente, Richard Helms, viele der relevanten Dokumente (angeblich, um Platz in den Archiven zu schaffen). Trotzdem genügten die übriggebliebenen Papiere, um der CIA illegale Experimente an Hunderten von ahnungslosen US-Bürgern nachzuweisen. Die ›Operation Midnight Climax‹ fand in Bordellen statt, die insgeheim der CIA gehörten. Prosti-tuierte verabreichten ihren Kunden mit Drogen versetzte Drinks, und über Einwegspiegel filmten Regierungsagenten das Verhal-ten der Opfer. In Kaliforniens berüchtigtem Vacaville-Staatsge-fängnis wurde mit Häftlingen experimentiert, und in der Lexing-ton-Drogenklinik erhielten schwarze Patienten an 75 aufeinan-derfolgenden Tagen immer weiter gesteigerte Dosierungen LSD. Es gibt Leute, die behaupten, es sei die CIA gewesen, die durch ihre LSD-Versuche die Hippie-Bewegung geschaffen habe …

Angeblich wurde MK-ULTRA 1963 eingestellt, aber tatsächlich

wurde das Projekt nur in MKSEARCH umbenannt, und man modifizierte einige der extremeren Projekte. Einige Indizien weisen darauf hin, daß der Massenmord von Jonestown, Guyana, im Jahre 1978 mit Bewußtseinskontrolle-Versuchen der CIA zusammenhing. Obwohl es sich bei dem Ereignis angeblich um einen Massenselbstmord handelte, starben tatsächlich nur zwei der 913 überwiegend schwarzen Opfer durch eigene Hand. Jim Jones, der ›Messias‹ des People's-Temple-Kultes, besaß langjährige Verbindungen zur CIA und benutzte offenbar einige der Drogen, die auch beim MK-ULTRA-Projekt eingesetzt wurden, um seine Jünger zu manipulieren. Als der CIA-Gegner Kongreßmann Leo Ryan das Lager in Guyana untersuchte, wurde er kurz darauf ermordet, während zum gleichen Zeitpunkt alle Jünger von Jim Jones angeblich Selbstmord begingen …

Eines der Ziele der Manipulationsversuche von MK-ULTRA soll darin gelegen haben, »Lone Nut Assassins« zu erschaffen, einsame, irre Attentäter, die als Sündenböcke für politische Attentate herhalten sollten. Durch Drogen und Hypnose gefügig gemacht, sollten sie großangelegte Verschwörungen maskieren. Lee Harvey Oswald, der angebliche Mörder von John F. Kennedy, dessen Background einige Löcher und Fragezeichen aufweist, war 1957 auf der US-Militärbasis Atsugi in Japan stationiert, einer von zwei Basen im Ausland, auf denen die CIA mit LSD experimentierte. Der junge palästinensische Immigrant Sirhan Bishara Sirhan, der 1968 angeblich Robert ›Bobby‹ Kennedy erschoß – er griff ihn von vorne an, während eine spätere Autopsie ergab, daß Kennedy von hinten erschossen wurde –, schien sich während und nach der Tat in einem seltsamen Trancezustand zu befinden. Auch ihm konnten CIA-Verbindungen nachgewiesen werden. Der Hypnotiseur William Joseph Bryan Jr., dem ebenfalls CIA-Verbindungen nachgesagt werden, soll behauptet haben, den jungen Mann vor dem Attentat mehrmals hypnotisiert zu haben. Auch Arthur Herman Bremer, der den Nixon-Gegner George

Wallace erschoß, und der Lennon-Mörder Mark David Chapman besaßen CIA-Kontakte; John Hinckley Jr., der als einsamer Irrer versuchte, Ronald Reagan zu ermorden, war der Sohn eines guten Freundes des ehemaligen CIA-Direktors und damaligen Vizepräsidenten George Bush …

Sollte an der Story der Drogenmanipulation von Attentätern durch geheime Organisationen etwas dran sein, dann hat sie eine alte Geschichte, die bis ins 11. Jahrhundert zurückverfolgt werden kann. Damals gründete ein islamischer Mystiker namens Hassan-I Sabbah, auch bekannt als der ›Alte vom Berge‹, die Assassinen oder Haschischim, die Haschischraucher. In seiner nordpersischen Bergfestung Alamut (›Das Nest des Adlers‹) trainierte er seine Leute zu Attentätern und machte sie sich durch Drogen gefügig: mit Hilfe von Haschisch spiegelte er ihnen das Paradies vor, das sie erlangen würden, wenn sie in Erfüllung seiner Missionen starben. Die dergestalt manipulierten Männer folgten willig seinen Befehlen und hatten keine Angst vor dem Tod, der sie ins Paradies führen würde. Von diesem frühen und erfolgreichen Experiment in Gehirnwäsche und Bewußtseinskontrolle leitet sich auch das englische Wort für Attentäter ab: »Assassin«, Haschischraucher …

Bemerkungen:

● In dieser Episode hat Michael McKean einen weiteren Auftritt als Morris Fletcher, der Man in Black, der im »Dreamland«-Zweiteiler seinen Körper mit Mulder tauschte. Natürlich können sich wegen der damaligen Zeitanomalie weder Scully noch der Herr in Schwarz an ihre frühere Begegnung erinnern, aber trotzdem scheinen sie sich zueinander hingezogen zu fühlen. Diesmal nimmt die unter Drogen stehende Agentin eine Zigarette von dem Kettenraucher an und packt dem passionierten Hinterteilgrabscher an sein eigenes verlängertes Rückgrat.

● Der schleimige Verlobte von Susanne Modeski heißt Grant Ellis. Hat hier vielleicht jemand die Namen der Comicautoren *Grant* Morrison und Warren *Ellis* vermischt, die gelegentlich Verschwörungsthemen in ihren Skripts aufgreifen?

● Wir kennen Frohikes Liebe für Handschuhe mit abgeschnittenen Fingern. Als er am Ende dieser Episode einen Sanitäter mimt, trägt er Latexhandschuhe – mit abgeschnittenen Fingern!

● Langly ist für Undercover-Missionen nur schwer zu gebrauchen. Wegen seiner langen Haare fällt er überall auf und hat Probleme, den Seriösen zu mimen. Als einsam-irrer Attentäter trägt er seine Haare zurückgekämmt und – in einem Zopf zusammengebunden – unter seiner Jacke verborgen. Aber auch damit wirkt er nicht unauffällig, sondern nur wie ein einsam-irrer Attentäter, der nicht auffallen will. Und die langen Haare stehen ihm offen eindeutig besser!

● Die Zimmernummer der Lone Gunmen ist 1044, diejenige von Ellis und Modeski 1066, was aber in keiner Weise relevant ist.

● Wer auch immer die bewußtseinsverändernde Droge verabreicht bekommt, scheint Langly spontan als knuddelig zu empfinden. Erst nennt die geistig blondierte Scully ihn ›Cutie‹ (›Süßer‹), und später kann CIA-Timmy sich des gleichen Urteils nicht enthalten. Wir werden nie erfahren, was Jimmy auf Droge über Langly gesagt hätte …

● Frohike geht stets auf Nummer Sicher. Er trägt nicht nur Hosenträger, sondern auch einen Gürtel!

● Nachdem Susanne Modeski zusammen mit den Lone Gunmen ihren eigenen Tod inszeniert und sich dabei reichlich mit

Kunstblut bekleckert hat, ist ihr Unterhemd blütenweiß wie eine Waschmittelreklame …

● Langlys Kampfname als Fantasy-Rollenspieler ist ›Lord Manhammer‹.

● Die Lone Gunmen wollen Mulder nicht rufen, weil er in den dunkleren Geheimdienstkreisen zu bekannt ist und jedem auffallen würde. Tatsächlich hat die Abwesenheit von David Duchovny einen anderen Grund. Er arbeitete gerade als Drehbuchautor und Regisseur an »The Unnatural« (6ABX20) und hatte deshalb eine Pause von seinen üblichen Pflichten verdient. Außerdem war es nett, nach einer Lone-Gunmen-Geschichte ohne Scully eine Lone-Gunmen-Geschichte ohne Mulder zu erzählen. Nur für einen kurzen Telefonanruf lieh David Duchovny dieser Episode seine Stimme.

US-Erstausstrahlung:	9. Mai 1999
Regie:	Kim Manners
Drehbuch:	Vince Gilligan, John Shiban, nach einer Idee von Frank Spotnitz

Gaststars: Mitch Pileggi (Assistant Director Walter Sergej Skinner), Bruce Harwood (Byers), Dean Haglund (Langly), Tom Braidwood (Frohike), David Denman (Wallace Schiff), Robyn Lively (Angela Schiff), Jim Beaver (Arzt)

Kurzinhalt:

Mulder und Scully machen sich auf zum Brown Mountain, einem Berg, wo schon seit Hunderten von Jahren unerklärliche Lichtphänomene beobachtet werden. Nun tauchen dort die Gerippe zweier Ausflügler auf, dabei sind die beiden erst seit kurzem verschwunden. Plötzlich finden sich die Agenten in einem Strudel unglaublicher und letztendlich unmöglicher Ereignisse wieder, die nahelegen, daß am Brown Mountain die Wirklichkeit alles andere als wirklich ist.

Inhalt:

Eine Wanderung am Brown Mountain endete für das Ehepaar Angela und Wallace Schiff tödlich. Doch scheint es sich nicht um einen gewöhnlichen Unfall in der Wildnis gehandelt zu haben, dem die beiden zum Opfer fielen, man fand nämlich nur ihre Skelette – drei Tage nachdem sie verschwunden waren.

Als ihr Mulder den Fall präsentiert, geht Scully sofort von der einfachsten und logischsten Erklärung aus. Sie nimmt an, das die

Schiffs einem Ritualmord zum Opfer gefallen sind. Doch der außergewöhnliche Zustand der Leichen ist nicht der einzige Punkt, der Agent Mulders Aufmerksamkeit erregte, wurden doch in den letzten 700 Jahren von Tausenden von Zeugen die sogenannten ›Brown Mountain Lights‹ beobachtet, ein seltsames atmosphärisches Leuchten am Himmel über dem Berg, für das es immer noch keine wissenschaftliche Erklärung gibt.

Die Agenten begeben sich nach North Carolina und nehmen die Skelette der Schiffs in Augenschein. Während Scully die Skelette, auf denen sie eine schleimige grüne Substanz feststellt, einer genaueren Untersuchung unterzieht, macht Mulder sich auf zum Brown Mountain. Direkt nach seiner Ankunft findet er dort am Boden mehr von der Substanz, die an den Skeletten klebte. Plötzlich nimmt er eine Bewegung wahr und erhascht einen Blick auf einen Mann, der Wallace Schiff zum Verwechseln ähnlich sieht. Als er ihn ruft, rennt der Mann in panischer Angst davon und verschwindet in einer Höhle. Mulder verfolgt ihn in das felsige Labyrinth, in dem die grüne Substanz von den Wänden rinnt. Er stellt den Mann, der sich tatsächlich als Schiff entpuppt. Er erklärt Mulder, ›sie‹ hätten die Gerippe des Paares gefälscht und hielten seine Frau noch immer gefangen, um an ihr zu experimentieren. Mulder versucht ihn zu beruhigen und schlägt vor, erst einmal einen Ausgang aus der Höhle zu suchen. Erstaunlicherweise erscheint hinter ihm, während er diesen Vorschlag unterbreitet, ein Durchgang im Fels. Schiff meint, daß ›sie‹ dafür verantwortlich seien und mit Mulders und seiner Wahrnehmung spielen würden. Hinter dem Durchgang beginnt ein Licht zu strahlen, das Schiff erneut in Panik versetzt.

Im Labor stellen unterdessen Scully und der Arzt fest, daß die grüne Substanz die Bestandteile von Verdauungssäften wie Magensäure enthält, jedoch auch pflanzliche Komponenten. Der Arzt erinnert sich daran, daß er die Flüssigkeit schon einmal sah – auf einem anderen Skelett, das er vor einigen Jahren untersuchte. Als Scully in der alten Akte liest, daß jenes Skelett ebenfalls am Brown Mountain gefunden wurde, ordnet sie eine exakte Analyse der Flüssigkeit an, borgt den Wagen des Arztes und rast zum Brown Mountain, wo sie den Spuren ihres Partners bis zum Eingang der Höhle folgt.

Mulder und Schiff verstecken sich vor dem Licht, das bald darauf verschwindet. Kurz darauf finden sie Angela Schiff. Sie erzählt Mulder von seltsamen Lichtern, die über dem Brown Mountain tanzten und sie und ihren Mann entführten. Sie berichtet, in einen weißen Raum gebracht worden zu sein, wo Männer, deren Gesichter unsichtbar blieben, schreckliche Experimente an ihr vollführten, während sie gelähmt auf einem Tisch lag. Mulder untersucht daraufhin ihren Nacken. Dort entdeckt er eine Narbe, wie sie für die Opfer von Entführungen durch Außerirdische typisch ist. Auch Scully hatte nach ihrer Entführung an dieser Stelle eine Narbe, unter der sich später ihr Implantat fand. Mulder versucht die Schiffs dazu zu bringen, die Höhle zu verlassen, doch beide haben Angst, wieder von ›ihnen‹ gefangen zu werden. Als das Licht erneut auftaucht, verstecken sich die beiden, doch Mulder geht auf die Erscheinung zu und verschwindet in dem hellen Schein.

Washington, D.C.: Eine erregte Scully kommt zu der Wohnung ihres Partners und möchte wissen, warum er North Carolina verließ, ohne ihr Bescheid zu geben. Mulder befindet sich in einem Zustand der Verzückung und erklärt ihr, er wisse nun die Wahrheit über alles. Er stellt der verblüfften Scully die tot geglaubten Schiffs vor, die er mitbrachte, und berichtet, mittlerweile selbst von einem UFO entführt worden zu sein. Die Skelette seien ein Ablenkungsmanöver der Aliens, man habe sie ihr bewußt zugespielt. Dann zeigt er der noch immer skeptischen und von Mulders seltsamem Gebaren verunsicherten Scully seinen Trumpf – einen kleinen grauen Außerirdischen, den er entführt hat und nun in seinem Schlafzimmer gefangenhält. Er erklärt, mit dem Grey auf telepathischem Wege kommunizieren zu können, und im nächsten Moment kann auch Scully den Außerirdischen hören. Sie glaubt nun alle Theorien, die Mulder je von sich gegeben hat. Dies irritiert nun wiederum Mulder, und seine Umgebung scheint zu schmelzen. Doch ist dies nicht der Anfang, sondern das Ende einer Halluzination – wir sehen, daß er sich in einem Wurzelgewirr befindet, über und über mit der grünen Substanz bedeckt.

Scully kehrt inzwischen mit dem Arzt an den Eingang der Höhle zurück, die anscheinend kein Labyrinth, sondern nur wenig mehr als ein Loch in einem Felsen ist. Sie finden Spuren, die aus der Höhle hinausführen und ihnen den Weg zu einem weiteren Skelett weisen. Die Untersuchung im Labor ergibt, daß es sich um die sterblichen Überreste Mulders handelt. Die schockierte Scully sucht nun nach einer Erklärung für den Tod ihres Partners, bei der sie die Flüssigkeit mit einbeziehen möchte. Doch der Arzt macht sie darauf aufmerksam, daß sich an Mulders Gerippe keinerlei Spuren davon finden. Er schlägt der Agentin vor, nach einer einfachen und logischen Erklärung zu suchen – wie etwa einem Ritualmord.

Auch Skinner hält dies für die einfachste und logischste Erklärung von Mulders Tod und lobt sie dafür, dies in ihrem Bericht klar herausgestellt zu haben, was Scully verzweifeln läßt, da sie dies eben nicht getan hat. Ihre Aufgabe war es, bei den X-Akten Mulders paranormalen Theorien streng wissenschaftliche Argumente entgegenzustellen, aber in diesem Fall hält sie andere Erklärungsansätze ebenfalls für angebracht. Als ihr auch noch die Lone Gunmen auf der Trauerfeier für Mulder in dessen Wohnung zu verstehen geben, daß ein Ritualmord die wahrscheinlichste Erklärung ist, weitet sich Scullys Mißtrauen zu einem Anfall von geradezu paranoidem Mißtrauen aus. Lautstark verlangt sie zu erfahren, was mit Mulder wirklich geschehen ist. Daraufhin beginnt es an Mulders Tür zu klopfen, und er selbst betritt seine Wohnung, woraufhin sich die Gäste der Feier mitsamt dem Sarg in Nichts auflösen. Mulder beruhigt sie, da er ganz offensichtlich am Leben ist …

Mulder scheint leicht weggetreten und berichtet von seiner Entführung. Scully fragt ihn, wie er wieder nach Washington gekommen sei, worauf Mulder antwortet, daß ihn die Aliens anscheinend an seinem Apartment abgeliefert haben. Scully stellt in der folgenden Unterhaltung zahlreiche Ungereimtheiten und Lücken in Mulders Bericht fest. Sie erkennt nun, daß entweder Mulder, sie selbst oder beide halluzinieren. Die unerklärlichen Geschehnisse begannen zu dem Zeitpunkt, als Mulder und später sie den Brown Mountain betraten. Sie erinnert sich daran, einen Pilz zertreten zu haben und mit dessen Sporen in Kontakt gekommen zu sein. Sie vermutet nun, daß der Pilz halluzinogene Eigenschaften hat, seine Opfer unter die Erde lockt und mittels seiner Drogensekrete ruhig stellt. Sie glaubt, daß sich sowohl Mulder als auch sie selbst immer noch in der Höhle oder im Erdreich des Brown Mountain befinden, wo sie langsam von dem Pilz verdaut werden. Dies würde auch den Zustand der Schiffs erklären, deren Skelette von dem Pilz ausgeschieden worden sein könnten. Sie schafft es, auch Mulder davon zu überzeugen. Unter Aufbietung all ihrer Kräfte gelingt es den Agenten, der Halluzination zu trotzen und sich aus der Erde ans Tageslicht emporzukämpfen.

Anschließend liefern die beiden Skinner ihren Bericht ab.

Mulder realisiert, daß er sich nicht erinnern kann, wie sie dem Pilz entflohen sind. Er kennt keine Droge, die aufhört zu wirken, sobald man weiß, daß man unter ihrem Einfluß steht. Außerdem wundert er sich, daß die Körper der Agenten keine Spuren der Säure zeigen, mit der sie der Pilz verdaute. Er schließt daraus, das sie niemals geflohen sind. Zum Beweis seiner Theorie erschießt er Skinner, der beginnt, aus den Wunden grünes Blut absondern. Diesmal schafft es Mulder, seine Hand durch das Erdreich nach oben zu stoßen und die Suchmannschaft, die bereits das Gebiet durchkämmt, auf sich und Scully aufmerksam zu machen.

Kommentar:
Scully: »Mulder, wäre es nicht mal was ganz Neues, wenn Sie wenigstens einmal die einfachste und logischste Erklärung in Erwägung ziehen würden, anstatt automatisch an UFOs oder Bigfoot zu denken?«
Mulder: »Scully, wie oft habe ich mich in den letzten sechs Jahren geirrt?«

Niemand hätten es für möglich gehalten, doch Betty, die mörderische, sprechende Tätowierung aus »Mutterkorn« (4X13), muß nun tatsächlich doch noch ihre vermeintlich unanfechtbare Spitzenposition als das durchgeknallteste »Monster of the Week« abgeben. Dabei war dieser Status hart und ehrlich erkämpft, unsere Helden sahen sich ja schon unter anderem einem mutierten Riesenplattwurm, einem unsterblichen, leberfressenden Stretch-Mutanten, geklonten Killerkindern, dem großen Mutato, mörderischen Glühwürmchen, einem Dämon mit Vaterkomplex und Kakerlakenrobotern aus dem All gegenüber. Doch wer kann schon mit einem menschenfressenden, psychedelischen, telepathischen Riesenpilz konkurrieren? Arme Betty! Doch ein zweiter Platz ist bei 139 Folgen immer noch beachtlich, und dabei sein ist ja bekanntlich alles.

Der Pilz aus »Field Trip« ist in der Tat das unwahrscheinlichste und bei genauerer Betrachtung wohl auch das lächerlichste »Monster of the Week«, mit dem die Autoren der Serie bislang aufwarten konnten. Trotzdem ist die Folge erstaunlicherweise keine trashige X-Akte voll unfreiwilligem Humor geworden. Denn »Field Trip« ist eigentlich keine Episode über einen menschenfressenden Riesenpilz, sondern eine der besten Folgen über die Serie und ihre Charaktere, die wir bisher zu sehen bekamen. Im Mittelpunkt steht nicht der Kampf gegen ein bizarres Monster, sondern ein faszinierender Einblick in die Psyche der Agenten, in Mulders und Scullys Träume und Ängste.

Die Visionen der beiden werden durchgehend von dem kleinen rituellen Schlagabtausch bestimmt, wie wir ihn – wie so oft – zu Beginn einer Episode finden. Mulder präsentiert Scully einen mysteriösen Fall, sie zieht die wahrscheinlichste Erklärung auf naturwissenschaftlichem Fundament heran, während Mulder die Lösung des Falles in esoterischen Theorien sucht.
In seinem Drogentraum erfüllen sich fast alle Wünsche Mulders. Er trifft die tot geglaubten Vermißten und findet so seine Annahme, es mit mehr als einem Doppelmord zu tun zu haben, bestätigt. Als nächstes berichten ihm die beiden von ihrer Entführung durch Außerirdische, was Mulders Verdacht bezüglich der ›Brown Mountain Lights‹ bestätigt. Die Schiffs geben Mulder all die Antworten, die er in seinen Fragen impliziert, ohnehin erwartet und hören will. Als dann die Lichter der Aliens wieder auftauchen, schreitet Mulder mutig darauf zu und läßt sich kurzerhand selbst entführen, um sich restlos von der Existenz der Fremden zu überzeugen. Letztendlich gelingt es ihm sogar, den Spieß umzudrehen und seinerseits einen Außerirdischen zu entführen, den ultimativen Beweis, den er in seinem Schlafzimmer aufbewahrt und im Zustand äußerster Verzückung seiner ewig skeptischen Partnerin vorführen kann. Doch in dem Moment, in dem Scully die Worte von sich gibt, die Mulder triumphieren lassen sollten – »Sie hatten recht. All die Jahre lang hatten Sie recht« –, merkt Mulder, daß dies alles viel zu schön ist, um wahr zu sein. Er sieht sich gezwungen, Scullys Perspektive einzunehmen, und beginnt,

nach einer logischen, rationalen und wahrscheinlichen Erklärung für die Ereignisse zu suchen …

Eine ganz ähnliche Wirkung hat Scullys Halluzination. Nach dem Tod ihres Partners gibt es keinen mehr, der an ihrer Interpretation der Sachlage zweifelt. »Ich würde sagen, daß es wie ein Doppelmord aussieht, möglicherweise mit einem rituellen Hintergrund. Die Körper könnten ausgezogen und dann skelettiert worden sein, möglicherweise durch Kochen oder Verwendung einer Säure. Das Arrangement der Knochen könnte eine Bedeutung für den oder die Mörder haben.« Dieser Interpretation der Sachlage, die Scully Mulder aufgrund der Dias vortrug, stimmt nun plötzlich nicht nur jeder zu, ihre Gesprächspartner benutzen sogar ihre exakten Worte. Als nach dem Arzt und Direktor Skinner die ansonsten ultraparanoiden Lone Gunmen ebenfalls ihre logische, rationale und wahrscheinliche Erklärung wie Papageien herunterleiern, verliert auch Scully die Fassung. Sie beginnt, sich in ihren Partner hineinzuversetzen, und versucht die Erklärung des Falles zu suchen, die ihm am wahrscheinlichsten erschienen wäre.

Interessant ist der Zeitpunkt, zu dem die beiden beginnen, an ihren Wahrnehmungen Zweifel zu hegen, nämlich genau dann, wenn es nicht mehr den geringsten Widerstand zu ihren extremen Positionen gibt, wenn beide völlig im Recht zu sein scheinen. In diesem Moment zeigt sich nämlich, daß sie die Gegenposition ihres Partners nicht etwa geringschätzen, sondern brauchen und immer gebraucht haben, um zu einer Lösung zu kommen. Dies wurde auch schon in Folgen wie »Excelsis Dei« (2X11), »Offenbarung« (3X11), »Ein Spiel« (5X10) und »Milagro« (6ABX18) angedeutet, in denen die Agenten ebenfalls ihre Positionen tauschten, jedoch noch nie so deutlich gemacht wie bei »Field Trip«.

Die sechsjährige Arbeit an den X-Akten hat den Agenten gezeigt, daß die Welt nicht nur aus Schwarz und Weiß besteht, sondern zwischen zwei Extremen immer eine Fülle von Grauschattierungen liegt. Denn die Lösung ist weder ganz so abseitig, wie Mulder glaubte, und noch ganz so wahrscheinlich, wie Scully vermutete. Und so ist es einmal mehr die Synthese ihrer Weltbilder, die unsere Helden rettet, wofür die letzte Einstellung, in der sich die beiden die Hände reichen, ein wunderschönes Bild ist. So unterschiedlich ihre Charaktere und Weltbilder auch sein mögen, so sind Scully und Mulder doch zu einem Team zusammengewachsen, das nur als Einheit wirklich funktioniert.

Sehr wirkungsvoll ist die subtile Art, durch welche sowohl die Zuschauer als auch die Protagonisten ahnen, daß etwas an den gezeigten Geschehnissen nicht stimmen kann und die Agenten sich unter dem Einfluß einer Droge befinden. Dies wurde nicht durch die im Film üblichen psychedelischen Acideffekte erreicht, sondern dadurch, daß Figuren von gewohnten Handlungsmustern abweichen und zuerst kleine Mißtöne immer lauter und deutlicher zutage treten. Trotzdem ist es verwunderlich, daß »Akte X«, eine Serie, die für ihre innovative Machart in visueller Hinsicht bekannt ist, nicht versucht hat, auf der Bildebene mehr aus dem Thema der psychedelischen Erfahrung herauszuholen. Eigentlich schade, doch erklärt sich dies aus der Absicht der Autoren, eher die psychischen Vorgänge in Mulders und Scullys erweitertem Bewußtsein darstellen zu wollen denn ihre veränderte Wahrnehmung, was ja für ihre Ernsthaftigkeit spricht. Trotzdem hätten ein paar psychedelische Sequenzen, wie wir sie bei Mulders Ketamintrip in »Dämonen« zu sehen bekamen, nicht geschadet, zumal diese ja auch nicht primär wegen ihres Schauwertes gezeigt wurden, sondern die Desorientierung Mulders unterstrichen.
Trotzdem finden sich in der Folge natürlich die gewohnt großartigen Bilder. Dem Anblick eines jungen Paares, das auf einem

Bett liegt und sich unvermittelt in Gerippe verwandelt, die sich umarmend auf dem Waldboden liegen, wohnt eine unbestreitbare melancholische Poesie inne. Auch der Moment, in dem klar wird, daß es sich bei dem unheimlichen, gleißenden Licht der ›Außerirdischen‹ in der Höhle, vor dem Mulder und Schiff flüchten, nur um Scullys Taschenlampenstrahl aus der von Drogen verzerrten Perspektive ihres Partners handelt, ist ein origineller und überraschender Bildeinfall. Die Szene, in der sich die Lichterscheinungen zu Mulders Zimmernummer verwandeln, Scullys schlafwandlerischer Gang durch Mulders Totenfeier, der Schwenk, welcher zeigt, daß der Sarg mitsamt allen Gästen der Feier plötzlich verschwunden ist und nicht zuletzt der Grey in Mulders Schlafzimmer machen »Field Trip« auch auf visueller Ebene zu einer gelungenen Folge.

Auch wenn in der Serie die wilden, gefährlichen und unberechenbaren Schattenseiten der Natur gezeigt wurden, geschah dies immer mit einer gewissen Ehrfurcht, die weit davon entfernt war, die Natur zu dämonisieren. Wenn Pflanzen oder Tiere dem Menschen einmal gefährlich wurden, setzte man sie nichtsdestotrotz mit einem gewissen verständnisvollen Respekt in Szene, wie dies etwa in »Vom Boden verschluckt« (5X04) oder »Der See« (3X22) geschah. In diesen Folgen wurde auch immer noch Themen wie dem Artenschutz oder dem bewußten Umgang mit der Natur sowie Warnungen vor deren Ausbeutung und sinnlosen Zerstörung Platz eingeräumt. Dies trug dazu bei, daß den Autoren von einigen »X-Files«-Episoden schon wiederholt Preise von Umweltschutzorganisationen überreicht wurden, wie etwa der *Environmental Media Award*, den Chris Carter für »Der Kokon« (1X19) und Steve DeJarnett für »Sophie« (2X18) erhielten. Kim Newtons Skript für »Der See« (3X22) wurde immerhin für die Auszeichnung nominiert. Doch Vince Gilligan, John Shiban und Frank Spotnitz werden auf diesen Preis für ihr Drehbuch zu

*Die wilden, gefährlichen und unberechenbaren Schattenseiten der Akte X
finden sich natürlich auch im offiziellen Computerspiel zur Serie.*

»Field Trip« umsonst warten, falls sie es überhaupt darauf ange-
legt haben sollten.

Hintergrund:

Pilze vermehren sich auf verschiedene Weise. Zum einen produzieren sie Sporen, die die gleiche Funktion haben wie die Samen
einer Pflanze, sie sind bloß unendlich viel kleiner und zahlreicher. Bei einigen Pilzen entstehen die Sporen in ihrem Inneren
und werden in die Luft geschleudert, wenn die Pilze durch ihre
Reife oder einen Fremdauslöser (so wie wir ihn in »Field Trip«
sehen) platzen. Bei den Pilzen mit Hut werden die Sporen in den
Lamellen auf der Unterseite desselben gebildet und fallen heraus, um aufgrund ihres praktisch nicht vorhandenen Gewichtes
selbst vom geringsten Luftzug weit davongetragen zu werden.
Zum anderen aber wachsen unter der Erde die Wurzeln des Pilzes, das sogenannte Myzel, in alle Richtungen von dem Pilz weg.
Das Myzel ›überwintert‹ in der Erde, und im nächsten Jahr
sprießen neue Pilze an den Rändern der von Myzel durchdrunge-
nen Fläche. Wenn sich das Myzel gleichmäßig ausbreiten konnte,
bilden diese Pilze ein nahezu perfektes Rund, einen sogenannten
Hexenkreis. Der Name stammt aus alten Zeiten, in denen man
diese geometrische Anordnung von Pilzen mit der Magie weiser
Frauen erklärte. Man nahm an, Hexen würden in diesen Kreisen
tanzen. Von diesem kreisförmig wachsenden Pilz breitet sich das
Myzel wieder weiter aus, so daß der ursprüngliche Kreis – meist
nicht mehr als ein Meter im Durchmesser – bei ungestörter Verbreitung über die Jahre hinweg wächst und wächst. Es gibt kilo-
metergroße Hexenkreise, die ein Gebiet von mehreren Hektar
Land bedecken, welche mindestens viele hundert Jahre alt sind.
Diese Hexenkreise sind, auch wenn sie aus Abertausenden von
Pilzen zu bestehen scheinen, eine einzige Pflanze. Die ältesten
dieser Pilze sind die größten bekannten Lebewesen unseres Planeten, um ein Vielfaches größer und schwerer als Blauwale. Das

Myzel dieser Pflanzen bildet unterirdisch unglaublich komplexe Strukturen, die einige Forscher mit dem menschlichen Gehirn vergleichen, nur daß diese Myzelien nicht einige hundert Gramm, sondern mehrere hunderttausend Kilo wiegen können.

Von dem amerikanischen Ethnologen Dr. Terence McKenna, einem der führenden Wissenschaftler auf den Gebieten des Schamanismus und der Ethnopharmakologie, stammt eine Theorie, die ebenso radikal wie faszinierend ist. Sie entstand bei seiner jahrzehntelangen Erforschung des Gebrauchs halluzinogener Pilze im Rahmen religiöser Zeremonien und alternativer Heilmethoden. Felsbilder in der Sahara weisen darauf hin, daß bereits 9000 v. Chr komplexe psychedelische Pilzkulte existierten. Die über 130 bekannten Arten halluzinogener Pilze, die als psychoaktive Komponenten Psilocybin und Psilocin enthalten, gelten seit jeher bei vielen Völkern als heilige Pflanzen. Die Rolle, die geistbewegende Pflanzen in der Entwicklung der Menschheit gespielt haben, ist noch weitgehend unerforscht. Die Arbeiten R. Gordon Wassons legen nahe, daß viele Religionen aus ihrem Gebrauch heraus entstanden. Es existieren auch einige Theorien darüber, die wichtige Schritte in der Evolution der menschlichen Intelligenz auf den Gebrauch von Psychedelika zurückführen. Eine der faszinierendsten unter diesen sind die Gedanken McKennas, die vor allem die zukünftige Entwicklung der menschlichen Spezies angehen.

Die Mehrzahl der Kreativen im Science-fiction-Bereich geht stillschweigend davon aus, daß Außerirdische von ihrer Erscheinung her dem Menschen im Prinzip sehr ähnlich sind. Die meisten Extraterrestrier des Star-Trek-Universums unterscheiden sich etwa nur durch spitze Ohren, komische Nasen oder ausgeprägte Stirnfalten von der Spezies Mensch. Auch relative Exoten wie E. T., Chewbacca oder das Alien sind im Grunde anthropomorph. Auch bei dem in den letzten Jahrzehnten kaum veränderten Bild, das die Medien von angeblich gesichteten ›echten‹ Außerirdischen zeichnen, läßt sich dies nachverfolgen. Sowohl bei den früheren Invasoren vom Mars als auch bei den modernen Besuchern von Zeta-Reticuli – immer handelte es sich um kleine *Männchen*, damals grün, heute grau.

McKenna sieht es als einen anachronistischen Mangel an Selbstreflexion, der die Menschen annehmen läßt, daß ein intelligentes Wesen von einem anderen Stern ihnen auch nur im entferntesten ähnlich sehen würde. Schon das Leben auf der Erde zeigt, daß die Evolution einen schier unerschöpflichen Fluß von Formen und Möglichkeiten der Anpassung an besondere Bedingungen darstellt. Darum ist es sehr wahrscheinlich, daß wir eine fremde Intelligenz, sollten wir je einer begegnen, kaum als eine solche erkennen werden. Darüber hinaus kann man von einer Spezies, die den Weltraum bereist, annehmen, daß ihr ein hochentwickeltes Wissen über Genetik und die Funktion der DNS eigen ist. Die Besucher haben vielleicht nicht einmal mehr die Gestalt, welche ihnen die Evolution auf ihrem Heimatplaneten verliehen hat, sondern sehen inzwischen so aus, wie sie aussehen wollen.

Alles in allem könnten intelligente Wesen von einem anderen Stern zum Beispiel so aussehen wie … Pilze! Genauer gesagt wie die höchst psychoaktive Spezies Stropharia Cubensis. Die winzigen Sporen des Pilzes sind mit der härtesten organischen Substanz überzogen, die der Wissenschaft bekannt ist. Theoretisch können sie sogar im eisigen Vakuum des Weltraums zwischen Sonnensystemen für Jahrmillionen überleben und fruchtbar bleiben, bis sie in Kontakt mit einem geeigneten Nährboden kommen. In der Gestalt eines Pilzes könnte eine extraterrestrische Intelligenz bereits seit Jahrtausenden unbemerkt auf der Erde weilen. Wie oben beschrieben wurde, ist der einzelne Pilz lediglich der sichtbare Teil des fungoiden Organismus, sozusagen die Spitze des Eisbergs, der eigentliche Körper des Gewächses ist das Myzel. Dieses Gewebe, dessen erstaunliche Größe und Komplexität wir oben bereits beschrieben haben, hat mehr Schnittstellen als das menschliche Gehirn. Da das Myzel und seine Pilze immobil sind und keine Sinnesorgane (im herkömmlichen Sinne) aufweisen, kann der Pilz nur durch Symbiose aktiv werden. Unter Symbiose versteht man eine Beziehung in wechselseitiger Abhängigkeit, die beiden daran beteiligten Spezies nützt. In einer Reihe von Visionen, die Dr. Terence McKenna und sein Bruder Dennis bei Selbstversuchen mit den Pilzen am Amazonas hatten, stellte sich ihnen diese Symbiose, die der Pilz mit dem Menschen eingegangen ist, wie folgt dar:

Der Stropharia-Cubensis-Pilz ist eine in Evolution bewanderte Datenbank der galaktischen Geschichte, ein uralter, intelligenter Organismus, der über Jahrmillionen von bewußter Erfahrung verfügt. Alle Myzelien von Stropharia-Kulturen des Universums stehen miteinander in telepathischem Kontakt, was McKenna Hyperkommunikation nennt. Diese wird durch das Psilocybin und Psilocin in den Biosynthesebahnen des Pilzkörpers möglich. Die kollektive Erinnerung der Pilze sind ein riesiges historisches Archiv über den Werdegang der sich auf unzähligen Planeten entwickelnden Intelligenz aller Rassen, die je mit dem Pilz eine symbiotische Beziehung eingingen. Ihre Jahrmillionen umfassende Erinnerung machte die Strophariaden zu den führenden Mitgliedern in der Gemeinschaft der galaktischen Intelligenzen.

Der Pilz bietet sein Wissen einer Kindrasse an, die kurz vor dem Aufbruch zu den Sternen steht. In der Erinnerung des Pilzes sind die Konstruktionspläne von Raumschiffen gespeichert, welche die Lichtgeschwindigkeit überwinden können. Mit diesen kommuniziert er durch Visionen. Sein Wissen tauscht er ein gegen den Zutritt zu den neuen Welten, welche die Rasse, mit der er in symbiotischen Kontakt getreten ist, mittels der neuen Technologie erreicht. Der Pilz sichert sich so quasi ewiges Leben und verbreitet sich durch die ganze Galaxis.

McKenna macht allerdings die Einschränkung, daß die Pilze eventuell nicht die Außerirdischen selbst sind, sondern ›nur‹ eine biomechanische Sonde, deren Aufgabe es ist, die botschafttragenden halluzinogenen Gene in das Zellkernplasma und das Bewußtsein der Zielspezies zu transportieren. Also, wenn ihr euch das nächste Mal über eine Pizza Funghi hermacht, denkt daran, daß vielleicht nicht alle Aliens grau sind ...

Wie dies bei einem derart abwegigen Thema auch nicht anders zu erwarten war, fällt die Filmographie zum Thema Horrorpilze eher schmal aus. Der einzige Film der Sparte, auf den wir bei unserer Recherche stießen, stammt aus Japan, heißt ›Matango‹ und wurde von keinem Geringeren als Inoshiro Honda, dem Regisseur des ersten Godzilla-Films (sowie zahlreicher Fortsetzungen), 1963 in Szene gesetzt. Das Werk ist in Deutschland nie veröffentlicht worden, in Großbritannien aber unter dem Titel »Matango – Fungus of Terror« auf Video erschienen, in den USA lief er unter den Titeln »Attack of the Mushroom People« bzw. »Curse of the Mushroom People« sogar im Kino.

Japanische Schiffbrüchige stranden auf einer geheimnisvollen Pazifikinsel. Vom Hunger getrieben, schlagen einige von ihnen die Warnungen in den Wind, nicht von den Pilzen zu essen, die zuhauf auf dem Eiland wachsen. Nach und nach verwandeln sich die Unglücklichen nun selbst zu Pilzen, gegen die sich ihre noch hungrigen Gefährten zur Wehr setzen müssen. Zu allem Überfluß werden diese auch noch von anderen lebendigen und sehr beweglichen Pilzen angegriffen.

Obwohl der Film den Golden Turkey Award erhielt, mit dem die Gebrüder Medved die schlechtesten Filme der Welt prämieren, soll er viel besser sein, als es sich aufgrund des Themas und der Inhaltsangabe vermuten läßt. Selbst gesehen haben wir ihn leider nicht.

Bemerkungen:

● Schon oft stießen Scully und Mulder bei der Aufklärung ihrer Fälle auf die verschiedensten Drogen, oder wurden selbst Opfer ihrer Wirkung. In »Die Warnung« (1X01) sind bekiffte Kiddies die Zeugen von UFO-Experimenten der Regierung. Chemisch hochbegabte, aber irregeleitete Studenten berauschen sich in »Krieg der Koprophagen« (3X12) an Methandämpfen, die sie aus Dung gewinnen. Tetrodotoxin heißt die aus dem Kugelfisch oder exotischen Kröten gewonnene Substanz, mit der schwarzmagisch bewanderte Anhänger des Voodoo-Kultes in »Frische Knochen« (2X15) Zombies erschaffen.

Der Dämon Wayne Weinsider verwendet in »Terms of Endearment« (6ABX06) die Alraunwurzel, eine der klassischen Hexendrogen aus der Familie der Nachtschattengewächse, um den teuflischen Nachwuchs seiner Frauen abzutreiben, während diese den Vorgang für einen bösen Traum halten. Auch zu den Nachtschattengewächsen gehört die Tollkirsche, und aus ihr gewinnt man das Alkaloid Atropin, welches die Agenten in »Hexensabbat« (4X06) auf eine falsche Spur lockt.

In »Excelsis Dei« (2X11) verabreicht ein Altenpfleger seinen Schützlingen atropin- und ibotensäurehaltige Pilze, welche die Halluzinationen der Alten für deren Umwelt wahrmachen, es ihnen erlaubt, ihre Astralleiber vom Körper zu trennen und die Geister der Toten erweckt.

Die Opfer des Purity-Control-Projektes der Verschwörung stolpern von dem Alkaloid Skopolamin halluzinierend durch die Wälder um das »Rote Museum« (2X10).

Auf Yagé, eine psychedelische Zubereitung südamerikanischer Indianer, stoßen die Agenten in »Der Fluch« (3X18). In »Mutterkorn« (4X13) verwendet ein Tätowierer ebendieses zur Herstellung von Farbe für seine Arbeit, wobei es zu fatalen Nebeneffekten kommt, da es sich bei dem Mutterkornparasiten um den Grundstoff zur LSD-Herstellung handelt. In »Blut« (2X03) versprüht die Regierung von Flugzeugen aus LSDM und leitet dies in das Trinkwasser ein, um an den Bewohnern eines ganzen Landstriches zu experimentieren. In der »Anasazi«-Trilogie (2X25 und 3X02) verseucht die Verschwörung Mulders Trinkwasser mit LSD, um den unliebsamen Agenten außer Gefecht zu setzen. In »Die unüblichen Verdächtigen« (5X01) bekommt Mulder die Effekte eines als Asthmaspray getarnten Halluzinogens zu spüren, welches Paranoia auslöst und ihn Aliens sehen läßt, wo nur Staaatsbeamte sind. Um der Wahrheit auf die Spur zu kommen, wendet Fox Mulder auch schon einmal radikale Methoden an, so läßt er sich in »Dämonen« (4X23) nicht nur trepanieren, sondern nimmt zusätzlich die fragwürdige Substanz Ketamin zu sich.

● Der Originaltitel der Episode, »Field Trip«, ist ein Wortspiel. Übersetzt heißt er soviel wie Exkursion, mit dem Wort »Trip« (›Reise‹) bezeichneten aber auch die Hippies ihre LSD-Erfahrungen.

● In der Folge »Killswitch« (5X11) wurde Mulder schon einmal in einer künstlichen Realität gefangengehalten, dort jedoch nicht im Drogentraum einer Pflanze, sondern in der virtuellen Realität einer künstlichen Intelligenz.

● In einem der besten Filme des Jahres 1999 hält eine künstliche Intelligenz die gesamte Menschheit in einer speziell zu diesem Zweck designten virtuellen Realität gefangen. Der Film ist nach der Bezeichnung für diese von Maschinen generierte Welt benannt: »The Matrix«.

● Es ist schlimm mit diesen paranoiden Verschwörungsfreaks – sie haben einfach keine Pietät! Frohike betrinkt sich bei Mulders Totenfeier, und zwar aus der Flasche, und Langly trägt sogar zu diesem Anlaß ein T-Shirt. Zu seiner Ehrenrettung kann man eigentlich nur feststellen, daß es ausnahmsweise nicht mit dem Namen einer Punkband bedruckt ist, sondern mit einem Design, das auf den ersten Blick wie ein Frack wirkt. Dean Haglund selbst ist übrigens gar kein großer Fan der Ramones oder der anderen Bands, deren Schriftzüge die T-Shirts von Ringo Langly schmücken. Er macht vielmehr Werbung für die Lieblingsgruppen der Autoren und Regisseure der Folgen, in denen die Lone Gunmen auftreten. Der Darsteller selbst ist ein großer Fan der Butthole Surfers, aber ein T-Shirt mit deren Namen darf er im konservativen amerikanischen TV leider nicht anziehen.

6ABX22
Biogenesis

US-Erstausstrahlung:	16. Mai 1999
Regie:	Rob Bowman
Drehbuch:	Chris Carter & Frank Spotnitz

Gaststars: Mitch Pileggi (Assistant Director Walter S. Skinner), William B. Davis (Cigarette-Smoking Man), Nicholas Lea (Alex Krycek), Mimi Rogers (Diana Fowley), Michael Chinyamurindi (Dr. Solomon Merkmallen), Michael Ensign (Dr. Barnes), Murray Rubinstein (Dr. Sandoz), Floyd »Red Crow« Westerman (Albert Hosteen), Bill Dow (Chuck Burns), Warren Sweeny (Dr. Harriman), Sheila Tousy (Krankenschwester), Chet Grissom (Detective), Marty Zagon (Vermieter), Samuel Kwaku Minta (aufgeregt rufender Mann), Ayo Adeyemi (Afrikaner), Benjamin Ochieng (2. Afrikaner)

Kurzinhalt:

Mulder und Scully verfolgen die Spur eines mysteriösen Artefaktes, das die bisherigen Erkenntnisse über die Entwicklung der Menschheit in Frage stellt und das verheerende Auswirkungen auf Agent Mulders Geisteszustand zu haben scheint.

Inhalt

An der Elfenbeinküste im Westen Afrikas entdeckt der Biologe Dr. Solomon Merkmallen mit seinem Team ein Bruchstück einer mysteriösen Metallplatte. Auf ihr sind Schriftzeichen in einer unbekannten Sprache eingraviert. Als Dr. Solomon in seinem Büro das Stück neben ein ähnliches Metallfragment legt, schießen die beiden Teile plötzlich von seinem Schreibtisch und bohren sich einige Meter weiter in eine Bibel. Zu seiner Überraschung muß

Dr. Solomon feststellen, daß die beiden Teile zu einem verschmolzen sind.

Drei Tage später trifft Dr. Merkmallen in Washington ein, um den erstaunlichen Fund seinem amerikanischen Kollegen Dr. Sandoz zu präsentieren. Die beiden kennen sich noch nicht persönlich, so daß Dr. Sandoz' Vorgesetzter, Dr. Barnes, die Gelegenheit hat, sich für Sandoz auszugeben. Er versucht zunächst Dr. Merkmallen auszufragen, doch als dieser erkennt, daß er an den Falschen geraten ist, sieht Dr. Barnes sich gezwungen, seinen Besucher zum Schweigen zu bringen – für immer. Kurz darauf findet der echte Dr. Sandoz die Leiche Dr. Merkmallens und flieht entsetzt aus dem Gebäude.

Sowohl Merkmallen als auch Sandoz sind Vertreter einer äußerst umstrittenen Evolutionstheorie, die besagt, daß das Leben auf der Erde durch Mikroben entstanden ist, welche von fremden Planeten stammen und die auf Meteoriten durchs All gereist sind, bis sie vor Milliarden von Jahren die Erde erreichten. Kein Wunder also, daß Skinner der Ansicht ist, der Mord an Dr. Merkmallen sei genau der richtige Fall für Mulder und Scully. Als erste Spur händigt er den beiden eine Pauszeichnung der Metallplatte aus.

Als Mulder sich diese später in einem vollbesetzten Fahrstuhl ansieht, breitet sich in seinem Kopf plötzlich ein unerträgliches Stimmengewirr und ein schrilles Pfeifen aus. Er mißt dem Zwischenfall zunächst keine Bedeutung bei, doch als das Geräusch bei einem Gespräch mit Dr. Barnes erneut auftritt, schöpft er den Verdacht, daß die Pauszeichnung etwas damit zu tun haben muß.

Scully bleibt natürlich skeptisch und arrangiert ein Treffen mit Chuck Burks, einem Kollegen vom FBI. Die beiden entdecken, daß es sich bei den Symbolen auf der Pauszeichnung um Cree, die Sprache der Navaho, handelt. Ein Versuch, sie zu übersetzen, schlägt jedoch fehl. Die Tatsache, daß ein Artefakt mit der Schrift nordamerikanischer Ureinwohner in Westafrika gefunden wurde, bringt Scully zu dem Schluß, daß es sich um eine Fälschung handeln muß. Somit können die Symbole auch nicht die Ursache für Mulders Zustand sein. Mulder ist anderer Meinung. Er vermutet, daß das Objekt von einem fremden Planeten stammt und vor Urzeiten wie ein Meteorit vom Himmel gefallen ist. In Verbindung mit Chucks These, die Symbole würden einen bestimmten numerologischen Wert besitzen und in jedem, dessen Name denselben Wert hat, eine besondere Fähigkeit auslösen, sieht Mulder darin eine mögliche Erklärung für das, was mit ihm passiert.

Nach einem weiteren Anfall Mulders will Scully ihn in ein Krankenhaus bringen, doch Mulder hat einen besseren Vorschlag. Bei seinem Gespräch mit Dr. Barnes hat er irgendwie gespürt, daß Barnes Dr. Merkmallen ermordet hat. Um seinen Verdacht zu bestätigen, will Mulder Scully zur Leiche Merkmallens führen. Scully staunt nicht schlecht, als sie den zerstückelten Körper des Toten tatsächlich finden – in Dr. Sandoz' Küche.

Mulder glaubt trotz dieser Tatsache an Dr. Sandoz' Unschuld. Er ist sicher, daß Dr. Barnes ihm den Mord anhängen will, um in den Besitz des Artefaktes zu kommen. In Skinners Büro hört Mulder wieder die Stimmen in seinem Kopf. Diesmal spürt er, daß Skinner ihnen etwas verheimlicht: daß es noch jemanden gibt, der an dem Fall interessiert ist. Natürlich streitet Skinner dies ab, doch kaum haben Mulder und Scully sein Büro verlassen, steht plötzlich Krycek vor ihm. Sichtlich unwillig übergibt Skinner ihm ein Videoband, auf dem das gerade geführte Gespräch zwischen ihm und den beiden Agenten aufgezeichnet ist.

Während Mulder zur Universität fährt, um Dr. Barnes genauer unter die Lupe zu nehmen, fliegt Scully nach New Mexico. Sie will hier mit Albert Hosteen Kontakt aufnehmen. Der Cree-Experte, der Mulder und Scully bereits vor vier Jahren geholfen hat (siehe »Anasazi« [2X25], »Das Ritual« [3X01] und »Verschwörung des Schweigens« [3X02]), befand sich gemeinsam mit Dr. Sandoz auf einem Foto in dessen Wohnung. Scully hofft, von dem alten Navaho mehr über das mysteriöse Artefakt zu erfahren. Leider befindet sich Hosteen im Endstadium eines Krebsleidens, und Scully Reise scheint umsonst gewesen zu sein. Da entdeckt sie jedoch eine weitere Pauszeichnung der Metallplatte auf Hosteens Nachttisch. Auf der Rückseite ist in Hosteens Handschrift ein Auszug aus dem Buch Genesis der Bibel zu lesen. Plötzlich taucht unvermittelt Dr. Sandoz persönlich im Krankenzimmer auf. Als er Scully sieht, flüchtet er, doch nach einer kurzen Verfolgungsjagd wird er von der Agentin gestellt.

In der Zwischenzeit hat Mulder vergeblich Dr. Barnes Büro nach einem Beweis für dessen Schuld am Tod Merkmallens durchsucht. Als er Barnes kurz darauf durch ein Treppenhaus der Universität verfolgt, erleidet er einen weiteren Anfall und bricht zusammen. Krycek kommt einen Moment später die Treppen herauf. Er ignoriert den bewußtlosen Mulder jedoch und trifft sich statt dessen auf dem Dach des Gebäudes mit Dr. Barnes. Er drückt ihm das Videoband aus Skinners Büro in die Hand und stellt zufrieden fest, daß sie beide von jetzt an gute Freunde sein würden.

In New Mexico hat Sandoz Scully derweil seine Theorie erläutert: Die Texte in der Bibel stammen von Außerirdischen. Die Übersetzung der Inschrift würde dies beweisen. Scully kann diese These nicht akzeptieren und versucht Mulder anzurufen. Statt ihres Partners meldet sich jedoch zunächst Diana Fowley. Scully ist mehr als irritiert. Wie sich herausstellt, hat Fowley Mulder nach seinem Anfall an der Universität abgeholt und nach Hause gebracht. Nachdem das Gespräch beendet ist, geht Fowley mit dem Telefon in den Flur und ruft den Cigarette-Smoking Man an, um ihm von Mulders Anfall zu erzählen. Der Kettenraucher sitzt mit mehreren Männern in einem Konferenzraum. Wie es scheint, hat er ein neues Konsortium um sich versammelt.

Nachdem die moderne Medizin für Albert Hosteen nichts mehr tun kann, wird er auf seine Ranch zurückgebracht, wo die Ältesten seines Stammes eine Heilungszeremonie vorbereiten.
Dr. Sandoz und Scully begleiten den Navaho, doch Scully kann das Ergebnis des Rituals nicht abwarten, denn ein Anruf von Skinner ruft sie zurück nach Washington.
Hier befindet sich Mulder in einem erschütternden Zustand. Eingesperrt in eine Gummizelle, läuft er wie ein gehetztes Tier auf und ab und verleiht seiner Agonie durch markerschütternde Schreie Ausdruck. Die Ärzte haben bisher keine Erklärung für Mulders Verhalten gefunden. Im Gegenteil, seine abnormalen Gehirnfunktionen und die Tatsache, daß Beruhigungsmittel keinerlei Wirkung zeigen, verwirren die Mediziner nur noch mehr. Bei einem Gespräch mit Skinner und Fowley muß Scully zu ihrem Entsetzen feststellen, daß Skinner sie und Mulder hat überwachen lassen. Sie eilt in Mulders Büro und ist kurz davor, eine Videokamera in einem Rauchmelder zu entdecken, als das Telefon klingelt. Es ist Sandoz, der inzwischen herausgefunden hat, daß die Symbole auf dem Artefakt keine Wörter, sondern Koordinaten ergeben. Koordinaten für die menschliche DNS. Sandoz schließt, daß – wenn alle Teile des Artefaktes gefunden würden – die komplett entschlüsselte DNS darauf zu finden sei. Bevor Scully etwas erwidern kann, wird Sandoz von Krycek erschossen.

THE X FILES

OFFICIAL MAGAZINE

**Exclusive
Season Seven
Preview!**

Skin:
an excerpt from
the latest *X-Files* novel

**Secrets
from the Set**
detailed report
from the series' L.A. home

Rat Tactics

Nicholas Lea speaks out about Alex Krycek's return

$5.95 U.S $6.95 Canada
Summer 1999

*Alex Krycek erfreut sich bei amerikanischen Fans großer, zum Teil aber auch
fragwürdiger Beliebtheit – so finden sich unter der Internetadresse
http://members.tripod.com/~ter_ma/ zahlreiche Fan-Stories, in denen er Sex
hat; Sex, nur nebenbei bemerkt, mit Mulder …*

36 Stunden später erreicht Scully die Küste Westafrikas. Hier zeigen ihr die Mitarbeiter des ermordeten Dr. Merkmallen aufgeregt ein weiteres Stück des Artefaktes, das aus dem Sand herausragt. Scully will es genauer untersuchen, doch da bemerkt sie knapp unter der Wasseroberfläche etwas, das ihren ersten Fund geradezu bedeutungslos werden läßt. Das Unfaßbare ist geschehen, Scully hat den untrüglichen Beweis für die Existenz außerirdischer Besucher entdeckt: ein gigantisches außerirdisches Raumschiff.

FORTSETZUNG FOLGT …

Kommentar
Scully: »Gibt es für unsere Existenz einen Plan, einen Sinn oder einen Grund?«

Gott sei Dank! Oder sollten wir lieber sagen »Alien sei Dank«? Gott oder Alien? Auf die Beantwortung dieser Frage werden wir wohl bis zum Ende der nächsten und damit letzten Staffel der Serie warten müssen. Aber bereits jetzt können wir sagen, daß diese Episode den bösen Ausrutscher der Doppelfolge »Two Fathers« / »One Son« (6ABX11 und 6ABX12) fast schon wieder vergessen macht. »Biogenesis« bringt die Elemente in die »Akte X«-Mythologie zurück, die uns in den letzten Jahren immer wieder an den Bildschirm gefesselt haben, wenn es um das Geheimnis der Außerirdischen ging. Mysteriöse Artefakte aus fremden Ländern, hypnotische Heilrituale der amerikanischen Ureinwohner und eine unglaubliche Entdeckung Scullys vermitteln einen echten ›Sense of Wonder‹, der sich durch die gesamte Folge zieht. »Akte X«-typisch gebrochen wird diese fast schon magische Stimmung von dem brutalen Mord an Dr. Merkmallen und dem grausamen Fund seines Kopfes in einem Mülleimer und natürlich von den verstörenden Anfällen Mulders, die ihn letztendlich in die Nervenheilanstalt bringen.

Die fesselnde Inszenierung Bowmans verstärkt die Wirkung der Ereignisse noch um ein Vielfaches. Von der mystischen Stimmung im Büro Dr. Merkmallens über die erschreckenden Bilder von Mulder in der Gummizelle bis hin zu der atemberaubenden Schlußeinstellung, in der Scully neben dem gigantischen Raumschiff klein wie eine Ameise wirkt, unterstreicht der Regie-Veteran wieder einmal die außergewöhnliche visuelle Qualität von »Akte X«.

Daß die Mythologie mit »Biogenesis« wieder zur alten Form zurück findet, ist aber in erster Linie den beiden Autoren dieser Episode, Chris Carter und Frank Spotnitz, zu verdanken. Nachdem man schon befürchten mußte, daß sie mit dem großen Enthüllungszweiteiler ihren ›Magic Touch‹ verloren haben, legen sie mit dieser Folge nicht nur eine der interessantesten Außerirdischenfolgen der Serie vor, sondern präsentieren nebenbei auch noch das wohl beste Seasonfinale seit der zweiten Staffel.

Carter und Spotnitz haben z. B. endlich auf die oft geäußerte Kritik reagiert, sie würden Ereignisse, die in früheren Folgen stattgefunden haben, einfach ignorieren, und greifen dieses Mal eine Reihe von losen Plotfäden aus der sechsten Staffel wieder auf. So haben Mulder und Scully ja bereits am Ende von »The Beginnig« (6ABX01) herausgefunden, daß sich in der menschlichen DNS ein möglicherweise außerirdischer Anteil befindet, der normalerweise ruht. Nur bei Gibson Praise wurde er aktiviert und hat in dem Jungen telepathische Fähigkeiten geweckt. Jetzt findet sich eine Metallplatte, die allem Anschein nach aus dem All stammt und auf der die Funktion jedes einzelnen Gens nachzulesen ist. Und was noch viel interessanter ist, ein Abrieb der Platte löst bei Mulder die gleichen Fähigkeiten aus, wie Gibson Praise sie besitzt, mit dem kleinen Unterschied, daß Mulder erst einmal durchdreht. (Unser Tip: Das Cartoon-Network einschalten! Laut Gibson soll dies für Gedankenleser eine sehr erholsame Angelegenheit sein.)

Auch Kryceks perfide Intrige um Assistant Director Skinner unter seine Kontrolle zu bringen (siehe »S.R.819«, 6ABX10), ist nicht in Vergessenheit geraten. Wie es aussieht, hat Kryceks Erpressung Skinner dazu genötigt, Mulder und Scully zu überwachen und vertrauliche Informationen an den zwielichtigen Ratboy weiterzugeben. Als Skinner einen Fehler macht und Scully dabei von seinem Verrat erfährt, reagiert sie aufgebracht, doch vielleicht tut sie ihrem Vorgesetzten Unrecht. Oder sollen wir wirklich glauben, Skinner habe sich ohne jede Absicht gegenüber Scully verplappert?

Schlußendlich gibt es sogar noch ein unerwartetes Wiedersehen mit einem höchst unterhaltsamen Nebencharakter, dessen letzter Auftritt bereits zwei Staffeln zurückliegt. Der Experte für Okkultes und Paranormales, Chuck Burks, tauchte zuletzt in »Leonard Betts« (4X14) auf. Zuvor nutzten Mulder und Scully in »Heilige Asche« (2X21) sein Wissen über ebendiese, um das Böse schlechthin zu bannen. Wir hätten nichts dagegen, wenn Burks den beiden Agenten auch in Zukunft mit Rat und Tat zur Seite stehen würde.

Ein weiters Lob muß Carter und Spotnitz für ihre zurückhaltende Verwendung der üblichen Verdächtigen einer Mythologiefolge ausgesprochen werden. Zwar haben Krycek, Fowley und der Cigarette-Smoking Man ihren obligatorischen Auftritt, doch der Kettenraucher ist nur in einer sehr kurzen Szene zu sehen, die vor allem dazu dient, ein neues Konsortium zu etablieren; Krycek und seine wunderbar böse und mysteriöse Art sind perfekt in die Episode integriert, und lediglich Diana Fowley nervt in jeder Sekunde, die sie auf dem Bildschirm zu sehen ist.

Den befriedigendsten und sicher auch bedeutungsvollsten Schritt tun Carter und Spotnitz aber wohl mit der Entscheidung, der Serie ab dieser Episode im Grunde eine neue Prämisse zu geben. Befanden sich Mulder und Scully in den letzten sechs Jahren stets auf der Suche nach der Wahrheit, so haben sie sie in der sechsten Staffel und insbesondere in »Biogenesis« gefunden.

Die Wahrheit ist nicht mehr irgendwo da draußen, sie befindet sich in Mulders Kopf und vor Scullys Nase: Es gibt Außerirdische, und es gibt eine Verschwörung von Menschen, diese Tatsache vor der Welt geheimzuhalten. Diese Fakten hat die Serie unbestreitbar etabliert, und wie es aussieht, wird auch Scully dem nicht mehr viel entgegenzusetzen haben.

Zugegeben, es würde niemanden wundern, wenn Carter & Co. versuchen würden, zu Beginn der nächsten Staffel wieder einiges von dem zurückzunehmen, was sie mit dieser Folge impliziert haben. Da »Akte X« aber nur noch eine Staffel bleibt, um die Mythologie zum Abschluß zu bringen, und es außerdem äußerst schwierig, um nicht zu sagen albern sein dürfte, sowohl Mulders Zustand als auch Scullys Raumschiff rational wegzuerklären, kann man davon ausgehen, daß Mulder und Scully in den nächsten 22 Folgen vor allem damit beschäftigt sein werden, ihr neues Wissen darauf zu verwenden, die Wahrheit an die Öffentlichkeit zu bringen, den menschlichen Verschwörern das Handwerk zu legen und die drohende Invasion der Aliens abzuwenden.

Der einzige Schwachpunkt von »Biogenesis« liegt in den letzten zehn Minuten, in denen die Handlung plötzlich wild hin und her springt. Dieses Problem konnte man in Mythologiefolgen schon des öfteren beobachten (wer erinnert sich z. B. nicht an Mulders blitzartige Rückkehr aus dem Gefangenenlager in Rußland in »Tunguska – Teil 2« [4X10]). Wir haben bereits dort den Verdacht geäußert, daß einige entscheidende Szenen der Schere zum Opfer gefallen sind, um die Episoden auf die erforderliche Sendelänge von 47 Minuten zu kürzen. Auch diese Folge erweckt den Eindruck, als wäre das ursprüngliche Drehbuch um ein paar Szenen länger gewesen. Bei einer Reihe konspirativer Treffen im Parkhaus des Watergate-Hotels bestätigte unser Kontaktmann diesen Eindruck, und schließlich erfuhren wir auch, welche Szenen es nicht in die gesendete Fassung geschafft hatten. Es könnte sein, daß die dabei verlorengegangenen Informationen in der ersten Folge der siebten Staffel (angeblicher Titel »Exodus«) nachgereicht werden. Wer also lieber nicht mehr wissen will, als die Folge verrät, überspringt am besten den nächsten Absatz.

Die fehlenden Segmente beantworten vor allem die Frage, wie ein Abrieb des Artefaktes in Mulder das ruhende Gen aktiviert und warum er plötzlich komplett durchzudrehen scheint. Des Rätsels Lösung ist die »Kosmische Galaktische Strahlung«, die nur außerhalb unseres Sonnensystems vorkommt und die Scully auch in der Leiche Dr. Merkmallens nachweisen konnte (und die einen ziemlich beknackten Namen hat). Die Strahlung des Artefaktes hat sich auf den Abrieb übertragen, und da Mulder aus einem bislang unbekannten Grund für die Aktivierung prädisponiert gewesen ist, kann er plötzlich Gedanken lesen. Dies tut er auch in dem Moment, als Diana Fowley zu ihm kommt, und er spürt ihren Verrat. Fowley hat ihn deshalb in die Klinik einweisen lassen, damit er Scully davon nichts erzählen kann. Warum Scully plötzlich nach Westafrika reist, konnten wir von unserer Quelle leider nicht mehr erfahren. Bei unserem letzten Treffen tauchte sie nicht wieder auf, und nach allem, was wir wissen, ist sie inzwischen nach Zeta-Reticuli verschleppt worden.

Wir befinden uns zum Glück noch auf unserer guten alten Erde und können die Fortsetzung dieser Episode kaum noch abwarten. Endlich bietet uns ein Cliffhanger mehr als die abgegriffene und stets im voraus mit Nein zu beantwortende Frage: »Ist Mulder wirklich tot?« Das Ende von »Biogenesis« steckt voller Möglichkeiten und bietet viele Varianten, die Geschichte fortzuführen. Es ist schön zu sehen, daß eine Serie auf dem Weg in ihre letzte Staffel noch so viel von ihrer ursprünglichen Faszination bewahren kann. Auch im nächsten Jahr werden wir also wieder Woche für Woche vor dem Fernsehschirm kleben, weil wir immer noch wissen wollen, wo Mulders Schwester steckt, wie Mulder und Scully die Wahrheit ans Licht bringen und ob sie sich irgendwann noch einmal küssen werden. Nach all dem Streß wäre es ihnen ja wirklich zu gönnen.

Hintergrund

»Und Gott segnete sie und sprach zu ihnen: Seid fruchtbar und mehret euch und füllet die Erde und macht sie euch untertan und herrschet über die Fische im Meer und die Vögel unter dem Himmel und über das Vieh und über alles Getier, das auf Erden kriecht.« (Genesis 1,28)

So steht es seit über 2000 Jahren geschrieben, und seit dieser Zeit zweifelt kaum einer daran, daß es sich bei Gott entweder um eine reale, aber nur für die Erleuchteten dieser Welt wirklich faßbare Gestalt handelt oder er/sie/es nicht mehr als eine Phantasievorstellung der Menschheit ist. Die Idee, daß der Gott der Bibel außerirdischer Abstammung sein könnte, ruft daher nicht nur bei Scully größte Empörung hervor. Die Befürworter der »Gott existiert!«-These sehen darin Blasphemie der schlimmsten Art, die Anhänger der »Gott existiert nicht!« – Fraktion halten den Glauben an außerirdische Schöpfer für genauso unsinnig wie den Glauben an Gott selbst. So sitzen diejenigen, die die Idee der Astronautengötter propagieren, genau zwischen zwei Stühlen, und da ist es bekanntermaßen ziemlich unbequem.

Der bekannteste und zugleich umstrittenste Advokat dieser Theorie ist Erich von Däniken. Seit der Schweizer 1969 mit seinem ersten Buch »Erinnerungen an die Zukunft« die Bestsellerlisten stürmte, hat er unzählige Bücher, Artikel und Filme produziert, in denen belegt werden soll, daß vor Tausenden von Jahren Außerirdische auf der Erde gelandet sind und daß diese mit Hilfe von Genmanipulation aus den hier lebenden Primaten intelligente Lebewesen gezüchtet haben. Sollte diese These wahr sein, wären tatsächlich Außerirdische die Schöpfer der Menschheit. Von Däniken hat als Beweise für seine gewagte These vor allem antike Artefakte angeführt, die entweder von Außerirdischen stammen oder sie zumindest abbilden sollen. Während bei einigen dieser Fundstücke von Dänikens Interpretation ihrer Herkunft von anderen Wissenschaftlern widerlegt werden konnte, geben andere noch immer Rätsel auf. Wer sich mehr für dieses Thema interessiert, sei auf unsere Bibliographie am Ende des Buches verwiesen, da eine detaillierte Auseinandersetzung mit den Astronautengöttern den Rahmen dieses Buches bei weitem sprengen würde.

Um Indizien für eine mögliche Alien-Intervention in der Entwicklungsgeschichte der Menschen zu finden, kann man sich aber den Kauf eines von-Däniken-Buches sparen. Ein kurzer Blick in die Bibel oder in das Biologiebuch (beides dürfte wohl noch irgendwo zu Hause herumstehen) genügt. So finden sich in der Heiligen Schrift so mysteriöse Dinge wie die Unbefleckte Empfängnis der heiligen Jungfrau Maria (könnte es sich um eine künstliche Befruchtung gehandelt haben?) und die Übergabe der Zehn Gebote auf Steintafeln durch Gott, der Moses auf einer Wolke erschien (benutzte der Herr möglicherweise so etwas wie ein UFO, aus dem er mit Laserstrahlen die Gebote in Stein gravierte?). Bei der Teilung des Roten Meeres könnte ein Antigravitationsgenerator zum Einsatz gekommen sein und die Vision des Hesekiel, in der ein untertassenförmiges Gefährt auf vier Beinen auf ihn zurollte, wird sicher nicht zu Unrecht als die erste dokumentierte UFO-Sichtung der Geschichte angesehen. (Wir erin-

nern uns: UFO heißt immer noch Unbekanntes Flug-Objekt!).
Am interessantesten ist aber vielleicht die Tatsache, daß das Wort
›Elohim‹, welches gelegentlich mit ›Gott‹ übersetzt wird, eigentlich etwas anderes bedeutet, nämlich »diejenigen, die vom Himmel kamen«.

Zusammen mit der nützlichen Information aus dem Biobuch, daß
es zwischen unserem nächsten Verwandten, dem Affen, und uns
immer noch eine Lücke in der Evolutionsgeschichte gibt – das
sogenannte ›fehlende Glied‹ –, ergeben sich viele Fragen, über
die es sich lohnt, einmal nach Herzenslust zu spekulieren.

Warum diese Theorien so viele gottesfürchtige Menschen (inklusive Scully) in Aufruhr versetzen, ist allerdings unverständlich.
Denn selbst wenn die Befürworter recht hätten und wir tatsächlich ›Sternenkinder‹ wären, muß dies nicht zwangsläufig die Existenz Gottes in Frage stellen. Denn woher stammen die Außerirdischen? Wer hat sie geschaffen? Andere Außerirdische? O.k.,
und wer hat die geschaffen? Um es mit Scullys Worten zu sagen:
»The first spark has yet to be explained« (»Der erste Funke [des
Lebens] muß erst noch erklärt werden«).

Die Panspermiatheorie der Entstehung des Lebens muß sich übrigens mit dem gleichen Problem herumschlagen. Die These
wird von Scully in ihren Grundzügen in der Folge eigentlich
schon ausreichend erklärt: Auf einem anderen Planeten irgendwo
im Universum gibt es Leben. Durch einen Meteoriteneinschlag
wird etwas davon ins All geschleudert, jagt ein paar Millionen
Jahre durch den Weltraum und schlägt dann auf einem leblosen
Planeten ein. Aus dem kleinen bißchen Leben, das auf diese Weise z. B. auf der Erde gelandet ist, entwickelt sich im Laufe von
Milliarden von Jahren dann die Artenvielfalt, wie wir sie heute
kennen.

Auftrieb erhielt diese These im Jahre 1996, als man in einem Meteoriten vom Mars ein Fossil entdeckte, welches von Wissenschaftlern als versteinerter Mikroorganismus identifiziert wurde. Könnte es noch vor der Erde auf dem Mars Leben gegeben haben, und erst ein Marsmeteorit hat es auf unseren Planeten gebracht? Ob es sich bei dem Fossil tatsächlich um einen Mikroorganismus oder einfach nur um Schlamm handelt, war lange Zeit umstritten. Die Entdeckung einer nahezu identischen Lebensform fünf Kilometer unter dem Pazifik im Jahre 1999 verlieh der Mikrobenthese wieder Auftrieb. Auch in anderen Marsmeteoriten wurden mögliche Spuren versteinerter Kleinstlebewesen gefunden. Da diese aber eben leicht mit Überresten toter Materie verwechselt werden können, will sich noch kein Wissenschaftler hundertprozentig darauf festlegen, daß die Fossilien wirklich von Lebewesen stammen.

So schön und plausibel die Panspermiatheorie klingt, eine Erklärung für den Ursprung des Lebens ist auch sie nicht. Denn wieder stellt sich die Frage, woher das Leben auf den anderen Planeten kommt, von denen es zu uns gekommen ist, wieder ist der Ursprung des ersten Funken Lebens nicht geklärt. Und zumindest solange dies so bleibt, darf jeder glauben, was er will – und das ist auch gut so.

Das magische Quadrat, das FBI-Kollege Chuck als Erklärung für Mulders merkwürdigen Geisteszustand anführt, ist auch als sogenannte ›Sator-Formel‹ bekannt. Dabei ordnet man verschiedene Wörter so an, daß sie in allen Richtungen lesbar sind, z. B.

```
S A T O R
A R E P O
T E N E T
O P E R A
R O T A S
```

Das bedeutet übrigens »Der Sämann Arepo hält die Werke, die Räder« und besitzt trotz der Tatsache, daß es das bekannteste magische Quadrat darstellt, scheinbar keine tiefere Bedeutung. Natürlich gibt es dazu auch andere Meinungen, und in den letzten 1921 Jahren (Die Sator-Formel tauchte zum ersten Mal 79 n.Chr. in Pompeji auf) haben sich unzählige Okkultisten und Kabbalisten daran versucht zu entschlüsseln, was uns die klugen Köpfe, die sich die Formel einmal ausgedacht haben, damit sagen wollten. Leider stießen wir bei unseren Nachforschungen an die Grenzen unserer intellektuellen Fähigkeiten, doch eine mögliche Deutung hat uns besonders gut gefallen: Der Sämann ist eine altdeutsche Schreibweise für Seemann, Arepo bedeutet natürlich ›aus dem All‹ und die Werke sind nichts anderes als mit Hieroglyphen ›übersäte‹ Metallplatten, die auf ›den Rädern‹, sprich den fliegenden Untertassen, angebracht sind. Sozusagen vom kosmischen Seemann gehalten. Die Zukunft wird zeigen, ob diese Interpretation der Sator-Formel korrekt ist, oder ob sie, wie so viele andere, in den Aktenschränken des FBI verschimmeln wird.

Bemerkungen

● Die Szene, in der Scully ins Krankenhaus kommt, in dem Albert Hosteen liegt, und er auf dem Gang an ihr vorbeigetragen wird, wurde aus unerfindlichen Gründen auf Video gedreht. Normalerweise benutzt man bei einer wöchentlich produzierten TV-Serie wie »Akte X« 16-mm-Filmmaterial und lediglich Daily-Soaps und Magazinbeiträge werden mit einer hochwertigen Videokamera gefilmt. Der Unterschied fällt vor allem im direkten Kontrast, wie er in dieser Epsiode zu sehen ist, auf. Warum Bill Roe ausgerechnet hier die Videokamera eingesetzt hat, ist rätselhaft. Zwar benutzen Filmemacher wie Oliver Stone (»JFK«, »Natural Born Killers«) häufig verschiedenes Filmmaterial, um z. B. Traumsequenzen oder Wahnvorstellungen auch visuell von der narrativen Handlung zu unterscheiden, oder um z. B. die Unmittelbarkeit von dokumentarischem Material hervorzuheben (und selbst in dieser Epsiode wird Videomaterial wohlüberlegt verwendet, um für kurze Momente die Perspektive einer Überwachungskamera einzunehmen), doch in der Krankenhausszene ergibt der Einsatz einer Videokamera keinen Sinn. So ist die nächstliegende Erklärung wohl die, daß eines der beiden Drehteams an dem Tag, an dem die Szene gedreht wurde, nur die Videokamera zur Hand hatte und man auf die gewohnte Technik verzichten mußte.

● ›Dana Scullys kurze Geschichte der Evolution‹ beinhaltet neben unzähligen Segmenten aus Naturdokumentationen auch eine Szene aus dem »Akte X«-Kinofilm. Die beiden menschlichen Wesen, die sich mühsam durch den Tiefschnee kämpfen, stammen aus der Anfangseinstellung von »The X-Files – The Movie«.

Aus den X-Akten der Autoren

Bibliographie (Auswahl)

Alberts, Jörg/Krick, Kai/Heep, Roland: Das große Akte X Quizbuch, München 1997.

Alberts, Jörg/Krick, Kai/Heep, Roland: Akte X – Die vierte Staffel, München 1997.

Buxton, David: From The Avengers to Miami Vice – Form And Ideology in Television Series, Manchester 1990.

Chunovic, Louis: The Northern Exposure Book, New York 1993.

Constantine, Alex: Psychic Dictatorship in the USA, Portland 1995.

Däniken, Erich von: Erinnerungen an die Zukunft, 1969.

Däniken, Erich von: Habe ich mich geirrt, 1988.

Däniken, Erich von: Der Götter-Schock, 1992.

Däniken, Erich von: Die Steinzeit war ganz anders, 1993.

Däniken, Erich von: Der jüngste Tag hat längst begonnen, 1995.

Dehn, Georg (Hrsg.): Buch Abramelin, Saarbrücken 1995.

Dewi, Torsten: Science-Fiction Guide 97/97, Schindellegi (CH) 1997.

Doherty, Robert: Area 51, New York 1997.

Doherty, Robert: Area 51 – The Reply, New York 1998.

Doherty, Robert: Area 51 – The Mission, New York 1999.

Drexler, K. Eric: The Engines of Creation, New York 1986.

Edelmann, Rob: Great Baseball Films, New York 1994.

Frank, Christian/Heep, Roland/Krick, Kai/Rother, Josef: Akte X – Die fünfte Staffel, München 1998.

Hahn, Ronald M./Jansen, Volker: »Lexikon des Horrorfilms«, Bergisch Gladbach 1985.

Hardy, Phil (Hrsg.): »The Aurum Film Encyclopedia Horror«, London o.J.

Heep, Roland/Krick, Kai/Alberts, Jörg: Die X-Akten, Schindellegi 1996.

Jones, E. M./Olaf Kraemer: »Die Goldgräber von '90«, Frankfurt/M. – Berlin 1990.

Krick, Kai/Westphal, Sascha/Zuchetti, Lorenzo: Millennium – Das Grauen beginnt, München 1997.

Lavery, David u. a.: »Deny All Knowledge – Reading The X-Files«, London 1996.

Lowry, Brian: Trust No One, New York 1996.

Lowry, Brian: The Truth Is Out There, New York 1995

Lukas, Christian: »X-Akten – Die fünfte Staffel«, München 1998.

Manning, Jeane & Begich, Nick: Löcher im Himmel, Frankfurt/M., 1996.

Malamud, Bernhard: The Natural, New York 1980.

McKenna, Terrence: »Wahre Halluzinationen«, Basel 1989.

Meisler, Andy: I Want to Believe, New York 1998.

Moench, Doug: The Big Book of Conspiracies, New York 1995.

Moench, Doug: The Big Book of the Unexplained, New York 1997.

The National Insecurity Council: It's a Conspiracy, Berkeley 1992.

Patton, Phil: Dreamland: Travels inside the Secret World of Roswell and Area 51, 1999.

Pritchard, Andrea u. a. (Hrsg): Alien Discussions – Von Außerirdischen entführt, Frankfurt/M. 1996.

Ranke-Graves, Robert von: Griechische Mythologie – Quellen und Deutung, Reinbek bei Hamburg o. J.

Rucker, Rudy/R. U. Sirius/Queen Mu: »Mondo 2000 – A User's Guide to the New Edge«, London 1993.

Sander, Ralf: Das Star Trek Universum, München 1989.

Seeßlen, Georg/Kling, Bernt: Unterhaltung – Lexikon zur populären Kultur – Western, Science Fiction, Horror, Crime, Abenteuer, Reinbek bei Hamburg 1977.

Seeßlen, Georg/Roloff, Bernhard: Kino des Utopischen – Geschichte und Mythologie des Science-Fiction-Films, Hamburg 1980.

Sommers, Montague: The Werewolf, New York 1966.

Spoto, Donald: »The Art of Alfred Hitchcock«, London 1992.

Strieber, Whitley: Majestic, Berkeley 1990.

Thompson, David (Hrsg.): Levinson on Levinson, London 1992.

Trebbin, Frank: »Die Angst sitzt neben dir – Gesamtausgabe«, Schönwalde 1998.

Truffaut, François: »Mr. Hitchcock, wie haben Sie das gemacht?«, München 1992.

Twitchell, James: Dreadful Pleasures – An Anatomy of Modern Horror, Oxford 1985.

Werner, Helmut: »Lexikon der Esoterik«, Wiesbaden 1991.

Wieners, Brad/Pescovitz, David: Reality Check, San Francisco 1996.

Wilson, Robert Anton: Everything Is Under Control, New York 1998.

Woodward, Ian: The Werewolf Delusion, New York 1979.

Zepezauer, Mark: The CIA's Greatest Hits, Tucson 1994.

Zondergeld, Rein A.: »Lexikon der phantastischen Literatur«, Frankfurt am Main 1983.

Lexikon des internationalen Films, Reinbek bei Hamburg 1987.

Schülerduden Religion, Mannheim – Wien – Zürich 1977.

Complete Baseball. The Ultimate Multimedia Reference for Every Baseball Fan (Microsoft CD-ROM, 1994).

Verwendete Periodika

Space View – Das SciFi-Magazin, DreamWatch, SciFi Flix, Xposé, SFX, Der Spiegel, Magazin 2000, Fortean Times, UFO Magazine, TV Guide, Entertainment Weekly, Variety, Moviestar, Fangoria, Starlog, Starburst, Sci-Fi Universe, Faktor X, The Official X-Files Magazine, TV-Zone, Wrapped in Plastic, Cinefantastique, UFO-Kurier, Kopp Dossier, Nexus, Time, Newsweek.

Danksagung

Vielen, vielen Dank an Thomas Hanne, Sabine und Sinje Hofmann, Sascha Westphal, Christian Lukas, Ralf Hedwig und Felix Seiffert von »Brutal 3000: Gigantisch!!!«, Mr. White für sein profundes Wissen um Kettensägen und die Paarungsgewohnheiten von Dämonen, Autumn A. Tysko, Andrea und Gerald Sartisson, Tom Dreibrodt, eine geheimnisvolle Schönheit, Thomas Goetze, Rüdiger Jonitz (dem der Metal überallhin folgt, so daß er ihn in 231 Typen eingeteilt hat, die er alle mag), Roland Heinlein und Martina Dressel, Andrea Lötscher, Dieter und Gaby Heep, Laurence Campbell, Bettina Gerlach, Götz, Michael Neuhaus, Steve Pugh, Dianne Roux, Ralf Schmitz, Doris Runge, Karl-Heinz Wiedemann, Giulia Brusco, Belen Sweet, Sven Schellack, Friederike Gronenschild, Nicole Rautenhaus, Dagmar Eickhoff, Volker Kretschmann, Frau Wihs, Herrn Harkort, Herrn Ludes, Herrn Jürgens und Herrn Dr. Wulf vom RWTÜV sowie Anita Gigl von Pro 7. An Josef Gall, Adelbert von Delbrück und Tim Sonderhüsken von Droemer Knaur. An Mister Video Andy Miller. An Limited Edition Man, Dr. Polybag und Cpt. Mint Condition und ihren Sidekick Holocoverboy vom Comicland in Dortmund.

Fanservice

Liebe Leserin, lieber Leser,

zum Redaktionsschluß dieses Buchs standen noch nicht alle deutschen Episodentitel und die deutschen Erstausstrahlungstermine fest. Sie können eine vollständige Liste mit einem selbstadressierten und ausreichend frankierten Rückumschlag kostenlos anfordern bei

Droemer Knaur Verlag

Stichwort »Akte X«

Hilblestraße 54
80636 München

Bitte haben Sie etwas Geduld und vor allen Dingen Verständnis dafür, daß wir keine Fragen zu den unheimlichen Fällen des FBI beantworten oder Ihnen Infos über die nächste Staffel geben können.

Nick Hornby
High Fidelity

*»Das Kultbuch
einer ganzen Generation!«
Brigitte*

Von seiner Freundin verlassen zu werden ist eigentlich gar nicht so schlecht – Rob jedenfalls genießt es, endlich wieder in seiner Wohnung rauchen zu dürfen und sich ungestraft Gedanken um den nächsten One-night-stand machen zu können. Kurz: Er genießt die Rückkehr ins Königreich der Singles. Doch die Freude ist nur von kurzer Dauer …

*»Der beste Autor seiner Generation!«
Die Woche*

Knaur Lemon

William Sutcliffe
Meine Freundin, der Guru und ich

Sie versucht, sich selbst zu finden – und er will nur mit ihr ins Bett …

Dave hat noch ein ganzes Jahr, bevor er sich an der Uni einschreiben muß. Was tun mit der Zeit? Eigentlich würde er gerne zu Hause bleiben und der schönen Liz näher kommen – aber Liz will als Rucksack-Reisende nach Indien. Auch gut, denkt sich Dave und findet sich bereits kurze Zeit später im häßlichsten Hotel von Delhi wieder. In einem Einzelbett. Alleine! Und als ob das nicht schon schlimm genug wäre, stößt er auch noch auf eine Horde durchgeknallter Karma-Freaks …

»Ein wunderbar witziges Buch!«
Daily Telegraph

BUFFY
Im Bann der Dämonen

Eigentlich hätte die siebzehnjährige Buffy Summers
gerne die gleichen Probleme wie ihre Mitschüler:
Pickel, Pauker, Partys. Dummerweise aber ist sie zu Höherem berufen, denn Buffy ist eine Jägerin und muß
sich jede Nacht mit Vampiren, Dämonen und anderen
Unsympathen herumschlagen!
Die Abenteuer von Buffy und ihren Freunden begei-
stern weltweit Woche für Woche ein Millionenpubli-
kum – Grund genug, dem Phänomen auf den Grund zu
gehen und den Fans mit diesem inoffiziellen Buch über
die Kultserie und ihre Hintergründe einen Blick hinter
die Kulissen zu ermöglichen.

Christian Lukas & Sascha Westphal

Buffy – Im Bann der Dämonen
Das inoffizielle Fanbuch über die ersten beiden Staffeln
der Kultserie und ihre Hintergründe

Buffy – Die neuen Abenteuer
Das inoffizielle Fanbuch über die dritte Staffel der
Kultserie und ihre Hintergründe

Knaur